그림책, 그냥 그런건줄 알 뻔 했다

정경미 저

제이스팟

그림책이 오해를 벗고
사람들이 지어놓은 틀을 깨고

더 넓고 더 깊고
더 나은 의미가 되면 좋겠습니다.

프롤로그 중에서

프롤로그

그림책 이야기

그림책이 있었어요.
그림책은 신기한 물건이었어요.
그 안에는 세상 모든 게 있었답니다.

그림책은
세상에 없는 걸 만들어 내기도 하고
심지어 보이지 않는 것도 보이는 것처럼 할 수 있었답니다.

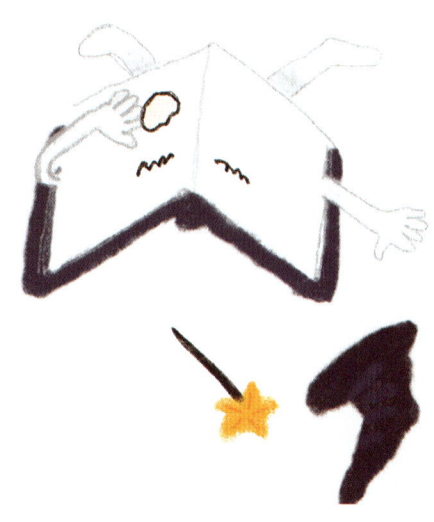

사람들은 그림책을 좋아했어요.
그런데 돈을 주고 사지는 않았어요.
글도 별로 없고 몇 장 안 되는 책을 사는 건 아까웠거든요.

사람들은 그림책에서 뭔가를 느꼈어요.
하지만 같은 그림책을 여러 번 읽지는 않았어요.
어렵지도 않은 책을 반복해서 보는 건 이상했거든요.

더군다나 세상에는 봐야 할 책이 정말 많았어요.
그래서 사람들은 그림책을 멀리했어요.
어른이 되어서도 그림책을 계속 보는 건 좀 유치하잖아요.

그림책도 사람들을 좋아했어요.
늘 사람들을 기다렸어요.
마주친 사람들에게 세상을 열어주었어요.

어떤 사람과는 웃었어요.
어떤 사람과는 울었어요.
어떤 사람과는 말했어요.
어떤 사람과는 놀았어요.
어떤 사람과는 가만히 있었지요. 가만히.

사람들은 그림책을 허물없이 대했답니다.
그림책은 닿고 싶은 데에 가서 닿았어요.

그 때마다 사람들은 그림책을 읽었고
그림책은 사람들을 읽었어요.
그림책과 사람들은 행복하게 살았답니다.

- END -

...AND...

그림책씨는
더 행복한 여행을 떠나기로 했어요.
그림책씨를 더 많이 알아주는 세계로 말이죠

★

그림책을 만난 건. 인생이 제 계획대로 흘러가지 않았기 때문입니다.

아이와의 에피소드를 기독교 생활 그림책으로 만들려는 생각 하나로 박사 4학차 때 덜컥 1인 출판사를 창업한 겁니다. 사업가 자질 1도 없고 게다가 그림책을 잘 알지도 못했습니다. 무식하면 용감하다는 말이 딱 맞습니다.

출판사 등록을 마친 날, 1인 출판사가 교육산업체로 인정되어 출강하던 D대학 유아교육과 겸임교수가 되었습니다. 자연스레 그림책 관련 외부특강, 프로젝트, 아동문학 교과들이 맡겨졌고, 그림책 그리고 그 가르침에 대해 생각할 기회가 많아졌습니다.

그러던 중... 코로나19를 만났습니다.

코로나19가 남긴 좋은 것이 있다면 '우리 모두 연결되어 있다'는 깨달음입니다. 삶은 부득이 그 자리에 멈추고 고립되었지만 연결을 갈망하는 자신들을 발견했습니다. 저도 그랬습니다. 그 마음으로 실시간 비대면 그림책 자격과정과 커뮤니티를 운영하면서 코로나 19가 아니라면 만나지 못했을 분들과 연결되었습니다. 제주, 영천, 광명 등등.

그림책을 함께 보면서 사람들은 잃었던 여유와 관계들을 되찾았습니다. 그림책에서 작가와 주인공과 또 다른 나와 만나면서 자기 세계를 넓혔고, 삶을 나누면서 서로의 과거와 현재, 미래를 다독였습니다. 억지로 멈춰진 시간은 그림책'과' 대화하고, 그림책'으로' 대화하면서 크고 작은 풍요로 채워졌습니다.

이 책에 담긴 것

3년 강의한 교과를 늘 대학 교재로 집필해왔습니다. '나'를 정리하기 위해. 나에게 들어와 섞인 여러 지식들을 온전히 소화하느라 했던 작업입니다. 그림책 분야는 대학 강의와는 다른 경험이라 특별한 방식으로 정리하고 싶었습니다.

도서관에 가서 보니, 쓰려는 그림책 분야의 책들이 수두룩합니다. '여기에 한 권 보태는 비슷한 책을 꼭 써야 할까' 생각하며 의기소침해졌습니다. 요즘은 책 외에도 정보 전달 수단이 많습니다. SNS로 더 빠르게 생각을 정리하고 전할 수 있습니다. 나는 왜 '책'을 쓰고 싶은 건지? 생각해보았습니다.

다시 도서관에 가서 책을 한 권씩 살펴보았습니다. 모든 책에는 저자가 있었습니다. 그리고 이들도 나와 같은 고민 속에서 책 한 권을 세상에 내놓았을 거라는 생각에 이르렀습니다. '할 말'. 나를 통과한 글은 누군가에게 의미가 있겠다, 한 사람이 소화한 무언가가 또 다른 사람에게 가서 잘 닿을 수 있다는 생각이 들자 다시 써 볼 힘이 났습니다.

한 사람은 여러 역할과 관계로 버무려져 있습니다. 부모의 삶을 스무 살에 시작한 어설프고 서툰 엄마. 그렇게 살다가 기독교 신앙을 갖게 되고 유아교육을 공부한 대한민국 40대 여성. 이 책에는 한 사람을 통과한 '그림책 이야기'가 담겨있습니다.

그림책. 그냥 그런 건 줄 알 뻔했다.

이 책 제목은 K원장선생님 말씀 중 일부입니다. 공립유치원 퇴임을 2년 앞두고 그림책놀이상담사 자격과정 공부를 마친 후 이렇게 말씀하셨습니다. "평생 유치원에 몸담고 아이들이랑 그림책 보면서도 그림책을 잘 몰랐구나... 그림책이 그냥 그런 건 줄 알 뻔했어요." 이 말을 듣자마자, 아! 했습니다. 저도 그림책이 그냥 그런 건 줄 알았던 때가 있었거든요.

교사였을 때, 특별활동 선생님이 조금 늦어지면 그림책으로 그 틈새 시간을 메꾸었습니다. 그림책을 읽어주고 있지만 제 눈과 마음은 문쪽에 있었습니다. 언제 오시나... 선생님이 오시면, 다 보지도 않고 그림책을 탁! 덮어요. "선생님 오셨다. 얘들아!" 그뿐 아닙니다. 모자 만들기 활동을 계획하면 제목에 모자가 들어간 그림책을 냅다 읽어주었습니다. 활동을 구상하고는 그림책 제목이나 소재만 따서 수업에 필요한 부분만 사용했습니다.

그림책을 그렇게 대했습니다. 쉬운 책, 아이들 책, 글밥 많은 책에 앞선 발판같은 책, 한글 학습에 좋은 책, 언어발달에 좋고, 미술적 소양에 좋고… 이 모든 게 부분적으로만 맞습니다. 우리나라에서 그림책은 이렇게 여겨져 왔습니다. 그림책으로 '교육'한다는 것을 어떻게 이해해 온 걸까요. 우리는 왜 두부로 공던지기 하듯 그림책을 부분적으로 알고 딴짓을 해 왔을까요?

그림책이 오해를 벗고 사람들이 지어놓은 틀을 깨고 더 넓고 더 깊고 더 나은 의미가 되면 좋겠습니다. 그림이 있어 그림책이라 불리우는 책, 알만한 그림으로 채워진 책, 몇 장 안 되는데 비싸서 살까 말까 고민되는 책이 아니라 사람들의 잠재력과 가능성을 일깨우고 통찰과 지혜를 주는 문화 꺼리로 자리잡으면 좋겠습니다.

그림책과 Linker.

그림책이 세상에 기여해야 한다면 그 일은 '연결'입니다. 그리고 그 연결을 가능하게 하는 건 바로 사람입니다. 그림책으로 나와 나를, 나와 너를, 우리와 너희를, 세상을 연결합니다. 그림책에 삶과 사람과 세상과 진실과 가치에 대한 이야기가 가득하기에 이 연결에는 사람의 시선과 해석이 중요합니다.

사람과 사람, 사람과 세상을 연결하는 Linker.

'그림책은 교육적이지만 그림책으로 교육하려고 애쓰지 말자'는 제목소리와 맞지 않게 이 책은 그림책으로 교육하는 분들을 생각하면서 썼습니다. 자녀에게 그림책을 읽어주는 부모, 그림책을 교육자료로 쓰는 선생님, 좋은 그림책을 구비하고 싶은 원장 선생님. 그림책을 가르치거나, 상담이나 목회로 영향을 주는 분들.

연결하는 사람. Linker를 내내 생각했습니다.

그림책놀이상담사 자격과정을 운영하면서 그림책으로 공동체가 성장하기를 소망하는 영유아교육기관 원장님들을 만나게 되었습니다. 그림책으로 철학하는 마음여행자, 그림책 철학마녀 모임을 진행했습니다. 체험을 다녀온 날에도, 원 운영에 어려움이 있는 날에도 이 모임에서 힘을 얻는다며 달려오신 나날들이 생생합니다.

영유아교육기관 운영자의 정체성 안에는 엄마, 아내, 딸로서의 삶도 있습니다. 많은 그림책을 보며 울고 웃던 시간 속에서 원장님들을 닮은 글들이 탄생했습니다. 지면을 빌어 이 세상 유일무이한 '그림책철학마녀'들에게 사랑과 존경을 전합니다. 또한 소중한 '글토'로 이 책을 빛내주셔서 감사드립니다.

그림책을 만난 시작과 과정을 이책에 담아내면서 제가 가진 이야기예술교육의 관점을 가장 잘 이해하고 함께 즐거운 과정으로 작업해 나갈 분을 만나고 싶었습니다. 그분이 나루 김순종 대표님입니다. 에필로그의 글을 제가 썼지만 그림책씨와 그림책씨를 둘러싼 공간들은 그분의 그림으로 탄생했습니다. 공동작업으로 '그럴싸 그림책' 첫 작품이 이 책에 담긴 것을 기쁘게 생각하며 지면에 고마움을 남깁니다.

그림책은 힘이 세지만 그림책의 힘만큼 사람의 힘도 대단합니다. 더 좋은 더 나은 세상을 만드는 힘은 사람에게서 나옵니다. 그림책으로 삶을, 그림책으로 사람의 귀함을, 그림책으로 세상의 아름다움을 보게 하시는 하나님께 감사드리며 이 책이 또 하나의 연결과 쓰임이 되기를 소망합니다.

2025.08
THE FRUIT LABS_열매실험실에서
정경미 드림.

「이 책은

그림책을 잘 알고 그림책 보는 눈을 확장하는데 도움이 됩니다. 사람들과 그림책으로 대화하고 놀이하는 초점을 아는 데 유익합니다.

★ **마음으로 GO! 그림책 레터. 망고편지가 있습니다.**

망고는 '마음으로 간다(GO)' 는 뜻입니다. 망고편지는 실시간 비대면 그림책 커뮤니티 '망고 그림책'에서 망고지기가 발행하는 편지로써 이 책 챕터 사이사이 놓여있습니다.

★ **그림책 표지를 제시했습니다.**

인터넷에 공개 및 게시된 그림책 표지를 실었고 필요시 특정 장면에 대한 설명은 글로 풀었습니다. 해당 그림책을 함께 보면서 '정말 그러한가?' 질문을 던진다면 좋은 그림책 공부가 될 것입니다.

★ **그림책 커뮤니티는 에필로그에 담았습니다.**

교육기관 기관장, 학부모, 교사, 기독교 신앙을 가진 분들과 나와 너, 공동체가 함께 행복한 그림책 공부로 만났습니다. 그림책놀이상담사, 망고그림책, 믿.그림, 교사성장 그.림.소. 차한잔과 그림책, 그림책 철학마녀, 커피와 그림책은 에필로그에서 '연결'됩니다.

그림책은 만병통치약이 아닙니다.
그림책으로 많은 걸 할 수 있지만
모든 걸 할 수 있는 건 아닙니다.

사람이 중요합니다.
그림책과의 접점에서 사람이 취하는 방식이
그림책만큼 중요합니다.

친밀하고 따뜻한 관계 안에서
그림책은 비로소
자기 역할을 다 할 수 있습니다.

★
목차

프롤로그 *4

이 책은 *14

보기 전에. 그림책이 오해받을 만했네

그림책 질문들 *23
그림책이 오해받을 만했다 *25
그땐 그랬지 *26
새벽종이 울렸네 *27
우리에겐 교육이 먼저 *28
잘린 그림책 *30
🪶 망고편지 "진짜 슈퍼토끼에 대하여" 슈퍼토끼_유설화, 책읽는곰, 2020 *32

1부. 그림책이 우리에게 오기까지

죽느냐 사느냐 표현이 문제로다   ★ 37
🪶 망고편지 "세상 모든 것" 책을 찾아간 아이_이상희, 서현, 그림책 도시, 2017   ★ 44

읽을거리로 여는 새 시대   ★ 46
🪶 망고편지 "벽을 넘는 사람들" 빨간벽_브리타 테켄트럽, 봄봄, 2018   ★ 54

그림책. 그림이 이야기하는 책   ★ 56
🪶 망고편지 "선?선!선." 선을 넘지 마!_피야 린덴바움, 베틀북, 2022   ★ 62

요즘 그림책   ★ 66
🪶 망고편지 "어떤 스카프를 맬까" 미어캣의 스카프_임경섭, 고래뱃속, 2024   ★ 80

2부. 그림책 만나기

그림책 낯익게 보기 　*85

✒ 망고편지 "행복의 모양" 행복한 네모 이야기_마이클 홀, 상상박스, 2012　　*88

그림책 낯설게 보기　*92

✒ 망고편지 "마음을 다 잡아 먹고" 마음먹기_엄지짱꽁냥소, 달그림, 2020　*98

그림책. 글과 그림이 사는 집　*102

✒ 망고편지 "오늘도. 불이 켜집니다." 오늘상회_한라경, 김유진, 노란상상, 2021　*118

그림책의 글　*120

✒ 망고편지 "제 자리가 있습니다" 제 자리를 찾습니다_막스 뒤코스, 국민서관, 2023　*140

그림책의 그림　*142

✒ 망고편지 "사소하고도 위대한"　*160
　비에도 지지않고_미야자와겐지, 야마무라 코지, 엄혜숙 역, 그림책공작소, 2015

글과 그림 사이　*162

✒ 망고편지 "엄마를 기다리며" 엄마 마중_김동성, 보림, 2013　*182

3부. 그림책과 사람

사람과 욕구와 발달과 그림책　*187
　🖋 망고편지 "행복한 여우를 본 적이 있나요" 행복한 여우_고혜진, 노란돼지, 2019　*198

좋은 그림책?!　*200
　🖋 망고편지 "할까 말까" 거짓말_가사이마리, 손정원 역, 한솔수북, 2005　*230

아기들과 그림책 읽기　*238
　🖋 망고편지 "콧물 눈물이 만드는 하루하루"　*264
　　콧물눈물_채인선, 박서현, 한림출판사, 2023

그림책으로 대화하고 놀이하기　*266
　🖋 망고편지 "..."　*278

에필로그 : 그림책 철학마녀　*280
　🖋 망고편지 "모든 것은 '점'으로부터 시작되었습니다"　*358
　　점_피터 레이놀즈, 문학동네, 2011

좋은 그림책들이 있고 읽어주는 방법도 있습니다.
그림책으로 놀 방법도 무궁무진합니다.
그러나 본질을 놓친 채 방법만 찾는 건
1층을 짓지 않고 10층 건물을 지으려는 것과 같습니다.

10층도 100층도 안정적인 1층을 지은 후 천천히 제대로 지으면 됩니다.

보기 전에.
그림책이
오해받을 만했네

그림책 질문들

그림책이 오해받을 만했다

그땐 그랬지

새벽종이 울렸네

우리에겐 교육이 먼저

잘린 그림책

망고편지 "진짜 슈퍼토끼에 대하여"

그림책이
오해받을 만했네

그림책 질문들

어떤 그림책이 좋아요?
어떻게 읽어줘요?
뭐 하고 놀아요?

그림책 수업에서 가장 많이 받는 질문입니다. 이 질문들에 '이런 그림책 좋아요, 이렇게 읽어주세요, 이렇게 놀아보세요'라고 곧바로 답하기가 좀 찜찜합니다. 그림책과 사람을 더 잘 알게 되면 좋은 그림책의 범위, 그림책을 읽는 방법, 그림책 놀이에 대한 생각이 달라져 질문이 바뀔 것이기 때문입니다.

그림책은 쉽게 구할 수 있고 쉽게 읽을 수 있어 이런 질문들에 대한 답만 알면 잘 해낼 수 있을 것 같지만 좋은 그림책 목록만으로 그림책 읽어주기 매뉴얼만으로 그림책과 놀이 일대일 대응만으로 쉽게 되는 것은 아닙니다. 그림책 뿐 아니라 사람의 반응성에 대해서도 잘 알아야 합니다.

워낙 '방법'을 찾는 세상이다 보니 인터넷에는 그림책으로 할 수 있는 활동과 놀이들이 가득합니다. 하지만 좋은 그림책을 보는 눈이 없고 대화나 놀이 연결의 근거를 갖고 있지 않으면 계속 방법만 찾아다녀야 할 겁니다. 눈이 바뀌면 마음이 달라지고 그 다음은 알아서 따라옵니다. 말이 가면 수레가 끌려오듯 말이지요.

본질을 놓친 채 위 질문들에 답을 찾는 건 1층을 짓지 않고 10층 건물을 지으려는 것과 같습니다. 1층을 짓지 않거나, 부실하게 짓는다면 그 건물은 얼마 지나지 않아 무너지겠지요. 어디에서 삐끗한 건지 찾기 어려워 2층 3층에서 부실함의 이유를 찾고 있다면 이 건물은 몇 층을 짓든 계속 휘청거릴 겁니다.

안정적인 1층을 짓기 위해 그림책의 현주소를 생각해 보아야 합니다. 현재 그림책에 대한 여러 시선에는 오해들이 섞여 있습니다. 이 부분을 정리하면 곧바로 그림책에 대한 질문들은 수정될 것이기에 그 오해를 먼저 풀어보고자 합니다.

그림책이 오해받을 만했다

우리는 그림책을 조금 오해합니다. 어린아이들이 보는 책, 글을 쉽게 배우는 책, 그림이 많아서 재밌어진 지식 정보책, 책 읽는 습관을 만드는 단계의 시작점 정도로 그림책을 대합니다. 안타깝게도 이런 생각들로 인해 모든 연령이 그림책을 즐길 기회를 얻지 못했습니다. 그림책은 가볍게 볼 수 있는 책이지만 결코 쉬운 책은 아닙니다.

그림이 글보다 쉽다고 오해합니다. 헌데 미술관에서 작품을 즐기는 건 아이가 아니라 어른들입니다. 그림이 더 쉽다면 관람객은 아이가 되어야 하지 않나요? 비유나 은유가 아니고서 글은 그 이상으로 해독되지 않으나 그림은 다릅니다. 그림의 함축과 상징은 독자마다의 사전경험, 그날의 감정과 상태에 따라 다양한 방식으로 읽혀집니다.

하여 그림은 모두에게 정답처럼 작동합니다. 예술작품의 힘이지요. 어린아이들도 그림을 보면서 나름의 방식으로 이야기를 이해합니다. 이 때문에 어린 독자들이 그림책 이야기를 쉽게 이해하고 그림책에 편하게 다가갈 수 있습니다. 이건 그림이 큰 힘을 발휘한다는 증거지 그림이 글보다 쉽다는 의미는 아닙니다.

글없는 그림책이 많아지고 있는 현상은 그림책에서 그림이 서사를 차지하는 비중이 늘어났고, 그렇게 표현할 수 있는 작가도 많아졌다는 것을 말해줍니다. 또한 그림을 즐길 수 있는 독자층이 늘어났고, 의미와 해석의 놀이터가 넓어졌음도 보여줍니다. 작가 입장에서는 글이 없어서 더 쉬운 게 아니라 그림만으로 서사를 전해야 하는 두 배 이상의 부담감이 작용할 거라 생각됩니다.

그 땐 그랬지

저는 1980년대 유 초등기 시절을 보냈습니다. 책 그리고 동화와 관련해 두 가지 기억을 갖고 있습니다. 다행인지 불행인지, 둘째인 저는 이 사건들에서 관찰자였습니다. 돈암동 월세방에 살았던 시절. 언니가 엄마한테 많이 혼났는데 그 이유는 주인집에 놀러 갔다가 '그냥 와서'입니다. 엄마는 그 집 가서 언니가 책을 많이 읽고 왔으면 하는 바람이 있었나 봅니다. 우리 집에는 책이 없었으니까요.

또 하나는 한 살 어린 남동생이 유치원 동화구연대회에 나간 일입니다. 일곱 살 아이가 A4 한 페이지짜리 '분이의 운동화'를 달달 외워서 200명 넘는 사람들 앞에서 발표해야 했습니다. 스트레스로 밥도 못 먹는 동생을 봤습니다. 두 주먹을 불끈 쥐고 홀로 마이크 앞에서 우렁차게 구연했던 모습이 생생합니다. '분이의 운동화' 내용은 기억도 안 납니다.

어른이 된 후, 그림책을 더 잘 알고서 든 의문이지만, 그 때 그 일이 '언니가 그렇게까지 혼날 일이었나' 분이의 운동화 이야기가 남동생이 '두 주먹을 불끈 쥐어야 하는 내용이었나' 입니다. 개인적인 사건을 보편화하는 데는 무리가 있지만 이 두 사례는 시대가 요구하는 교육을 따라가려고 했던 한 가정의 웃지 못할 이야기입니다.

그 시절 우리 부모님들이 비슷하지 않았을까 싶습니다. 먹고 살기 어려웠지만 자녀를 잘 가르치고 싶었고, 그 시대가 모두를 그렇게 독려하고 자극했을 겁니다. '책을 읽으면 똑똑해지고, 또박또박 큰소리로 말 할 줄 알면 출세할 것이다.' 정도의 생각일까요? 이러한 현상들은 세계와 우리나라의 문화 그리고 교육의 흐름들과 관련되어 있습니다.

새벽종이 울렸네

제1차 세계대전을 기점으로 세계 역사의 주 무대가 유럽에서 미국으로 옮겨졌습니다. 우리나라는 그 당시 일제강점기를 지나고 있었습니다. 제2차 세계대전이 끝날 무렵 해방을 맞이하지만 식민지의 아픔이 채 가시기도 전에 6.25 전쟁을 겪게 됩니다. 1900년 이후 60년 간 우리나라가 겪은 일들은 결코 작은 일이 아닙니다.

우리나라는 식민지와 내전으로 다른 나라들 보다 상당히 낙후되었음을 알게 되었습니다. 1980년대를 산 분들은 이 노래를 익숙하게 따라 부를 겁니다. '새벽종이 울렸네. 새 아침이 밝았네. 너도 나도 일어나 새마을을 가꾸세. 살기좋은 새마을 우리 힘으로 만드세.' 새벽 잠을 깨우고 단체로 근면과 성실을 다지기 좋은 곡이 아침마다, 마을마다 울려 퍼졌습니다.

근면 성실한 우리나라 국민성은 세계의 상황과 발전에 큰 도전을 받게 됩니다. 1988년 우리나라는 전 세계를 초청하는 체육대회 88올림픽을 개최했습니다. 새벽종이 울리면 너도 나도 일어나야 하고 협동 단결하여 새마을을 만들다 보니 여유와 쉼, 놀이는 사치일 수밖에 없지요. 그렇게 열심히 살아온 민족입니다!

세계지도 어디 붙어있는지도 모르는 나라가 이렇게 단시간에 전 세계를 초청하는 건 유일무이한 사건이었습니다. 우리나라 논밭에 도로가 깔리고 건물이 들어섰습니다. 6.25 전쟁 후 30년 만에 '한강의 기적'을 이룹니다. 누가 봐도 기적적인 도약입니다. miracle! 우리 스스로 붙인 이름이 아닙니다. 이 작은 나라에 세계가 붙인 이름입니다.

열심-성실-근면하게 살아온 치열한 배경에서 교육열은 높을 수 밖에 없습니다. 외국인들이 우리나라에서 제일 먼저 배운다는 말 빨리빨리. 음식도 빨리빨리. 공부도 빨리빨리. 모든 게 계몽과 교육에 재료였고 단시간 급속한 발전 속에서 하나하나 섬세하게 챙길 겨를이 없습니다.

우리에겐 교육이 먼저

오래 전 골든 리트리버를 기른 적이 있습니다. 맹인 안내견으로 잘 알려진 강아지입니다. 팔뚝만 할 때 데리고 왔는데 3개월만에 거의 15kg 육박하는 성견으로 자랐습니다. 모든 리트리버는 단시간 성장에 동반되는 관절염을 앓는다고 합니다. 다리가 갑자기 무거워진 몸통을 지탱하기 어렵기 때문입니다.

우리나라의 성장도 단시간에 이루어졌으니 같은 현상이 나타납니다. 그 당시 우리나라 상황에서 최선의, 최고의 선택은 신속한 성장이었고 다른 것들은 모두 숨죽인 채 왜곡되었습니다. 이어령 선생님의 『마지막 수업』에 이런 말이 있습니다. '보들레르의 시를 가지려면 그의 상처도 같이 가져야 하는 거라네.' 빛과 그림자는 함께 있습니다. 빛만 취할 수 없는 겁니다. 그림자도 우리의 모습입니다.

그러면 외국 그림책들이 우리나라 출판시장에 들어온 1980-2000년 대 즈음 이 그림책들이 우리들에게 예술작품으로 여겨졌을까요? 교육도구로 보였을까요? 글은 적고 그림이 많으니 어린아이들 한글 가르치는 데 딱 좋다! 생각했을 겁니다. 마음도 급한데 실용적이지 않은 예술같은(?)데 시간 낭비할 수 없었습니다.

가정마다 세계명작동화, 전래동화 전집들이 거실이나 안방 한쪽 벽을 '이게 벽지인가 싶을 정도로' 차지했습니다. 이즈음 동화구연대회도 많았고, 웅변학원도 많았습니다. 사람들 앞에서 목소리 크게 또박또박 잘 암기해서 말 잘하는 '교육'이 중요했던 때입니다. 인간보다 인재를 길러야 했지요(또 떠오르는 '분이의 운동화'의 기억).

아이들이 즐길 문화가 없던 시절이나 일제강점기 외국 유학했던 지식인들이 우리나라 아이들이 안타까워 어린이 잡지를 만들었던 때를 생각하면 상대적으로 감사해야 할 일입니다. 방점이 잘못 찍히기는 했으나 일정 부분 언어교육에 기여했으니 이 부분을 고마워해야 할지 모릅니다.

그림책은 예술작품이 아닌 언어교육이나 미술교육의 보조자료 정도로 여겨질 수 밖에 없었지만 성장과 교육의 정의가 조금 잘못되었던 것 같습니다. 많이 아는 것, 소위 똑똑한 사람 만드는 것을 교육으로 여겨 교육의 범위를 매우 좁혀둔 것 같습니다. 그리고 그 작은 그릇에 그림책을 제단해 넣어 두었습니다.

잘린 그림책

그림책을 읽고 나면 '교육적'인 독후활동을 했습니다. 가만히 심상에 남기고 음미하는 건 '교육이 아닌 일'이었던 것 같습니다. 그림책이 주려는 또 다른 것들에 눈을 돌릴 시간과 여유가 없었습니다. 그림책을 읽고 나면 자연스레 교육성이 발현되는 데도 늘 그림책으로 뭔가를 가르치려는 의도를 분명히 해 왔습니다.

필요한 부분만 떼어 편리하게 사용하다 보니 그림책의 심미감과 예술성은 자주 무시되었습니다. 두부로 공 던지기하는 사람은 없습니다. 두부의 속성을 알면 못 할 행동인 것처럼 그림책을 알면 이렇게 교육의 방편으로 편리하게 자를 수 없을 겁니다. 예술작품인 그림책에 한계를 설정하는 것은 그림책에게도, 우리에게도 큰 손해입니다.

한 명의 그림작가가 그림을 모두 그려 삼사십가지 이야기 주인공이 거의 비슷하게 생긴 경우도 많았습니다. 특정 내용을 가르치기 위해 '인성교육 그림책', '누리과정 사회관계 그림책' 등으로 명시한 그림책들도 있고, 단순한 그림카드 나열이 그림책 같은 형태로 만들어져 그림책이라고 불리기도 합니다.

이러한 갈래는 틀리지 않고 유용할 때도 있지만 그럼에도 우리나라 그림책 교육과 문화가 쫓기듯 만들어졌다는 인상을 지우기는 어렵습니다. 이제는 그림책에 대한 관점을 점검해 다시 그림책을 만나보아야 합니다.

사실 그림책만 아니라 모든 교육과 문화들을 '다시' 만나야 할지 모릅니다.

잘린 그림책

"진짜 슈퍼토끼에 대하여"

안녕하세요. 망고 편지입니다.

예전에 한 개그 프로에서 나온 이 말이 유행어가 되었습니다. '1등만 기억하는 세상'. 웃고 난 뒤에는 씁쓸함이 몰려왔지요. 1등 한 명만 빼놓고 아무도 웃을 수 없는 이 말이 어느 정도 사실이었기 때문입니다. 그렇게 1등으로만 살아온 토끼가 있습니다. 바로 우리가 잘 아는 이솝우화 "토끼와 거북이"의 주인공입니다.

엄밀히 말하면 토끼와 거북이의 주인공은 거북이지요. 토끼는 한심한 2등으로 '영원한' 조연이 되었습니다. 실력 발휘를 제대로 못한 채 역사에 길이 남은 토끼. 이솝우화는 빠르다고 자만하는 토끼를 비난하고, 열심히 달린 거북이의 끈기와 인내를 칭찬하며 우리 머리와 가슴에 강력한 교훈을 남겼습니다.

1등으로 달리는 것이 전부인데 말도 안 되는 상대에게 지고 만 토끼의 심정은 어땠을까요? 이제 아무도 슈퍼토끼 재빨라의 사연에 귀 기울이지 않습니다. 모든 시선은 새로운 영웅 거북이를 향합니다. 온 세상이 없어졌으면 좋겠다고 생각할 만큼 괴로워합니다. 괜찮다고 마음을 다독이지만 사실은 괜찮지가 않습니다. 늘 1등. 승리의 쾌감을 맛보다 보니, 어느 순간 '1등'이 자신 그 자체가 되어 버린 거지요.

가장 잘하는 일이 오히려 큰 상처를 줍니다. '잘해야만 가치있다'고 여겨지면, 과정은 무가치하고 실수는 용납될 수 없습니다. 달리기에서 졌다는 사실이 달리기 자체를 지긋지긋하게 만듭니다. 깊이 상처받은 마음과 무너진 자존심은 재빨라를 저 밑바닥까지 끌어당깁니다. '뛰지 말자...뛰지 말자...' 그렇게 생각하면 할수록 달리기를 향한 갈망은 커집니다.

뛰지 않고 살아보려 애를 쓰면서 몸도 마음도 병든 재빨라는 병원가는 길에 '제1회 무작정 달리기 대회'에 휩쓸려 '무작정' 뛰게 됩니다. 절대 달리지 않겠다는 굳은 다짐은 이 '무작정'에서 무

너지고 토끼는 자기 모습을 되찾습니다. 사실은 숨이 턱에 닿도록 뛰고 싶었습니다. 달리기만 빠른 토끼에서 달리기를 즐기는 토끼로의 변화. 무작정 달리는 슈퍼토끼는 이제 '진짜' 슈퍼토끼가 되었습니다.

'진짜' 슈퍼토끼가 되어가는 자리에는 방법과 요령보다 실수와 상처가 있었습니다. 스스로 일어서는 데는 시간이 필요했습니다. 이제야 파란 하늘과 싱그러운 풀 냄새, 살랑대는 바람을 느낄 수 있습니다. 주변을 돌아보며 행복하게 달리는 슈퍼토끼처럼 우리도 그렇기를 바라봅니다.

그림책에 대한 다양한 오해와 오용, 부분적인 이해도 마찬가지입니다. 처음엔 그게 아니었으나, 교육용으로, 활동용으로 사용하다 보니 원래 그림책이 그런 것이었던 것처럼 된 것 같습니다. '진짜' 그림책을 만나봅시다. 그림책을 어디에 쓸지 생각하기 전에 그림책과 작가와 메시지를 보며, 뭔가 해야 한다는 생각으로부터 우리 자신도 살짝 풀어주면 어떨까요?

달리기 속도보다 달리기 자체에서 행복을 되찾은 슈퍼토끼처럼, 그림책 보기 자체에서 많은 보물과 즐거움을 만나면 좋겠습니다. 이웃을 돌아보게 된 슈퍼토끼처럼 내 곁의 사람들과 함께 '진짜' 그림책을 만나 치유-여유-자유를 누리는 망고님들 되시길 소망합니다.

오늘도 마음에 잘 도착했습니다.
망고지기 드림.

슈퍼 토끼, 유설화, 책읽는곰, 2020

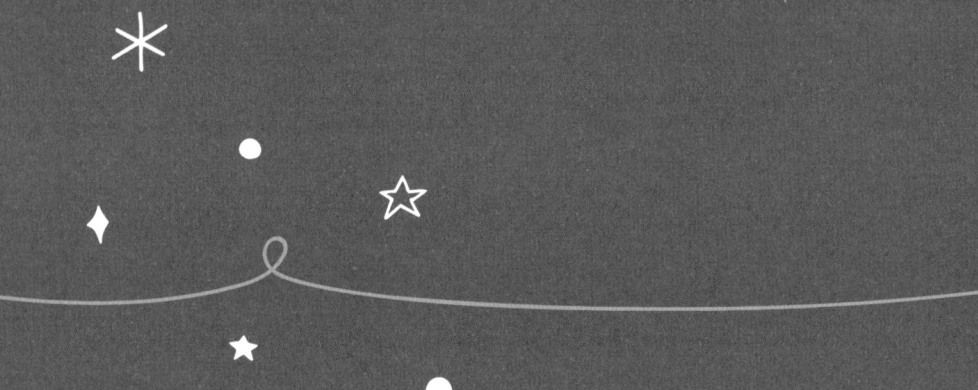

그림책. 내 손에 오기까지는
그림책이 세계 문화에 등장한 과정 이야기입니다.
코로나19로 우리는 큰 사건이 사람들의 삶과 문화를
어떻게 바꾸는지 배웠습니다.

그림책도 문화 산물이며,
작가도 독자도 문화를 떠나 살 수 없습니다.
그림책의 중요 키워드, 글-그림-이야기의 역사와 문화를 살펴볼 때,
그림책에 더 가까이 다가갈 수 있습니다.

1부.
그림책이
우리에게 오기까지

죽느냐 사느냐 표현이 문제로다
  망고편지 "세상 모든 것"

읽을거리로 여는 새 시대
  망고편지 "벽을 넘는 사람들"

그림책. 그림이 이야기하는 책
  망고편지 "선?선!선."

요즘 그림책
  망고편지 "어떤 스카프를 맬까"

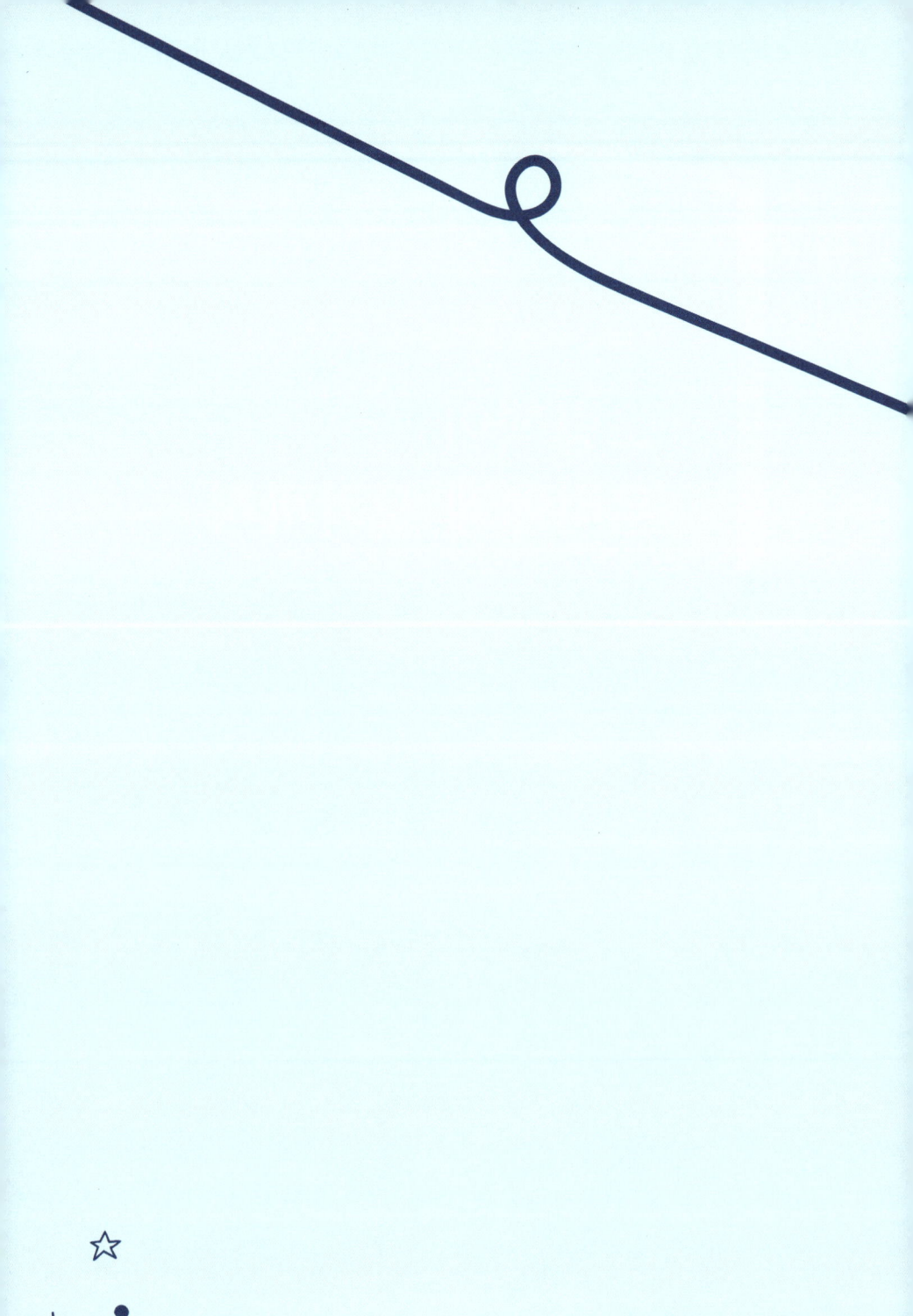

죽느냐 사느냐
표현이 문제로다

표현본능. Expression instinct

그림책은 글과 그림으로 되어 있습니다. 인류는 글과 그림 중 무얼 먼저 사용했을까요? 아마도 글보다 그림이 쉬웠을 겁니다. 본 것을 그대로 표현하고 시각적으로 의미를 전할 수 있는 건 그림이니까요. 만약 표현할 게 많지 않고 시간적 여유도 있었더라면 표현 도구로 그림을 계속 사용할 수 있었을 겁니다.

조직화 된 공동체가 생겨나면서 함께 인식할 규칙을 그림으로 전하는 데는 한계가 있었습니다. 우선 해석 오류 등으로 어려움이 생겼습니다. 추상적인 생각들을 그림으로 표현하기에는 시간도 많이 걸리고 의미도 달라지니 표현과 소통에 유용하면서도 그림의 한계를 보완할 무언가가 필요했습니다.

그림처럼 생긴 기호는 그림의 간략화, 정보의 집약을 목적으로 고안된 것입니다. 기호는 그림과 글의 특성을 모두 가지고 있습니다. 수량 작대기나 초기 아라비아 숫자는 그림 혹은 기호로 볼 수 있습니다. 기호는 공동체가 함께 '그렇게 읽고 이해하기로' 약속할 수 있어 의미 한계와 해석 면에서는 글과 가깝습니다.

이렇게 다수 구성원에게 같은 의미를 전하기 위해 자연스레 글과 문자가 출현했습니다. 그림과 글은 유용성, 표현 방식, 읽히는 경로가 다르지만 둘은 사람의 표현욕구와 사회적 필요에 의해 필연적으로 발생했습니다.

생존과 오래된 미래

태초 가정에서 부모는 자녀에게 무엇을 가르치고 싶었을까요. 훌륭한 사람으로 성장하는 법도 자신의 재능을 발견하는 법도 아닐 겁니다. 문명이 발달하기 전에는 자연의 섭리와 동물의 습격에서 '살아남는 법'이 제일 중요했습니다. 부모들은 자녀에게 '생존'에 대해 알려주고자 했습니다.

자녀에게 쓸모있는 지식을 남겨야 했습니다. 농작물을 어디에 어떻게 보관해야 하는지, 밤이 되면 주로 어떤 동물이 나타나 생명을 위협하는지, 먹을 수 있는 식물과 독이 있는 식물은 어떻게 구별하는지 등 가르쳐야 할 것이 아주 많았습니다. 자신들이 살면서 터득한 지혜나 정보를 전해야 했습니다.

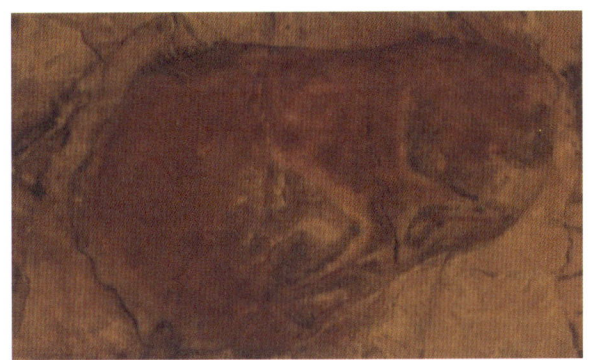
알타미라 동굴 벽화 중 가장 뛰어난 '상처 입은 들소 그림'
출처 : 교과서에 나오는 유네스코 세계문화유산

후대 사람들은 그림과 글 사용 목적을 교육-제의-순수예술 등 여러 가지로 보았습니다. 고대 벽화를 들여다보면 제의도, 예술도 모두 생존과 관련되어 있음을 알 수 있습니다. 즉, 글과 그림은 '생존을 위한 가르침'의 도구가 되어 다양한 역할을 해 왔습니다.

공동체가 커질수록 그 복잡성은 더 해졌습니다. 본능은 욕구를 충족시키려 합니다. 표현 본능에서 시작하여 생존을 위해 표현 도구를 개발하고 발전시키는 일. 생각해 보면 이 일들은 지금도 일어나고 있습니다. 앞으로도 일어날 것이고요. 우리는 지금 오래된 미래에 살고 있습니다.

글과 지위

공동체에서 갈등은 불가피합니다. 삶의 터전이자 재산인 땅을 나누어야 했고 집도 지어야 했습니다. 물물교환으로 가치를 비교하면서 사회질서를 만들었습니다. 사람들은 문자 글로써 신속하고 정확하게 생존의 문제를 해결해 나갔습니다. 이를 위해서는 협의가 필수였고 누군가는 그 일을 해야 했습니다. 정치 즉 다스림이 있는 사회체계가 필요했습니다.

문자(文字)는 다스리는 계급 사람들만 알아도 괜찮았습니다. 모든 사람이 문자를 익힐 시간도 없었고 그럴 필요도 없었습니다. 글을 이해한 소수는 명령하고 다수가 그 의사와 결정에 따르는 세상. 그렇게 해야 빠른 소통과 신속한 발전을 이룰 수 있으니 인류는 자연스레 글을 아는 자와 모르는 자로 나뉘게 되었습니다.

오랜 세월 동안 글은 소수의 전유물이었고 권력이었습니다. 서적은 다수의 평범한 사람들에게 필요하지도 가질 수도 없는 것이었습니다. 나중에는 가지면 안 되는 것이 되었지요. 문맹률이 거의 제로인 대한민국에 사는 우리에게 이 이야기는 실감나지 않을지 모르지만 사실 세계는 글과 지식에서 비롯된 신분 격차에 아주 오랫동안 시달렸습니다.

다양한 문자들
출처: 나무위키 '문자'

모든 사람은 지적 욕구를 갖고 태어납니다. 앎에 대한 욕구가 충족되면 더 알고 싶은 마음을 갖게 됩니다. 반대로 그 욕구가 계속 꺾이고 좌절되면 이 욕구는 무력감과 죄책감이 됩니다. 모든 사람에게 있는 앎의 욕구가 오래전 글을 모르는 사람들에게 가져서는 안 되는 욕심 같은 것처럼 여겨지지 않았을까 생각해 봅니다.

인쇄술. 다시 표현본능을 깨우다

지식 격차는 곧 계급 격차였습니다. 고대와 중세를 거치면서 인간과 신이 교대로 세상 중심에 서 보았지만 사람들의 실제 삶은 별반 달라지지 않았습니다. 신분은 재물-권력과 함께 가계(家系)로 세습되었습니다. 신분이 삶의 반경을 결정했습니다. 세상은 지배 계급에게는 관대했으나 피지배 계급에게는 그렇지 않았습니다.

사회적 지위가 곧 삶의 범위니 지배에 억눌린 사람들이 가장 갖고 싶은 건 계급이었습니다. 농노나 상인(商人) 가문에 태어나 사람 대접 못 받고, 교육 한번 제대로 받지 못하는 내 자녀를 보는 부모 심정은 어떨까요. 중세 말 자본을 손에 넣은 상인들은 자신과 자녀를 위해 계급을 샀습니다.

높은 지위에 있는 사람들에게는 대대로 내려오는 가문의 위상과 재력이 영원토록 유지될 것처럼 여겨졌습니다. 어떤 귀족들은 사회적 지위를 돈과 맞바꾸었습니다. 나중에 다시 찾으면 된다고 생각했나 봅니다. 자신들이 누려왔던 것이 무엇인지, 어떤 위협이 다가오고 있는지에 무감각했습니다.

중세 말기. 인쇄술이 발명되어 보급되고 있었습니다. 기계의 발달과 함께 산업혁명기를 맞이합니다. 모직물 생산, 철도 등이 발달하면서 자본이 시대의 중요한 축으로 등장하고 중세 계급제인 봉건제도가 무너집니다. 그리고 이 흐름은 유럽 전역에 영향을 미치게 됩니다.

구텐베르크의 인쇄소 풍경을 그린 19세기 그림
출처: 구글 내 게티이미지코리아

인쇄술은 영국 왕실이 수여한 최초의 특허입니다. 15세기 중엽 독일의 구텐베르크(Gutenberg, 1397~1468)가 납으로 활자를 만들고 인쇄기를 발명했습니다. 인쇄술 발명으로 책을 만드는 일은 종전과 비교할 수 없이 쉽고 빨라졌으며 지식의 대량 생산과 신속한 정보 전달이 가능해졌습니다.

글이 쓰이지 않는 곳은 없었습니다. 인쇄술 발명 전에는 제아무리 높은 귀족이라도 전할 내용을 하나하나 베껴 옮겨 적어야 했습니다. 인쇄술 발명과 보급으로 대부분의 사람들도 마음만 먹으면 지식에 접근할 수 있게 되었습니다. 지식이 보편적인 것이 되어가고 있었습니다.

정보를 얻을 때 소수의 통치자나 교회 성직자에게 의존하지 않아도 되었습니다. 스스로 정보를 해석할 수 있었으며, 불합리한 기존 견해에 도전할 힘을 얻었습니다. 지배층의 부당한 횡포, 불리한 계약, 부패상도 알게 되었습니다. 사람들은 자유와 계몽에 높은 가치를 두었고 전에 없이 큰 꿈을 꾸었습니다.

인쇄술은 인류의 삶을 바꾸었습니다. 더 많은 호기심과 궁금증을 갖고 자신의 새로운 의견을 만들며 신념을 확고히 했습니다. 곳곳에서 목숨도 불사하는 시민혁명이 일어났습니다. 눌리고 어그러진 세상에 굴복하지 않는 정신을 기르고 다른 세상으로의 변혁을 꿈꾸게 되었습니다.

"세상 모든 것"

안녕하세요. 망고 편지입니다.

책 좋아하시나요? 저는 어릴 때 책을 별로 좋아하지 않았습니다. 책 읽는 재미를 못 느낀 거지요. '하루라도 책을 읽지 않으면 입안에 가시가 돋친다'는 말이 참 이상하게 들렸습니다.

책이 없다면 어떨까요? 책이 넘쳐나는 시대에 살고 있으니, 책이 없다는 걸 상상하기 어렵습니다. 그림책을 펼치니 깜깜한 도시. 그리고 작은 창에 아이가 보입니다. 시작부터 음침합니다. 온갖 것이 다 있지만 책이 없는 도시. 책이 없다는 것이 단지 읽을거리가 없는 게 아닌가 봅니다.

책이 없으니 의미있는 역사도 별일 아닌 소문, 아름다운 이야기도 시답지 않은 풍문이 되었습니다. 사람이나 동물의 입에서 매한가지의 것이 튀어나옵니다. 책장의 용도를 모르고 놀이하는 아이들의 모습. 할 수 있는 놀이가 몸으로 하는 놀이밖에 없어 보입니다. 분명 사람인데 그 그림자는 빈 나뭇가지입니다. 사람만이 글을 읽을 수 있고, 글로 자기 모습을 돌아볼 수 있는데 책이 없다니…

책 없는 도시에서 한 아이가 책 한 권을 발견합니다. 책은 아이의 세계가 되고 꿈이 됩니다. 그런데 갑자기 책이 사라지고! 아이는 '세상 모든 것'이 사라졌다고 여겼습니다. 책 빼고 모든 게 다 있는 도시인데, 책 한 권 없어졌다고 그렇게 느낄까? 과장 같지만, 비유 같지만, 책은 이미 아이에게 꿈이 되었기 때문에 이 말은 사실일 겁니다.

아이는 진정으로 책을 사랑했습니다. 책을 찾아 모험을 떠난 아이가 다시 책을 찾았을 때 이 아이는 '세상 모든 것'을 되찾았고, 책을 갖고 도시로 돌아온 아이는 그 책들을 혼자 소유하지 않았습니다. 참지식은 나만 갖고자 하는 마음을 버리도록 합니다. 흔쾌히 '세상 모든 것'을 친구와 나누고 있습니다.

책 말고도 많은 정보와 즐거움을 주는 매체가 쏟아지는 시대를 살아갑니다. 느린 매체인 책의 자리가 점점 없어지는 것 같습니다. 또한 눈에 보이는 것이 중요한 시대입니다. 꿈이나 보이지 않는 가치들은 얼른 증명되지 않으니 이 또한 매우 느리게 전개됩니다. 하지만 '세상 모든 것'은 결국 한 사람에게 담기는 새 꿈으로 시작되는 것 아닐까요.

이 그림책을 보면서 글과 책이 없었던 시간들이 생각났습니다. '마음 한 자락으로 커다란 파도가 일어난다는 걸 믿지 못했고…' 책 없는 도시를 묘사한 이 글이 매우 슬펐습니다. 글이 없고 책이 없을 때 인류는 이 슬픔을 겪었을지 모릅니다. 소망을 품지 못하는 인생, 잡을 희망 한 자락 없는 상태, 꿈꿀 줄 아는데 꿈꾸면 안 되는 시대가 있었고, 그렇게 살다가 생을 마감한 사람들도 있습니다. 글이 없고 책이 없으니, '제 모습을 비출 수 없어' 슬픈지 조차 몰랐을 테지요.

우리는 함께 그림책을 보면서 '세상 모든 것'을 나눕니다. 책을 읽는 일이 옛꿈을 읽고 새로운 꿈을 나누는 일임을 실감합니다. 작가의 표현처럼 '마음' 한 자락은 커다란 파도를 일으킵니다. 글의 아름다움을 가슴 시리게. 책과 이야기의 힘을 가슴 저미게 전하는 이 그림책을 다른 분들과도 함께 보며 옛 꿈을 읽고 새로운 꿈을 나누는 망고님들 되시길 소망합니다.

오늘도 마음에 잘 도착했습니다.
망고지기 드림.

읽을거리로 여는
새 시대

그림책. 마음에서 시작되다.

앞선 맥락에서 생각해 보면 사람들은 글과 그림을 곁들여 끄적거리고 이야기를 나누었을 듯합니다. 인쇄술이 보급되면서 본격적으로 쓸거리와 읽을거리가 더 많이 생겼죠. 새 지식과 세계들을 받아들임으로써 사람들은 육신의 생존에서 더 나아가 정신과 존재에도 관심을 갖게 되었습니다.

코메니우스(Iohannes Amos Comenius: 1592~1670)는 '사람들이 배우지 못하는 것은 가르치는 방법을 연구하지 않았기 때문이다' 라며 '세상에 있는 지식들은 누구나 배울 수 있다'고 말했습니다. 지식이 보편화되는 시대에 적합한 생각이었습니다.

코메니우스는 글을 몰라 지식 없는 아이들이 딱했습니다. '어떻게 하면 아이들이 조금 더 쉽게 지식을 얻을까?' 코메니우스는 글과 그림을 사용해 1번 의자(글)-의자(그림), 1:1 대응 방식으로 사물의 이름과 형태를 가르쳐주는 『세계도회』(1657)를 만들었습니다. 변화하는 시대, 그리고 교육자의 책임을 아는 코메니우스가 한 시대 속에서 만났기에 가능한 일이었습니다.

코메니우스의 세계도회(Orbis sensualium pictus)가
다시 1714년에 막데부르그에서 출판된 책의 표지 / 출처: 한국코메니우스연구소

'세계도회'는 글과 그림이 있는 교육용 도서입니다. 이야기 요소가 없지만 그림으로 정보를 알 수 있습니다. 그림이 있기 때문에 후대 사람들은 세계도회를 '세계 최초의 그림책'이라고 부릅니다. 이 세계 최초의 그림책 탄생에는 자신이 속한 시대와 문화에서 아이들의 삶과 교육을 고민한 교육자이자 목회자였던 그의 마음이 담겨있습니다.

챕북. 곤란한 읽을거리.

세기말에는 주로 어떤 책들이 잘 팔릴까요. 격변하는 시대 사람들은 차분하고 어려운 내용을 선호했을까요, 쉽고 자극적인 내용을 선호했을까요? 고급스럽고 두껍고 비싼 책이 잘 팔릴까요, 편리하게 휴대하는 작고 값싼 책이 잘 팔릴까요? 읽는 목적이나 취향에 따라 다소간의 차이는 있겠지만 주로 후자를 선호합니다.

거리 문학으로 불리우는 챕북은 세기말 사람들의 읽을거리였습니다. 삽화가 있어 지루하지 않고 작아서 주머니에 들어갔습니다. 챕북은 한 장에 인쇄되어 8-12-16-24페이지로 접혔습니다. 종이질이 좋지 않고 허접하게 제작된 감이 있었지만 읽고자 하는 욕구를 충족시켜 줄 수는 있었습니다.

10cm×7cm 정도 크기의 챕북(chapbook)
출처 :https://blog.naver.com/rhfksl82/221589253640

모든 이야기가 그렇지만 특히 챕북은 아이들에게 읽힐 목적으로 만든 게 아닙니다. 상상해 볼까요. 부모가 챕북을 샀습니다. 민화나 전래이야기인데 선정적이고 잔인했습니다. 음담패설, 손발 잘려 나가는 이야기, 잔인한 전쟁 이야기들이 주를 이룹니다. 챕북이 쉽게 구할 수 있고 글도 있지만 부모 입장에서 어린 아이들이 볼 책은 아니라는 생각이 들었을 겁니다.

아이들 발달에 맞거나 이를 고려한 읽을거리는 거의 없었습니다. 계몽되는 사회 분위기에서 아이들 교육에 관심을 두는 사람들은 자연스럽게 '우리 아이들이 읽을 만한 게 없나?' 생각합니다. 읽을거리 중 교육적인 것과 교육적이지 않은 것을 구분하게 되지요. 읽을거리의 가치를 느끼는 일부 부모들은 자녀를 위해 동화를 짓기도 했습니다.

교훈 없어도 되는 이야기

샤를 페로(Charles Perrault, 1628~1703)의 '장화신은 고양이'는 코메니우스의 세계도회와는 달리 스토리가 있고 의인화된 동물이 주인공인 이야기입니다. 사람보다 지혜로운 고양이가 자기 주인을 공주에게 장가보내 입신양명을 이루게 합니다. 둘은 분명한 차이점이 있지요. 세계도회에서 가르침은 직접적으로 이루어지고 장화신은 고양이에서 가르침은 '환상 이야기'에 살짝 숨겨져 있습니다.

삽화 1843, 판 L. 커머
출처 : 위키백과 '장화신은 고양이'

실제 삶에서 고양이는 장화 신고 다니면서 사람들에게 말을 걸거나 주인을 장가보낼 수 없지만 이야기에서는 가능합니다. 재밌는 점은 사람들은 환상 이야기에서 사람인 주인보다 장화신은 고양이에게 이입한다는 것입니다. 이 시대 사람들은 동물이고 신분이 낮은 고양이에게 주목하면서 변화를 꿈꾸기도 했습니다. 용기를 얻기도 했습니다.

안데르센(Hans Christian Andersen, 1805~1875) 이후에는 교훈을 거의 고려하지 않습니다. 인어공주만 보아도 교훈보다 아름다움이 돋보입니다. '작품을 위한 작품'에 충실합니다. 안데르센은 아이들이 볼만한 이야기를 만들기 위해 작가가 추구하는 문학성·예술성을 개조하거나 일부러 해피엔딩으로 결말을 꾸미는 게 이야기의 본질에 맞지 않다고 생각했습니다.

인어공주는 실존하지 않는 인물이고 내용 역시 현실 불가한데 아이러니하게도 그 속에 매번 해피엔딩일 수 없는 삶의 리얼리티가 있습니다. 슬프지만 있을 수 있는 결말. 인간의 본질을 꿰뚫는 환상 이야기에 담긴 희노애락은 사람들로부터 공감을 얻었습니다. 하여 사람들은 안데르센을 '창작 문학의 개척자'라고 부르고 있습니다.

이후 많은 작가들은 글과 그림의 가능성과 예술성을 실험하였고 이야기 창작의 지경이 확장되었습니다. 이는 동화나 그림책에도 영향을 주었습니다. 앞선 시대와 마찬가지로 계몽주의, 낭만주의와 안데르센 같은 인물이 만났기에 가능한 일이었습니다.

이야기를 좋아하는 사람들.

독일의 언어학자, 문헌학자인 그림 형제(Jacob Grimm, 1785~1863 / Wilhelm Grimm, 1786~1859)는 구전되는 이야기들을 채록하고 어린이와 가정을 위한 이야기(Kinder-und Hausmarchen)를 남겼습니다. 둘은 이야기를 그대로 보존하고 싶었습니다. 원작은 그 자체만으로도 문학적 가치가 충분하다고 생각했습니다.

루이스 캐럴. 이상한 나라의 앨리스, 1865
출처 : 위키문헌

영국 수학자 루이스 캐럴(Lewis Carroll, 1832~1898)은 이상한 나라의 앨리스를 지었고, 삽화가 존 테니얼이 환상의 동물들을 실감나게 그렸습니다. 이 시대에는 전문 작가뿐 아니라 다른 직업을 가진 사람들이나 부모들도 동화를 만들었습니다. 전문성과 전공이라는 이름으로 수학자는 수학 연구만, 의사는 병 고치는 일만 하지 않았습니다.

근대 과학이 발달하면서 공장형-표준화-전문화 시류는 전 세계의 흐름이 되고 모든 영역에서 틀로 작용하게 되었습니다. 학문체계가 생기고 직업도 세분화되었습니다. 자연스레 문학과 미술영역도 분리되고 그림책을 구성하는 중요 요소인 글과 그림도 각 영역의 학문과 이론으로 깊이 연구되었습니다.

세상과 시대가 바뀌어도 사람의 존재와 실존은 변하지 않습니다. 모든 사람에게는 이야기 본능이 있는데 기계적 사고방식은 사람들의 삶에 더 합리적이고 효율적인 선택을 요구했습니다. 안타깝게도 누구나 즐길 수 있는 이야기 놀이와 창작은 언어교육 그리고 특정 사람들의 영역이 되었습니다.

이야기를 즐기는 아이들

정신과 의사 하인리히 호프만(Heinrich Hoffmann, 1809~1894)은 훈계가 강한 책이 '아이답지 않고 솔직하지 않으며 너무 계몽적이고 지루하며 자연스럽지 못하다'고 했습니다. 아들에게 줄 크리스마스 선물로 그림책을 사러 다니다가 마땅한 것을 찾을 수 없어 직접 '더벅머리 페터'를 만들었습니다.

더벅머리 페터에서 그림은 글이 말하는 것을 거의 그대로 표현하고 있습니다. 주인공 페터는 이발도 안 하고 손톱도 깎지 않은 기괴하고 지저분한 모습을 하고 있어 요즘 정서로 보기에는 과격하고 비교육적으로 보일 수 있습니다. 글-그림이 절반 비율로 되어 있어 그림만 보아도 아이들이 내용을 아는 데 어려움이 없습니다.

내용 중 '수프를 먹기 싫어하는 소년'으로 알려진 이야기. 1857.
출처 : 위키백과 '더벅머리 페터'

이 책에는 이런 이야기들이 있습니다. '먹지 않는 아이가 있었어요. 안 먹었더니 … 다섯째 날에는 죽었어요.', '비바람이 부는 날이었어요. 밖에 나가지 말라 했지만 너무나도 나가고 싶었어요. … 날아가서 없어졌어요. 아직도 그 아이가 어디 갔는지 아무도 몰라요.' 등등. 어른들은 이 책을 보고 '아이들이 따라 하면 어떡하지', '굶으면 어떡해', '비바람 부는 날 밖에 나가면 어떡해' 하며 걱정했습니다.

하지만 아이들은 이 책을 보면서 깔깔깔 웃고 말았습니다. 어른들 걱정과 달리 아이들은 문학을 즐길 줄 알았습니다. 페터의 말도 안 되는 과한 행동을 보면서 현실 밖으로 잠시 외출하는 경험을 한 것입니다. 정신과 의사 아버지가 자기 자녀에게 이 책을 만들어 선물한 걸 보면 그는 아이들의 정신과 심리 그리고 그림책의 역할에 대해 확신이 있었나 봅니다.

"벽을 넘는 사람들"

안녕하세요. 망고 편지입니다.

빨간 벽. 벌써 빨간색과 높은 벽에 압도됩니다. 벽 위에 선 작은 생쥐가 위태로워 보이니 이 생쥐를 위해서라도 그림책을 빨리 넘겨야 할 것 같습니다. 생쥐는 왜 거기 올라가 있을까. 어디를 보고 있는 걸까? 궁금해집니다. 책장을 넘기면 나타나는 두 장의 속표지로 인해 감히 어찌 해볼 수 없는 '빨간' 벽을 실감하게 됩니다.

사실 생쥐는 이 빨간 벽 너머를 궁금해하지 않아도 되지 않나요? 벽 안에 사는 동물 중 가장 작은 생쥐에게 빨간 벽 내부는 충분히 넓습니다. 하지만 '호기심' 많은 이 꼬마 생쥐는 빨간 벽의 존재가 신경 쓰입니다. 반면, 동물 친구들은 이 벽을 신경 쓰는 꼬마 생쥐가 더 신기합니다.

친구들에게 벽이 왜 여기 있는지, 언제부터 있었는지, 벽 너머에는 뭐가 있는지 물어보지만 시원한 답을 들을 수는 없습니다. 그리고 뭔가 알고 있는 듯한, 으르렁 소리를 잃어버린 슬픈 사자는 벽 뒤에 '없음'이 '있다'는 무기력한 답을 내어 놓습니다.

어디선가 날아온 파랑새를 타고 주저없이 벽을 넘어간 작은 생쥐는 빨간 벽 밖에 아름다운 세상이 있음. 그리고 처음부터 벽은 없었다는 것을 알게 됩니다. 좋은 세상을 만났으니 뒤도 안 돌아보고 갈 만한데 생쥐는 친구들에게 이 사실을 말해주고 싶어 합니다.

벽 밖은 위험하다고 한 고양이에게는 '여기도 안전해' 벽은 원래부터 거기 있었다고 한 곰 할아버지에게는 '벽은 없었어요' 벽 뒤에 뭐가 있든 상관없다고 하는 여우에게는 '상관있어!' 그리고 아무것도 없음이 있다고 한 슬픈 사자에게는 '아름다움이 있어요'.

생쥐가 사라진 하늘을 보고 있다가 다시 벽 안으로 시선을 돌렸던 동물 친구들은 빨간 벽 밖으로 나옵니다. 사자도 결국 빨간 벽 밖으로 나와 언덕에 우뚝 섭니다. 아마도 작은 생쥐의 끈질긴 설득과 기다림이 있지 않았을까요? 사자가 빨간 벽 밖으로 나와 동물의 왕다운 위엄을 되찾은 것 같아 마음이 편안해집니다.

동물 친구들이 빨간 벽 밖으로 나오는 모습에 마음이 쿵. 합니다. 단지 무채색과 유채색 때문이 아닙니다. 벽에 장치를 하거나, 담을 타고 넘거나, 부수고 나온 게 아니라 이들은 그냥 벽을 '통과'했습니다. 벽을 '지나'갔습니다. 벽은 그렇게 대하면 되는 것이었습니다!

벽은 안전하고 삶의 일부고 삶에 크게 영향을 미치지 않는 한 굳이 신경 쓸 필요가 없고...또 준비가 안 된 사람들에게 가서 괜히 도전정신을 불러일으킬 필요는 없는 게 어느 정도 사실일지 모릅니다. 그러나 작은 생쥐의 놓지 못하는 호기심과 행동이 많은 변화를 이끌어 냈습니다.

이 그림책을 보면서 자신의 벽, 문화의 벽, 역사의 벽을 넘어선 사람들이 생각 났습니다. 그들은 벽을 넘을 뿐 아니라 다른 사람들도 벽을 넘도록 했습니다. 빨간 벽을 살펴보면 처음부터 희끗희끗한 부분들이 있습니다. 존재하지 않는 벽의 실체를 계속 암시하고 있었던 건 아닐까요? 언제나 어느 시대에나 벽을 넘는 사람들이 있습니다. 이런 사람들로 인해 세상은 변화하고 인류는 발전해 온 것 같습니다.

지식이 권력이고 교육자가 소수였던 시절에 아이들의 학습을 고민했던 코메니우스, 환상 이야기와 세드앤딩으로 삶의 리얼리티를 제대로 관통한 안데르센, 여성으로 태어나 좋은 남자 만나 결혼하는 것이 최고의 영예였던 시대에 그림책 작가가 된 케이트 그리너웨이 등 벽을 넘는 사람들 때문에 그림책 세계와 문화는 더 넓게 확장되었습니다.

벽 밖으로 나가는 가장 좋은 방법은 벽을 '지나'가는 일 같습니다. 우리에게 있는 빨간 벽은 무엇입니까? 오늘도 빨간 벽을 담담히 통과하여 더 좋은 세계로 나아가는 망고님들 되시길 소망합니다.

오늘도 마음에 잘 도착했습니다.
망고지기 드림.

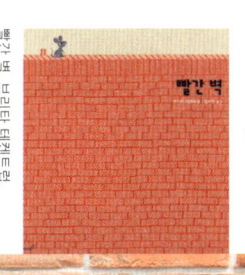

그림책,
그림이 이야기하는 책

그림의 힘

그림은 목판 인쇄술 발달에 힘입어 이야기를 더욱 풍성하게 했습니다. 그림은 글이 표현한 것을 구체적으로 보여주는 삽화로써 '아 주인공이 이렇게 생겼구나, 이런 집에 사는구나.' 등 인물과 시공간을 창조했습니다. 글로 표현하면 어렵고 장황해질 법한 분위기도 그림으로 표현하는 일이 많아졌습니다.

케이트 그리너웨이(Kate Greenaway, 1846-1901)는 여성의 사회활동이 환영받지 못하던 시대에 일러스트레이터로 활약했습니다. 그녀는 자신의 글에 자유롭게 삽화를 그릴 수 있었고 목판가 아버지와 인쇄업자 에반스의 권유로 그림책을 낼 수 있었습니다.

첫 그림책 'Under The Window'에서 그녀는 아이들의 모습이나 잘 손질된 정원을 세밀하게 그렸습니다. 글이 주력인 삽화형 동화가 많았던 때인데 글보다 그림이 주목을 받았습니다. 그녀가 그림책에 그린 아이들의 복장은 나중에 '그리너웨이 패션'이라 불릴 정도였습니다.

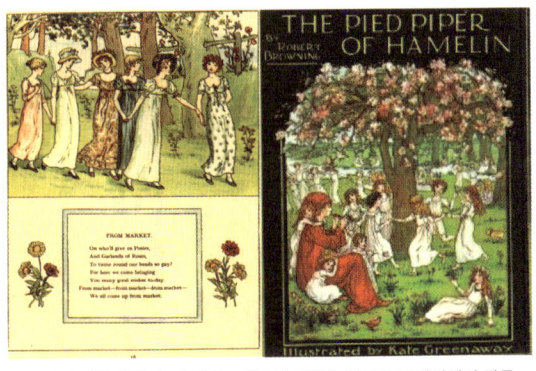

금잔화 정원 장면과 피리부는 사나이, 1888, 케이트 그린어웨이 작품
출처 http://www.indiana.edu/~librcsd/etext/piper/index.html

그림책에서 그림의 힘과 기여도를 한껏 증명하며 그녀의 실력과 독창성은 유감없이 발휘되었습니다. 그녀는 부드럽고 사실적인 필치로 아이와 어른 모두를 꿈과 환상의 세계로 안내했습니다. 그림 그리는 직업여성으로서 당당하게 인세를 요구하고 원화를 갤러리에 팔기도 했습니다.

자신이 속한 문화와 사회적 편견의 벽을 넘어선 그녀는 여성이 아닌 그림작가로서의 정체성을 보여주었는데 이는 당대 보기 드문 행동이었습니다. 영국 도서관협회는 1955년부터 그림이 우수한 그림책에게 케이트 그린어웨이 상을 수여하고 그녀의 공헌을 기리고 있습니다.

세상에서 가장 유명한 토끼

이야기나 그림책 창작물이 누군가에게 선물이 된다는 것은 멋진 문화입니다. 눈에 보이는 물건이나 물질 외에 정신세계와 상상력을 선물하는 낭만이 있었습니다. 베아트릭스 포터(Beatrix Potter, 1866~1943)는 가정교사의 아들이 감기에 걸려 집에만 있게 되자 아이를 위로하기 위해 이야기에 그림을 곁들인 편지를 보냈습니다.

피터 래빗 이야기는 글보다 그림으로 더 많이 생생해집니다. 그림에서 주인공의 성격을 알 수 있어 그림을 읽는 즐거움을 느낄 수 있습니다. 그녀는 동물의 외관과 특성을 잘 관찰하고 거기에 인간의 행동과 생활을 녹여냈습니다. 당시 여성의 예술활동과 상업은 사회에서 환영받지 못했지만 자신의 뜻을 의심하지 않았고 새로운 길을 개척해 나갔습니다. 자연을 좋아하는 그녀와 이를 담는 노력은 많은 작가들에게 귀감이 되고 있습니다.

1936년 디즈니로부터 피터래빗 영화화 제안이 있었으나 거절했다고 합니다. 그녀는 지면에 표현된 피터래빗이 빛의 예술인 영화에 담겼을 때 생기는 차이를 알았던 것 같습니다. 그녀가 세상을 떠난 후, 그녀의 일생을 다룬 이야기는 영화 미스 포터(2007)로, 피터래빗(2018)은 애니메이션으로 제작되었고 영국은 2016년부터 그녀의 소설을 소재로 50펜스 기념주화를 발행하고 있습니다.

판의 이동과 그림책 문화

미국 도서관협회는 1922년부터 뉴베리상을 1937년부터 칼데콧 상을 시상해 왔습니다. 뉴베리 상은 미국에서 출간된 어린이책 가운데 가장 뛰어난 작품을 쓴 사람에게 주는 상 칼데콧 상은 미국어린이도서관협회에서 미국 국적 작가 및 출판물 중 그 해 가장 뛰어난 그림책에게 주는 상입니다.

특이한 건 칼데콧과 뉴베리가 영국 사람이라는 점입니다. 덴마크, 프랑스, 영국, 독일… 특히 영국에서 목판인쇄와 출판업이 발달했는데 왜 미국에서 영국인 이름으로 된 상을 만들어 수여하나 싶어 의아합니다. 그림책이 태동하고 발달한 주 무대는 유럽이었으니까요.

제1차 세계대전(1901)은 유럽에게는 더 없는 악재, 미국에게는 엄청난 기회가 되었습니다. 이 때를 기점으로 모든 전통과 역사를 지니고 있던 유럽의 패권이 서서히 미국으로 이동됩니다. 개척국가인 미국은 청교도 정신을 바탕으로 교육과 문화 여러 분야에 심혈을 기울이며 선진국의 발판을 다졌습니다.

한 예로 미국 백악관에서는 「영아 백서」(1905)를 발간해 각 가정 부모에게 나누어 주었습니다. 아이들이 곧 미래라는 걸 알고 영아기부터 부모의 양육을 지원했습니다. 국가 차원에서 사람과 사회에 대해 연구할 뿐 아니라 영국 작가 이름이 들어간 문학상을 수여할 만큼 유럽 문화를 수용하고 발전시켰습니다. 미국은 교육과 문화의 중요성을 잘 알고 있었고 바람대로 세계 교육과 문화를 이끄는 나라가 되었습니다.

세계명작동화부터 그림책까지

우리나라에 출판된 초기 세계명작동화들은 이야기가 다르나 표지와 그림작가는 모두 같고 판형은 일률적이었습니다. 문학의 예술성보다 글의 양과 경제성을 고려했습니다. 앞서 설명한 우리나라의 상황에서 충분히 이해되는 부분입니다.

최근 스웨덴 등의 나라에서는 세계 명작을 선별하고 있습니다. 아이들의 삶에도 희노애락과 생사(生死)가 있지만 일부러 잔인하거나 자극적일 필요는 없습니다. 예술적이면서 아이들 성장에 가치롭고 긍정적인 영향을 주는 그림책과 이야기들은 무궁무진하기 때문입니다. 명작의 기준 특히 아이들을 위한 작품은 분별이 필요합니다.

충격적이고 잔인한 그림들과 동심에 적절하지 않은 이야기들이 기억납니다. 저주에 걸린 빨간 구두를 신고 춤추다가 스스로 다리를 자르기 원하는 소녀는 마지막 장면에서 목발을 짚으며 어두운 숲으로 사라집니다. 또 장화홍련전의 동생이 의붓누나들을 샘에 빠뜨리는 걸 보면서 '설마 저 녀석도 나를…' 하며 제 남동생을 매우 경계했던 기억도 납니다.

명작은 명작으로서의 힘이 있습니다. 이야기는 사람의 보편적 정서와 닿아있고 약자의 승리 선한 본성에 호소합니다. 일곱 마리 아기 양과 늑대 이야기에서는 늑대가 물에 빠져 죽고, 아기돼지 삼형제 이야기에서는 늑대가 굴뚝으로 들어오려다가 꼬리에 불이 붙어 다시는 나타나지 않아야 재밌고 후련합니다. 갑자기 늑대가 착해진다거나 피해를 본 양이나 돼지가 늑대를 얼른 용서한다면 오히려 찜찜할 겁니다. 의

인화된 요소들이 오히려 우리의 본질을 꿰뚫고 있어 앞선 빨간구두나 장화홍련전과는 차이를 느끼게 합니다.

다시 말하면 명작의 힘만 믿고 있기에는, 그렇지 않은 이야기들도 있다는 말입니다. 이야기가 문학적으로 가치있는 것과 사람의 바람직한 성장에 가치로운 것은 다른 차원입니다. 보여준다 안 보여준다, 봐도 된다 안된다 논쟁할 부분은 아니지만 사람을 자라게 하는 그림책은 현재보다 더 나은 방향과 모습으로 나아가게 합니다.

그림책은 인쇄술의 발달로 본격적인 탄생을 알렸습니다. 그림으로 정보를 알려주는 정도에서 시작하여 교훈이 없어도 되는 이야기로, 해피엔딩이 아니어도 되는 자유로운 환상 이야기로 발전했습니다. 그림만으로도 훌륭한 그림책이 될 수 있다는 걸 증명해 왔고 아이부터 어른까지 즐길 수 있는 이야기로 성장했습니다.

"선! 선? 선."

안녕하세요. 망고 편지입니다.

선 넘지 마라! 과히 하기 좋거나 듣기 좋은 말은 아닙니다. 이 선을 누가 정했는지, 어떤 선인지 모르지만 이 경계선을 넘으면 '무례하다', '눈치가 없다'는 등의 소리를 들을지 모릅니다. 심하게는 어떤 규제를 받을 수도 있어요.

아이들과 아이들보다 세배는 커 보이는 늑대가 비탈길에서 흰 선 밖을 내다보고 있습니다. 어떤 위험이 있기에 모두 저 흰선 안에 있는 걸까요. 글과 그림의 잘 된 조화로 한 장씩 넘길 때마다 애니메이션을 보는 것 같습니다.

그림책 목소리는 아이입니다. 자기가 사는 곳에 대한 이야기를 담담히 들려줍니다. 빨간 창문 집에는 릴리벨 아이들. 초록 창문 집에는 그린벨 아이들. 작은 나무 집에는 가장 큰 '대장'이 살고 있습니다. 이곳은 유치원과 비슷하지만 아무도 아이들을 데리러 오지 않고, 아이들은 선 밖으로 나갈 수 없는 규칙이 있습니다. 그것 말고도 규칙이 많습니다. 하지만 대장이 모든 걸 결정하기 때문에 아이들은 생각할 필요가 없습니다.

두 집단 아이들은 옷도 다르게 입고 일과도 다릅니다. 릴리벨 아이들은 좋은(?) 학교를 다니는 것 같고, 그린벨 아이들은 그 시중을 드는 것 같습니다. 서로 보이는 공간에서 누구는 놀고 배우며, 누구는 힘든 일을 합니다. 물론 함께 놀이하지도 않아요. 그게 규칙이라고 합니다. 이 이야기를 우리에게 들려주는 아이는 자기만의 팔찌를 했습니다. 규칙을 어기면 대장에게 크게 혼날지도 모르지만 '자기'를 잊고 싶지 않았나 봅니다.

이 지루함의 끝에 서로 옷을 바꿔입고 새 하루를 시작하는 아이들. 대장은 릴리벨 아이들과 그린벨 아이들이 바뀐 줄도 모릅니다. 대장은 일과와 규칙에 열심이지만 정작 아이들이 '누구'인지 모릅니다. 관심 없습니다. 아이들은 대장의 규칙을 어기면서 공평해집니다. 규칙이 없지만 혼란스럽지 않은 아이들. 아이들이 모두 섞여 놀니다. 혼자 그림을 그리는 아이, 대화하는 릴리벨과 그린벨 아이도 있습니다. 어떤 이야기를 하고 있을까요?

아이들은 이제 절대 넘으면 안 된다고 했던 선에 접근합니다. 선 너머에 있는 블루베리를 나뭇가지로 찔렀는데도, 한 용감한 아이의 발이 선을 넘어갔는데도 대장 말처럼 번개가 치거나 불이 나지 않았습니다. 모든 아이들은 선을 넘었습니다. 사람이 아닌 늑대 모습의 대장은 남겨두고 가네요. 앞면지에서 설산을 오르는 무리가 뒷면지에 보니 꽤 여러 산을 넘어갔습니다.

이렇게 산을 넘는 아이들에게 선을 넘지 말라니…

이 그림책을 보면서 옛 아이들. 그리고 지금의 아이들이 동시에 생각났습니다. 부모 잃은 아이들을 수용해 놓은 근대 시설처럼 보이는 부분, 그리고 어른에 비해 그다지 가치롭게 여겨지지 않았던 아이들의 존재와 위치를 보면서 옛 아이들이 생각났습니다. 그리고 과거 아이들에 비해 꽤나 존중받는 듯 보이나 보호와 사랑이라는 이름으로 더 많은 규칙과 선 안에 놓인 지금의 아이들이 생각났습니다.

아이들의 존재, 아이들이 어떻게 배우는지, 아이들은 어떤 감정으로 어떤 의사결정을 내릴 수 있는지 그 특별함에 관심을 가진 사람들로 인해 소위 아동존중시대가 열렸습니다. 그런데 아이러니하게도 그 존중은 틀이 되어 아이들의 잠재력과 가능성과 다름을 제한하기도 합니다.

처음 그 규칙들은 어느 정도 쓸모가 있었을 텐데. 누구를 위한, 무엇을 위한 규칙이었는지 잊혀진 채 무조건 '선을 넘지 말라'는 구호만 남았습니다. 이러저러 해야 한다!는 구호로는 아이들의 호기심을 막을 재간이 없습니다. 선 안에서 외치는 소리, 선만 강조하는 부르짖음, 그리고 대상을 이해하지 않는 가르침은 아무런 힘이 없습니다. 우리 어른들은 적어도 늑대 대장이 아니고, 우리 아이들은 산 넘을 힘을 가졌습니다. 다음 세대. 우리 아이들이 선을 분별하고 산을 넘을 수 있도록 응원하고 격려하는 망고님들 되시길 소망합니다.

오늘도 마음에 잘 도착했습니다.
망고지기 드림.

망고 그림책 후

"여긴 내 구역이다.!"

망고그림책 우등생이신 전 아란유치원 박혜숙 원장님은
둘째 손자인 승우와 '선을 넘지마' 그림책을 보았습니다.
선. 한계를 정해주는 교육에 할 말 있어 보이는 초등학교 3학년 승우.
우주 밖에 있는 아이의 손이 인상적입니다.
그림책놀이상담사이신 박혜숙 원장님의 글입니다.
할머니와 손자의 아름다운 그림책 대화입니다.

도서관에 반납하기 전 '선을 넘지마' 책을 들고
초등 3학년 둘째 손자 만나러 갔어요.
이 그림책을 읽고 아이와 나누는데, 아이의 불편한 마음을 봅니다.

"승우야 이 책에서 가장 맘에 드는 문장을 찾아볼래" 하니,
뒷표지에 있는 '권리와 자유를 이야기하다'를 짚어요.

본문 안에는 맘에 드는 문장이 없나 봅니다.
맘에 드는 그림도 없다고 하더니,

뒷표지 설산.
아이들이 자유를 찾아 설산 정상에 있는 그림을 골랐습니다.

"승우야, 책 속 그림과 내용이 맘에 들지 않으면
승우가 넣고 싶은 그림이나 내용이 있을까?"

"대장을 참교육하는 그림과 내용을 넣고 싶어요."
아이의 불편한 마음이 엿보이네요.
"승우가 그리고 싶은 선을 그려볼래" 주문했더니

"할머니 선은 필요없어요.
아이들의 자유를 억압하는 선은 절대 안 그려요"

"선이 때론 필요하단다. 영역을 표시하기도 하니~
그럼. 승우의 영역을 표시하는 선을 그려볼래?" 했더니~
깜놀!!!!

승우가 그리는 "선".
세 개의 원을 그리더니
그 안에 동그라미 네 개,
지구, 목성, 토성 그리고 수성이라네요.
밖에 큰 원을 그리더니,
우주라고 쓰더니 태양계라고 해요.

그리고 위쪽에 팔과 손이 우주를 잡고 있어요.
"여긴 내 구역이다"
아이의 생각이 놀라웠습니다.

요즘 그림책

인류의 입맛. 단짠단짠.

시대는 작가의 창작에 영향을 미치고 작품은 다시 시대정신을 만듭니다. 시대정신은 그 문화와 사회의 중요한 가치가 되어 교육목적과 내용의 초점이 됩니다. 따로 떼어 생각할 수 없는 부분이지요. 지금도 마찬가지입니다. 시대-문화-교육은 모든 영역에서 영향을 주고 받습니다.

인류의 기호에 따라 그림책의 위치도 달라져 왔습니다. 한계없는 자유분방함을 즐기다 보면 정돈된 틀을 갖고 싶어집니다. 인류는 제1차 세계대전을 겪으면서 정리와 질서를 원했습니다. 틀과 규격으로 정형화 된 모던함에 싫증 난 사람들은 모든 걸 해체하고자 합니다. 이를 '포스트' 모더니즘이라고 부릅니다.

포스트모더니즘의 특성은 그림책에도 나타났습니다. '아름다운 공주는 멋있고 늠름한 왕자님을 만나 행복하게 살았습니다'를 빗나간 결론. 왕자 없이도 충분히 행복한 공주 이야기 종이봉지 공주를 누구나 좋아합니다(로버트 문치, 마이클 마첸코, 비룡소, 1998). 이 책은 반편견적 사고와 교육에도 영향을 주었습니다.

인류는 단 걸 먹다 싫증내고 짠 걸 먹고 싶어 합니다. 급변하는 미래의 불확실성에 불안해하면서도 조금 안정되면 안정적인 것에 머무르기를 거부합니다. 모든 게 변화합니다. 흔들립니다. 헷갈립니다. 사람에게 집중해야 하는 이유가 여기 있습니다. 사람 존재와 교육의 본질은 변하지 않으니까요.

경계 무너뜨리기

해체하는 분위기. 그림책에 나타나는 '경계 무너뜨리기' 현상은 작가들의 창조적 산물이기도 하지만 포스터모더니즘 문화의 영향으로 볼 수 있습니다.

원래 작가는 작품을 탄생시키는 생산자 및 제작자였고 독자는 작가의 의도를 잘 파악하고 깨달음을 얻는 소비자 및 수혜자였습니다. 지금은 작가와 독자의 역할이 정형화되어 있지 않습니다. 독자는 나름대로 의미를 해석하고 생산자의 역할을 합니다. 작가 또한 독자들이 수동적이길 원하지 않습니다.

작가와 작품의 권위는 존중받지만 그 경계는 무너졌습니다. 작가와 독자가 언제든지 의미를 교류할 수 있는 관계가 되었습니다. 의미해석 허용 범위가 높아지니 그림책의 놀이성이 더욱 확장되었습니다. 요즘 그림책은 독자의 자발성-능동성-적극성에 의해 더 넓고 재밌는 놀이터가 되었습니다.

그림책의 면지에는 이야기 역할이 더해졌습니다. 복선, 분위기 변화 등 메시지를 전하기 위한 중요한 장치가 나타납니다. 책등이나 제본선 활용과 판형의 다양화 또한 경계 무너뜨리기의 한 현상으로 볼 수 있으니 앞으로도 그림책은 여러 면에서 무궁무진해 질 겁니다.

섞임과 재창조

빨강과 노랑이 만나면 주황이 됩니다. 주황은 빨강도 노랑도 아닌 주황입니다. 분명히 빨강과 노랑의 속성이 있지만 전혀 다른 이름 '주황'이라 불립니다. 그림책도 마찬가지입니다. 담이 허물어지면 안과 밖이 통하듯 과거와 현재, 미래의 작품이 섞이고 연극과 그림책이 섞입니다.

'섞임'의 가장 익숙한 사례는 패러디(parody)입니다. 그림책에서는 주로 옛이야기가 패러디되지요. 현대 작가의 시각으로 현실에 맞는 새로운 해석을 제공하는 작품행위입니다. 원작의 권위를 깨거나 실추시키는 측면보다는 시대에 맞는 해석으로 작품의 가능성과 풍성함이 재확인·재창조되어 독자에게 다가갑니다.

만약 모더니즘 시대라면 '감히 원작의 권위를 훼손하는가?' 하는 목소리에 힘이 실릴 것입니다. 혼합과 재창조가 가능한 건 포스트모더니즘의 영향이지요. 이미 작가도 독자도 틀을 넘나들면서 새롭게 만드는 것에 더 큰 의미를 부여합니다. 이렇듯 인류는 몸담고 있는 시대에 영향을 받고 있습니다.

그림책의 장르들

'어떤 장르 영화 좋아하세요? 하면 어렵지 않게 드라마, 로코, 히어로물, 스릴러라고 말합니다. 그러면 어떤 류를 좋아하는지 감을 잡게 되는데, 장르 구분의 성격이 모두 다릅니다. 서스펜스는 이야기의 전반적인 분위기, 영웅물은 주인공 특성, 멜로는 주된 서사, 역사물은 실화 여부가 장르 구분의 근거가 됩니다.

장르는 어떤 예술 작품이 가지고 있는 총체 중 가장 두드러진 특성입니다. 장르(Genre: 프랑스어)는 종류나 유형(type)에 따른 대략적인 구분이라고 볼 수 있습니다. 모든 이야기나 정보가 그림책이 될 수 있다는 점에서 그림책도 특징이나 성격에 따라 장르로 묶일 수 있습니다.

어벤저스를 액션물 혹은 히어로물이라고 할 때 둘 다 맞습니다. 하나는 주된 흐름과 역동 면에서, 하나는 주인공들의 특성이 두드러진 작품이니만큼 등장인물 특성으로 장르를 말한 겁니다. 이야기가 담긴 예술작품인 그림책도 여러 측면의 기준과 방식으로 생각해 볼 수 있습니다.

새로운 그림책 장르가 나올 가능성도 있습니다. 영화도 과거에 멜로가 로맨틱으로, 그리고 다른 재미 요소가 반영되면서 로맨틱 코미디, 로코라는 신조어로 불리게 되었습니다. 이렇듯 예술작품에서 장르는 새롭게 만들어질 수 있고 혹은 없어질 수도 있습니다.

따라서 <u>그림책의 장르를 틀로 규정하기보다 특성 기준을 갖고 보는 편이 그림책을 예술작품으로 유연하게 보는 방식이 됩니다.</u> 그림책의 장르는 내용과 형식을 구분하여 내용은 환상성과 사실성 정도에 따라, 형식은 글과 그림의 정도에 따라 나눌 수 있습니다.

옛이야기는 환상성이 높습니다. '옛날 옛적에~' 특성이 강하기 때문에 이를 현대 작품들과 구분하여 전래그림책 혹은 옛이야기 그림책으로 부릅니다. 같은 맥락에서 지식 정보 그림책은 사실성이 높습니다. 지식과 정보전달의 목적성, 내용의 객관적 사실이 큰 특징이니 지식 정보 그림책이라고 부릅니다.

글과 그림의 정도에 따라 그림책의 장르를 명명할 때도 마찬가지 원리를 적용할 수 있습니다. 최근에는 점차 그림의 역할 비중이 늘고 있습니다. 시 그림책은 시의 형식에 그림이 그려진 장르로, 글없는 그림책은 온전히 그림만으로 서사를 전하는 장르로 이해할 수 있습니다.

어떤 그림책은 환상성 수준에 따라 환상 그림책이면서 동시에 글과 그림 정도에 따라 글없는 그림책으로 불릴 수 있습니다. 환상 그림책에 비해 글없는 그림책이 상대적으로 적기 때문에 글없는 그림책의 특징이 도드라져 보이게 됩니다. 그러면 이 그림책은 글없는 그림책이라는 장르로 쉽게 구분됩니다.

옛이야기 그림책은 전승문학이 그림책으로 만들어진 것입니다. 표정과 몸짓, 말로 전달된 일회적인 이야기가 입에서 입으로 전해져 내려와 기록되었습니다. 그러다 보니 작자를 알 수 없고 여러 사람과 세대의 정서가 반영되어 와전 가능성을 포함하고 있습니다.

옛이야기는 어느 나라에나 있습니다. 언어와 문화는 다른데 이야기 특성이 유사합니다. 선악 간의 대립과 해결이 있으며 착한 사람은 복을 받고 나쁜 사람은 벌을 받습니다. 많은 옛이야기 가운데 지금까지 전해져 내려온 이야기들에는 그럴만한 이유들이 숨어 있습니다.

이야기가 전해지는 건 단연 재미(감동)있어서입니다. 재미있다는 건 사람의 흥미를 끌 만했다는 뜻입니다. 이야기에 담긴 선과 악에 대한 본성, 약함과 강함에 대한 본성, 남성과 여성에 대한 본성들이 호기심을 일으킵니다.

사람들은 약자와 강자 중 약자에 편에 섭니다. '해와 달이 된 오누이'나 '팥죽 할머니와 호랑이'에서 호랑이 편을 드는 사람은 아무도 없습니다. 모두 약한 존재의 생존을 기원하고 승리를 바라며 그게 이루어질 때 유쾌함과 편안함을 느낍니다.

남성과 여성에 대한 본성은 조금 복잡합니다. 성은 갖고 태어나는 것이고, 사회문화의 영향을 받습니다. 이야기에서 여성은 자주 '약함'과 연합되고 약함은 선함과 연합됩니다. 남성은 '강함'과 연합하고, 강함은 구원자와 연합합니다. 선한 사람이 구원받아야 하니 주로 남성이 여성을 구원하게 됩니다.

옛이야기에는 환상성이 가득합니다. 일반인에게 없는 능력을 가진 마법적인 인물이 문제해결의 열쇠가 되기도 합니다. 보편적인 옛이야기들은 서민들의 바람이 담겨 있고 단순해서 어떤 이야기보다도 입에서 입으로 잘 전해졌습니다.

민담은 민간에 전해 내려오는 이야기입니다. 독일의 메르헨과 영국의 요정 이야기가 대표적인데 민족의 정서와 가치관이 잘 드러납니다. 소문처럼 짧게 구전되는 민담은 간단한 줄거리, 지혜, 처세, 교훈 등과 어우러져 보편적인 교육방식으로 사용되었습니다.

우화는 사람처럼 행동하는 동물이나 사물들이 주인공입니다. '寓'(부칠 우)는 원숭이가 사람들이 지어놓은 집에서 잠시 머물며 산다는 뜻입니다. 인간사의 이치에 동물들이 들어와 이야기를 펼칩니다. 사람보다 못하다고 여겨지는 동물이 전하는 인간사의 이치가 오히려 더 강렬하게 다가옵니다.

이솝우화를 쓴 이솝은 기원전 6세기 노예 신분이었습니다. 이야기를 잘하는 재주가 있어 주인이 이야기 짓기를 장려했다고 전해집니다. 이솝우화에는 '분수에 맞게 살아라'와 같이 노예였던 작가가 살았던 시대의 신분적 한계와 그 시대에 속한 작가의 세계들이 담겨 있습니다.

신화는 사람의 눈으로 본 적 없는 이야기입니다. 우주, 자연, 인류의 기원, 신적 존재, 세상의 창조 등에 대해 비합리적이고 비과학적으로 설명합니다. 민족 탄생 신화의 경우, 자민족에게 신비가 작용하고 있다는 점을 보여줌으로써 결속력을 다지고 정체성을 확립해 줍니다.

전설은 기원이나 유래에 증거물이 제시되기도 해 신화에 비해 진실성이 있습니다. 전설에 늘 나오는 레퍼토리 '이 이야기는 전라남도 ….' 등 지명이나 '그 때부터 사람들은 여기를 …. 라 부릅니다' 등과 같은 맺음이 흔한데 어릴 적 이불 속에 숨어서 들었던 전설의 고향 성우 목소리가 생생합니다.

옛이야기 그림책은 작자 미상이기에 글과 그림으로 이야기가 잘 전해지고 있는지 살펴보게 됩니다. 전래된 내용은 거의 비슷하기 때문에 전집으로 된 경우, 문장의 편안함과 그림 작가가 이야기마다 다른지 봅니다. 즉, 다른 이야기들을 정말 다르게 표현했는지 보게 됩니다.

잔인하고 외설적인 옛이야기들은 아이들에게 읽힐 목적으로 재화됩니다. 재화는 줄거리 및 원형을 보존하면서 다시 써 내려간 것입니다. 재화는 재화자의 시대, 지역, 상상력, 언어적 표현으로 새롭게 태어납니다.

또한 옛이야기나 명작동화처럼 잘 알려진 작품들은 '차이가 있는 반복'으로 패러디되어 새로운 메시지를 전합니다. 「슈퍼거북」(유설화, 책읽는 곰, 2018)은 거북이 입장에서 「슈퍼토끼」(유설화, 책읽는 곰, 2020)는 토끼 입장에서 현대 사람들이 받아들일 수 있는 메시지로 과거 이야기들과 차이를 보여주는 작품들입니다.

'성실하게 노력하면 된다' 혹은 '자만하지 말자'가 지금 사람들에게는 설득력이 없어 보입니다. 거북이가 노력하면 정말 토끼를 이길 수 있을까요. 토끼가 진 건 정말 진 걸까요. 등 질문으로 가볍게 여겼던 토끼와 거북이의 달리기를 다양한 각도에서 들여다 볼 수 있습니다.

하루 아침에 일약 스타덤에 오른 슈퍼 거북이 타인의 평가에 따라 강박적인 삶을 사는 모습, 한 번의 낮잠으로 1등 타이틀을 놓친 토끼가 다시는 뛰지 않겠다고 결심하는 모습 등은 옛이야기보다 진솔하게 다가옵니다.

옛이야기는 옛사람들의 생각-세계관-가치관-문화를 반영하고 있고 보편적인 진리와 가치들을 다루지만 새 옷을 갈아입으면 새로운 시대 사람들에게 더 많은 공감대를 얻게 됩니다. 옛이야기가 사라지지 않은 한 앞으로도 보편성과 시대성을 두루 갖춘 패러디 그림책이 꾸준히 나올 전망입니다.

<u>환상그림책</u>은 실제로 일어날 수 없는 일이나 실재하지 않는 등장인물들로 꾸며진 이야기입니다. 옛이야기 특성이 두드러지지 않은 작품을 환상그림책이라고 칭하겠습니다. 초자연적인 힘이나 마술적인 신비, 민담 요소, 의인화, 공상과학이나 상상적 요소들로 지어지며 '있을 수 없지만 믿어지는 이야기'가 만들어집니다.

비현실적인 이야기지만 환상세계에 대한 상세한 정보가 제공되고 논리적 모순없이 믿을 수 있는 것이 됩니다. 환상 이야기의 소재와 아이디어는 독자가 살아가는 현실과 닿아있어 현실 세계에 통찰력을 주고 객관화를 돕습니다.

<u>사실그림책</u>은 실제로 있을 법한 이야기나 현실에서 가능한 사건으로 꾸며집니다. 사람과 세상을 조망하며 공감을 불러일으킵니다. 등장인물은 약점도 있고 반드시 아름다울 필요도 없는 실물과 사람입니다. 현실에 대한 통찰, 대리경험으로 현실을 극복하는 용기와 문제해결

능력, 자신감을 격려합니다.

사실성이 가장 높은 지식 정보 그림책은 지식을 전달하고 정보를 제공하기 위한 목적이 큽니다. 신뢰할 수 있는 시각자료와 정확한 정보, 균형있는 관점을 흥미롭게 전달하기 위해 허구적·환상적 요소가 사용되기도 합니다. 앎의 욕구를 충족시키고 독자의 질문에 대답해 줍니다.

시 그림책은 시어에 미술적 표현이 곁들여진 그림책입니다. 시 그림책은 전래시나 현대시에 걸맞는 그림이 그려지는 경우가 많습니다. 시 그림책에 나타난 운율성-함축성-회화성은 시의 아름다움을 느끼도록 합니다. 시어는 그림으로 더욱 풍성하게 되살아나고 생동감을 얻습니다.

글 없는 그림책은 본문에 글이 전혀 없거나 거의 없이 그림으로만 이야기를 전합니다. 눈에 보이지 않는 정서나 시간 등을 독자에게 담담히 보여주지만 그림이 작가가 의도한 범위 안에서 해석될 때 이야기는 다음 장면과 연결될 수 있습니다.

글 없는 한 장면에도 주제, 소재, 등장인물, 배경, 관점 등이 모두 포함되어 있습니다. 글 없는 그림책의 그림에도 글씨가 포함되어 있을 수 있으나 이는 그림과 하나 된 이미지로 사용됩니다. 글 있는 그림책과 비교해 볼 때 더 자유로운 해석과 구성을 허용하기에 독자의 능동성과 상상적 반응에 유용합니다.

더 창의적으로 더 자유롭게

그림책은 형식면에서도 장르면에서도 획기적으로 변화하고 있습니다. 웹툰형식의 그림책이나, 말풍선, 타이포그래피가 대부분인 그림책이 '과연 그림책이 맞나?'에 답하기도 전에 애니메이션을 연상하도록 하는 그림책들이 출판되고 있습니다. 낭만주의 시대처럼 다양한 재능과 연령대의 사람들이 그림책 작가로 활동합니다. 그 시대가 다시 오는 것 같습니다.

연극의 메타픽션 기법이 그림책 안으로 스며들었습니다. 주인공들이 이야기 밖으로 나가거나, 그림책 밖에서 작가의 손이나 사물이 등장해 서사에 도움을 주기도 합니다. 이렇게 되면 이야기 경계가 허물어진 것을 곧바로 느끼게 됩니다. 때로는 작가에게 속은 기분이 들기도 합니다. 그러나 이 또한 재미 요소여서 피식 혹은 깔깔 웃으며 흥미롭게 이야기를 즐깁니다.

열린 결말(open ending)도 독자의 즐거운 놀이터입니다. 닫힌 결말은 인물이나 사건에 의문을 남기지 않습니다. 반면 열린 결말은 다음에 무슨 일이 일어날지, 어떤 결론을 도출해야 하는지 독자의 결정을 남겨둡니다. 작가는 이야기의 개연성을 갖고 결론을 열어 독자들의 놀이를 기대하고 있습니다. 물음표로 끝난다고 무조건 열린 결말은 아닙니다.

문학에 '대해' 교육받은 세대.

교육과정 초기 우리나라는 인지적으로 아는 것 점수로 측정되는 것에 더 많은 관심을 두었습니다. 문학도 예외가 아니었습니다. 작가의 비유와 의도에는 늘 정답이 있고 시를 즐기기보다 시의 형식을 잘 알고 암기해야 높은 점수를 얻었습니다. 예술을 주입받는 독자들로 길러졌습니다.

고등학교 때 문학 교과에서 한용운의 '님의 침묵'을 배웠습니다. 산문시지만 한 줄도 눈을 뗄 수 없을 만큼 아름다운 시어가 넘쳤습니다. '님은 갔습니다. 아아 사랑하는 나의 님은 갔습니다…' 이 분은 스님이시고, 제가 아는 한 스님들은 이성과 교제하지 않는데 사랑해보지 않은 사람이 이렇게 절절하게 글을 쓸 수 있을까 싶었습니다.

이 시가 주는 상상력이 감수성 풍부한 고등학생의 마음을 흔들었고 외람되게도 사랑하는 여인이 있었을지도 모른다는 생각도 했습니다. 시험 기간 그 바쁜 중에 쓸데없이(?) 한용운 시집에서 '알 수 없어요', '소네트' 등의 시를 읽고 크게 감탄하면서 종교적 제약을 뛰어넘은 제 추측에 확신을 더 해 가곤 했습니다.

기말고사 주관식 1번 문제가 출제되었습니다. '한용운의 시 '님은 갔습니다'에서 님이 의미하는 것은 무엇인가.' 여기에 '사랑하는 여인'이라고 쓰면, 교무실에 불려 갈 것입니다. 하여 저는 '잃어버린 나라' 라는 정답을 적어 주관식 5점을 획득했습니다. 그런데, 시를 이렇게 배우는게 맞나요?

글로 표현된 예술. 문학이 언어교육이라는 그릇에 들어가 재미없고 지루한 것이 되었습니다. 과연 교육이 해야 할 일이 무엇이관대 모든 것이 교과목으로 치환될까요? 교육은 'educare – 이끌어내다. 잠재력과 가능성을 끌어낸다'는 높고 깊은 뜻을 가졌는데, 혹시 지식을 전달하고 머리로 아는 정도를 교육이라고 부르는 건 아닐까요?

지식은 또 다른 지식의 기반이 되기에 중요하지만 지금 우리 방식은 지식 위에 지식을 또 쌓아놓는 정도인 것 같습니다. 대상이 갖는 호기심과 관심을 들여다보고 머무는 시간이 필요합니다. 때론 눈맞춤과 작은 미소가 뭔가를 가르치고 지도하는데 더 큰 힘을 발휘하기도 하니까요.

그림책은 그 '이끌어 냄'을 참 잘합니다. 교육행위가 다 담지 못하는 가치를 사람의 본성에 흘러가게 하는 힘이 있습니다. 그 예술성으로 문화를 만들고 교육을 발현하고 사람을 성장시킵니다. 그림책으로 대화하고 놀이하는 건 사람과 세상을 더 좋은 방향으로 이끌며 '연결'하는 일입니다. 사람의 내면과 성장, 더 좋은 세상에 관심을 가진 사람들의 일입니다.

"어떤 스카프를 맬까"

안녕하세요. 망고 편지입니다.

이야기 주인공으로 미어캣이 등장하니 신선합니다. 미어캣! 하면 떠오르는 이미지가 있어요. 작은 소리가 들리면 일제히 일어나 소리나는 쪽을 바라보며 꼿꼿이 서 있는 미어캣 단체(?)의 모습입니다. 웃기기도 하고 귀엽기도 하지요.

표지에 정면을 나란히 응시한 미어캣들과 알몸에 맨 스카프. 그리고 사정없이 옆 친구 얼굴을 덮어버린 스카프가 코믹하면서도 약간 서늘합니다. 난데없이 얼굴을 덮친 옆 친구 스카프는 불쾌한데 정작 자기 스카프가 또 다른 친구 얼굴을 치고 있는 건 모르는 것 같아요.

어느 날, 평화롭고 한가로운 이 곳에 목에 무언가 두른 미어캣이 먼 여행에서 돌아왔습니다. 미어캣들에게 이 스카프는 매우 새롭고 탐나는 것이었습니다. 스카프를 두르면 더 행복해질 거라고 하니 꼭 가져야겠습니다. 스카프를 얻는 방법은 '경쟁'에서 이기는 것입니다. 먹이를 더 많이 가져오는 미어캣만이 스카프를 두를 수 있습니다.

스카프를 매는 미어캣이 많아질수록 내 것이었던 먹이는 점점 없어지고, 스카프가 없는 미어캣들은 전에 고민하지 않았던 생존을 위해 불안 속에 먹이를 찾아 헤맵니다. 내 목에 스카프를 두른 것 뿐인데, 다른 친구 시야를 가려버린 스카프처럼, 나는 내 먹이를 얻었을 뿐인데, 본의 아니게 다른 이의 먹이가 없어집니다.

모두 '붉은 태양빛' 스카프를 매게 되자 그 다음에는 가을 하늘빛, 달빛, 수많은 빛깔과 이름의 스카프들이 등장했고 경쟁적으로 먹이 찾는 일은 계속되었습니다. 먹이-스카프-행복. 전혀 관계없는 것들의 의미있는(?) 조합으로 과연 미어캣들은 더 행복해졌을까요? 스카프 두르느라 바빴던 미어캣들에게는 피폐함만 남았습니다.

아무것도 남은 게 없어지니 그 때서야 미어캣들은 스카프를 '들여다 보고' 스카프 실을 풀어 봅니다. 실을 풀고 감으며 여러 가지 색이 섞인 자기만의 스카프를 두르고 있습니다. 새 노래와 새 춤을 추며 목에 매지 않고 다른 방식으로 자기들의 일상에 스카프를 씁니다. 놀이에, 운동에, 악기연주에도 사용해 봅니다.

스카프 유행은 필연적이었던 것 같습니다. 스카프 때문에 황폐해졌지만, 익숙해진 스카프가 있어 실을 풀 수 있었고 실을 들여다보게 되었습니다. 스카프가 일상이 되면서 새로운 유행. 허리띠가 등장하는 뒷표지 그림에서는 뒷목을 잡게 되지만 말 입니다. 처음 만난 스카프와 실타래가 된 스카프는 분명 다른 것입니다.

앞 면지의 무색 땅덩이가 마지막 면지에서 형형색색 대륙으로 넓어진 것을 보니, 미어캣. 그리고 그들의 스카프는 우리들의 과거-현재-미래를 보여주는 것 같습니다. 어떤 소리나 변화에 일제히 반응하는 미어캣들의 모습에는 좀 더 앞서가는 것, 좀 더 행복해지는 일에 반응하는 인류의 모습이 있습니다. 생존과 적응이라는 이름으로 무언가를 경쟁적으로 쟁취하는 그들의 모습에서 인류의 문화는 필연적인 피폐함과 함께 전진하는 것일지 모른다는 생각이 듭니다.

스카프 출현은 양날의 검이었습니다. 세상에 유행처럼 번지는 것들이 얼마나 많습니까. 나만 안 할 수 없다, 뒤처지면 안 된다는 마음으로 따라가니 끝도 없습니다. 안 하자니 불안하고, 하자니 피곤합니다. 우리는 미어캣입니까? 스카프가 있습니까? 이 그림책의 미어캣들을 거울삼아 내게 있는 스카프, 매고 싶은 스카프의 목적과 쓰임을 생각해 봅니다.

스카프를 남보다 빨리 매거나 많이 매는 것이 행복과 비례하는 게 아님을 봅니다. 그림책도 교육도 유행이 있습니다. 무작정 두르기보다 스카프 실을 자세히 들여다보고, 가만히 풀어보고, 천천히 실타래를 감는 일처럼 '과연 그러한가' 질문하면서 본질에 닿아보는 건 어떨까요? 맞든 틀리든 실타래를, 스카프를 이렇게 저렇게 엮어도 보고, 헤쳐도 보고, 멋진 스카프로 새 춤을 추고 새 노래를 부르는 망고님들 되시길 소망합니다.

오늘도 마음에 잘 도착했습니다.
망고지기 드림.

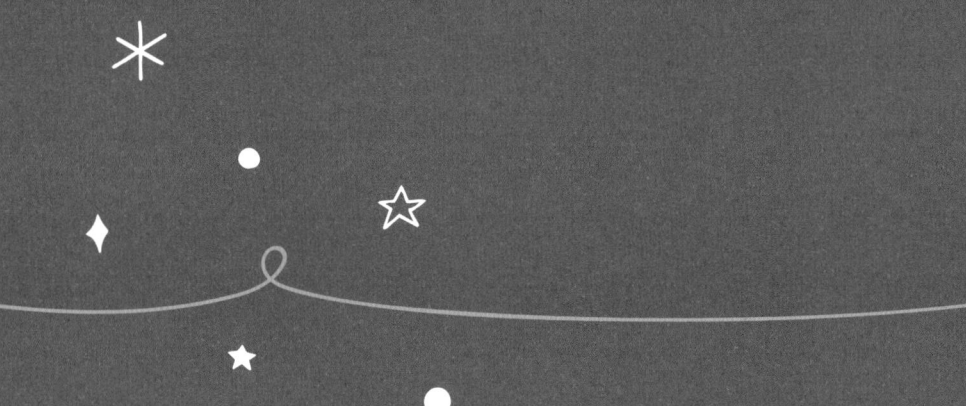

그림책을 좋아하게 된 사람의 변화를 알아차리는 건
어렵지 않습니다. '이 분 어린아이 때 모습 아닐까?'
생각이 들만치 눈은 반짝반짝 빛나고 볼은 미소를 머금고 있습니다.
어린아이처럼 순수하게 마음과 생각을 보여주고, 크게 웃습니다.
다른 생각을 듣는 귀가 열리고
세상을 바라보는 통찰력이 되살아나는 모습을 봅니다.

2부.
그림책 만나기

그림책 낯익게 보기
✎ 망고편지 "행복의 모양"

그림책 낯설게 보기
✎ 망고편지 "마음을 다 잡아 먹고"

그림책. 글과 그림이 사는 집
✎ 망고편지 "오늘도. 불이 켜집니다."

그림책의 글
✎ 망고편지 "제 자리가 있습니다"

그림책의 그림
✎ 망고편지 "사소하고도 위대한"

글과 그림 사이
✎ 망고편지 "엄마를 기다리며"

그림책 낯익게 보기

그림책과 닿다

'그림책은 -- 이다' 질문에 오래 생각하지 않고 툭 내뱉은 이 말이 '내가 경험한 그림책'을 가장 잘 설명해 줍니다. 이 다른 답들은 모두 맞습니다. 그림책은 이만큼이나 사람들에게 다양한 일을 하고 있습니다. 개념을 알기 전에 이미 경험적으로 그림책을 '알고' 있습니다. 그림책이 인식 너머에 관여한다는 뜻입니다.

'베시시 미소'라고 표현한 분은 그런 경험이 있었던 겁니다. 이 질문을 받자마자 베시시 미소짓게 했던 그 그림책이 떠올랐을 겁니다. 그림책을 '순한 맛'이라고 표현하신 분은 자극적이지 않은 매체의 특성이나 내용을 맛으로 표현한 것이지요. 그림책이 '나만의 어떤 것'이 된 것입니다.

그림책은 나만의 어떤 것이 되고 타인과 나를 연결하는 무엇이 되고 새로운 세상을 선물하기도 합니다. 물컵에 물이 가득 차면 흘러넘치듯 어떠한 것이든 우리 전인격을 가득 채우면 바깥으로 흐릅니다. 그림책의 감동과 즐거움도 꼭 그렇습니다.

'너도 같이 보자', '내가 하고 싶은 말이 여기에 있어' 하며 환갑이신 어린이집 원장님은 처음으로 그림책을 들고 교실에 들어갔습니다. 어느 유치원 선생님은 우울증으로 고통받는 친구에게 그림책을 읽어주었습니다. 그림책의 감동을 가슴에 채운 부모님은 자녀와 그림책으로 화해했습니다.

그림책으로 연결되다

여러 비유로 그림책을 말할 수 있지만 그림책이 '연결'하는 일을 한다는 면에서 창문과 다리에 비유해 보려고 합니다. 창문을 열면 집 안 밖 공기가 나들며 정화됩니다. 그림책을 열면 작가의 메시지가 바람처럼 독자의 삶을 스치고 휘감습니다. 특정 이슈를 대하는 작가의 시선은 우리 주의를 환기해 줍니다.

창문이 네모난 모양이면 네모난 세상을 보게 됩니다. 동그랗다면 동그란 세상을 보게 됩니다. 커튼으로 반쯤 가려져 있다면 반만 보이겠지요. 작가가 만든 세계와 관점에 동참하게 됩니다. 독자는 자신의 가치관, 세계관 등에 작가의 세계를 보태어 자기 세계를 확장합니다.

창문으로부터의 거리를 정할 수 있습니다. 집 안에서 창문으로부터 멀리 떨어지면 창밖 세상은 작게 보일 겁니다. 창 가까이 가면 멀리서 보이지 않았던 부분들이 자세히 보일 겁니다. 적극적으로 창틀에 몸을 걸친다면 창문 아래 담벼락에 핀 풀꽃도 발견할 수 있을 겁니다.

창틀에 몸을 반쯤 걸친 모습, 그림책을 적극적으로 대하는 독자의 이미지를 연상시킵니다. 그림책은 책장을 넘겨야 다음 장을 볼 수 있는 구조입니다. 독자는 내용만 훑어보거나, 글과 그림 사이에 숨겨진 것들을 샅샅이 살펴보는 등 그림책과의 거리를 정할 수 있습니다.

내 의지로 책장을 넘겨야 전개된 이야기를 만나게 됩니다. 그림책을 한번 볼지, 다시 한번 볼지, 그냥 볼지, 질문하면서 볼지도 독자가 정합니다. 나아가 인터넷 등 자료를 찾으며 작가의 세계관과 이야기의 관련성, 타인의 관점들도 보며 그림책과 더 가까워질 수 있습니다.

그림책은 다리처럼 오가는 통로가 됩니다. 다리는 섬과 육지를 연결합니다. 그림책 한 권에 담긴 작가의 세계가 나에게로 건너옵니다. 사람들은 이 다리 위에서 나도 몰랐던 한 켠의 나, 덮어 두었던 나를 만나면서 삶에 투명해지고 치유-여유-자유를 경험합니다.

각자의 세계관, 가치관, 경험, 그날의 감정은 모두 다릅니다. 한 권의 그림책은 여러 독자의 면면과 만나 다른 이야기가 됩니다. 사람들은 그림책이라는 창문을 통해 숨을 쉬고, 다리 위에서 만나 연결되었습니다.

"행복의 모양"

안녕하세요. 망고 편지입니다.

모든 사람은 행복하고 싶어 합니다. 행복을 찾고, 행복을 쫓고, 행복을 위해 노력합니다. 행복한 네모 이야기 제목 아래 방긋 웃는 입이 있습니다. 많이 행복해 보이는 이 네모가 우리를 먼 곳으로 안내해 줄 것이라고 예고하니 기대가 됩니다.

네모는 반듯한. 정사각형이어서 행복했습니다. 만약 직사각형, 마름모, 평행사변형과 같은 다른 네모였으면 덜 행복했을까요. 정사각형은 안정된 모양입니다. 네 변 길이도 같고 모서리 각도 같지요. 늘 가득 차 있는 모습이어서 완벽해 보입니다. 그래서 네모는 지금 충분히 행복한 상태입니다.

그런데 월요일. 네모에게 큰 일이 일어났습니다. 여러 조각으로 잘리고 동그란 구멍이 생겨서 흩어진 겁니다! 이제 네모는 정사각형이 아닙니다. 타의에 의해 화요일. 수요일. 목요일... 이런 일들이 계속 일어납니다. 반복되지만 같은 일은 아닙니다. 조각조각, 여러 갈래로 찢어져 버리고, 깨진 유리처럼 조각나고, 물결모양으로도 잘립니다. 구겨진 채로도 찢기니, 참 찢기는 방법도 다양합니다.

월요일에 일어난 일이 가장 힘들었을 것 같습니다. 처음 겪는 일이고 잘리고 구멍 뚫렸거든요. 네모의 행복이 잘리고 구멍 났습니다. 네모는 선택해야만 했습니다. 네모는 '흩어진 자기 조각을 주워 모으는' 선택을 했고, 분수를 만들었습니다. 형태를 봐선 네모라고 부르기 어렵지만, 정사각형으로 부를 수 없지만, 이 선택과 변화의 주체는 '네모'였습니다.

내가 만들고 계획하지 않은 상황에 놓일 때가 훨씬 많습니다. 주저앉거나, 최초의 네모로 돌아가려고 시도하거나, 조각나지 않은 척 할 수도 있습니다. 그런데 그 때마다 어떤 선택이 행복을 바라는 사람의 선택인지 네모가 보여주고 있습니다. '흩어진 자기 조각을 모아' 그 다음 새로운 나로 태어난다! 이전의 모습은 온데 간데 없지만, 그는 여전히 네모입니다.

내 흩어진 조각을 직면하는 일이 가장 힘들 수 있습니다. 많은 걸 생각나게 하니까요. 새로운 걸 만들어 내는 일도 쉽지 않았을 겁니다. 하지만 처음 네모가 할 수 없는 일을 새로운 네모는 합니다. 자기 혼자로 가득 차 있었던 네모가 밖으로 자기 조각들을 뿜어내고 있습니다. 손뼉을 치며 행복해합니다. 분수에서 새들이 목을 축입니다. 이 선택과 변화는 네모에게는 기쁨이, 타인에게는 유익이 되었습니다.

화요일부터 일어난 일도 낯설기는 매한가지였습니다. 그때마다 행복을 원하는 네모는 '흩어진 자기 조각을 주워 모으는' 선택을 했고, 꽃이 가득한 뜰을, 공원을, 다리를, 강물을, 산을 만들었습니다. 그러다가 일요일이 되었습니다. 이 반복에서 행복의 법칙을 터득한 걸까요? 이제는 어떤 일이 일어날지 궁금해하는 네모입니다. 그런데 아무 일이 일어나지 않습니다. 사실 네모가 '이제 끝났나보다!' 하며 쉬는 선택을 해도 되지 않을까요?

그런데 네모는 쉬지 않는 선택을 합니다. 왜냐하면 행복하지 않았거든요. 월화수목금토요일의 사건을 겪기 전에는 반듯한 네모인 것이 행복했고 제자리로 잘 돌아왔으니, 이제 행복하기만 하면 될 것 같은데, 그렇지 않은가 봅니다. 월요일부터 일어난 상황, 변화들과 선택이 네모가 생각하는 행복의 정의를 바꾸었나 봅니다. 네모는 '스스로' 창문이 되기로 했습니다.

네모에게는 흔적들이 고스란히 드러나 있습니다. 주황을 통과하면 주황, 파랑을 통과하면 파랑이 남습니다. 요일은 아이시기부터 노년기를, 색은 혹독한 변형과 선택, 우리 삶을 상징하는 것 같았습니다. 네모가 '스스로' 창문이 되기로 '선택'하자 지나온 시간들이 창문에 비춥니다. 빨주노초파남보가 선명하게 드러납니다. 자신에게도 세

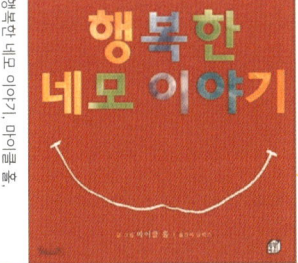

『행복한 네모 이야기』, 마이클 홀, 상상박스, 2012

상에도 투명하게 자신을 보여주고 있는 것 같습니다.

그리고 그 투명한 창으로 자신의 지난 시간들을 돌아봅니다. 토요일에 만든 산이 보였고, 산은 새에게 마실 물을 주었고, 물은 다리 아래를 지났고, 다리는 공원으로 이어졌으며, 공원에는 꽃 피우는 뜰이, 뜰 가운데는 분수가 있었습니다. 모두 연결되어 하나를 이루고 있습니다.

금요일에서 월요일로 거슬러 연결된 이야기에서 제자리로 다시 간 듯한 네모를 만납니다. '다시'라는 뜻을 담고 있는 회복(回復)은 더 나아지면서 제자리로 돌아가는 것입니다. 마지막 페이지에서 분수가 뿜는 물은 무지개색입니다. 분수에서 나오는 물방울이 아프고, 또 기쁜 네모의 눈물 같기도 합니다. 자기 안에 있는 것들이 형형색색으로 뿜어져 나와 아이들을 기쁘게 하고 네모를 행복하게 합니다. 분수 아래서 즐거워하는 아이들 때문에 네모는 더 행복했을 것 같습니다. 정사각형이어서 행복한 네모에 머물렀다면 몰랐을 다른 차원의 행복을 맛보고 있습니다.

네모의 '변화'가 우리를 먼 곳으로 안내해 줄 거라고 했는데, 먼 곳으로 가셨나요?

이 그림책을 보면서 가장 먼저는 삶의 여정이 생각났고, 색종이도, 그림책도 생각났습니다. 색종이도 매번 사람들에게 이런 일을 당(?)하니까요. 변화해서 더 행복해진 네모로 많은 만들기와 놀이를 할 수 있을 것 같습니다. 네모가 변화를 요하는 상황을 받아들였듯, 그림책이 내 삶에 스며와 나를 톡톡 두드릴 때 그림책에게 곁을 내어준다면, 네모가 만난 행복을 우리도 만나게 될 것입니다.

내 삶의 빨주노초파남보, 타인 삶의 빨주노초파남보와 손뼉치며 행복해하는 망고님들 되시길 소망합니다.

오늘도 마음에 잘 도착했습니다.
망고지기 드림.

망고편지 "행복의 모양"

그림책 낯설게 보기

그림책을 보는 눈

탁자에 늘 있는 컵을 '컵이네' 하며 무심코 보는 것처럼 우리는 그림책을 낯익게 보아왔습니다. 같은 컵이라도 왜 유리로 만들었을까? 왜 손잡이는 한 개일까? 다른 색이었어도 예뻤을까? 하면서 본다면 그 컵은 매우 낯선 물건이 됩니다. 그림책에 살짝 거리를 두고 낯설게 보는 것도 또 다른 즐거움입니다.

그림책의 구조와 글과 그림을 이해하면 그림책을 보는 눈과 원리가 작동됩니다. 어떤 그림책이 잘 만든 그림책인지 생각하게 되고 그림책을 잘 본다는 게 어떤 건지 감을 잡을 수 있으며 그림책 자체의 상담적 속성과 놀이성에 자연스럽게 다가갈 수 있습니다.

그림책의 글-그림-이야기 요소에 '만약'으로 질문할 수 있습니다. 이 것도 그림책을 낯설게 보는 방법입니다. 만약 이 색이 사용되지 않았 더라면 어땠을까? 지금과 같은 감동이 있었을까? 이런 질문들을 하다 보면, 작가와 독자의 두 시선으로 어떤 요소가 그림책에 기여하고 있 는지 알 수 있습니다.

어떤 그림책을 만나더라도 동일하게 적용해 볼 수 있어야 원리라고 말할 수 있습니다. '이 그림책 좋아요', '이렇게 읽어주세요', '이렇게 놀이하세요'의 방식은 매번 인터넷과 타인의 의견에 의존하게 합니다. 좋은 그림책을 보는 내 눈을 기르면 편히 읽고 읽어주고 대화하며 어 떤 그림책에서도 놀이 부담을 갖지 않을 수 있습니다.

그림책의 기호들

그림책 학자들은 한 그림책 안에서 글과 그림의 사용 정도가 독자에 게 어떠한 영향을 미치는지, 글과 그림이 어떤 상호작용을 하는지 이 론화하여 그림책에 대한 이해를 돕습니다. 그림책에 대한 용어와 이 론들이 있기 전부터 그림책에서 글과 그림은 훌륭하게 역할을 해왔습 니다.

그림책의 글을 글 텍스트, 그림을 그림 텍스트라고 합니다. 텍스트 (text)는 직물을 이루는 '기호 자체'로 라틴어 Textum(엮다)에서 왔 습니다. 언어학에서는 글과 말, 문학에서는 '읽기' 대상을 텍스트라고 하는데 그림책은 문학(예술)작품에 속합니다. 그림책은 글과 그림이 엮인 제3의 산물(텍스트)이고, 읽기 대상입니다.

글과 그림은 각각 정체성과 독자성을 유지하는 데 그 사이에서 의미가 만들어집니다. 이것을 아이콘(icon)과 텍스트text)의 합성어 아이코노텍스트(iconotext)라고 부르며, 이는 분리될 수 없는 하나의 단위입니다. 그래서 <u>그림책에서는 글과 그림이 만들어 낸 '이야기'가 중요합니다.</u>

대부분은 '글과 그림이 만들어 낸 이야기'에서 글과 그림에 집중합니다. 글은 언어, 그림은 미술로 분리되어 있고, 이야기는 알아서 봐야 합니다. 그러나 그림책을 하나의 통합체로 바라보면 초점은 이야기에 두게 되고, 그 이야기와 작가의 메시지에 글과 그림이 어떻게 기여하고 있는지 보게 됩니다.

그림책 '쓰기'

작가의 그림책 '쓰기'는 글을 쓰고 그림을 그리거나 표현하는 모든 작품 행위입니다. 예술가는 보이는, 보이지 않는 세계를 사람의 감각이 경험할 수 있도록 펼치는 사람들입니다. 그림책에서 그 세계는 2차원 평면에 보이도록 나타납니다.

그림책 작가는 글과 그림의 표현, 서로 간의 간격과 작용을 적극적으로 활용하여 메시지를 전합니다. 작가의 메시지와 독자의 해석 사이에는 모호성이 존재합니다. 작가는 독자에게 해석의 영역을 남겨두고 그 모호함의 다리를 건너 메시지가 잘 전해지길 원합니다.

메시지에 맞는 장르, 주인공, 소재, 배경, 글과 그림의 양과 배열 등이 있습니다. 이 과정은 직관적으로 이루어지기도 합니다. 이야기책 (story book)으로 만들어 그림이 삽화로서 글을 보조하도록 할 수도, 그림책(picture book)으로 만들어 그림이 서사를 비중있게 담당하도록 할 수도 있습니다.

그림책 작가는 글 없는 장면에도 그림으로 여러 의미를 담습니다. 그림이 주는 해석과 상상력 범위가 크다고 해도 그림책 중간에 글이 없는 한 페이지도, 글 없는 그림책도 작가가 의도한 범위 안에서 해석될 때 이야기는 다음 장면과 연결될 수 있습니다.

그림책 '읽기'

그림책을 볼 때 시선이 글에 먼저 가는 사람이 있고, 그림에 먼저 가는 사람도 있습니다. 글을 먼저 읽는 사람이라도 그림에서 그림책의 분위기를 언뜻 느끼게 됩니다. 그림을 먼저 보는 사람이라도 표지에서 읽은 제목을 염두에 두고 그림책을 보게 됩니다.

글은 이해 차원에서, 그림은 감각 차원에서 읽히고 우리 안에서 연합됩니다. 글로도 소리나 움직임 혹은 그 이상을 알 수 있습니다. 글을 읽으며 그림의 어느 부분을 보아야 할지 알고, 그림을 연결하면서 이야기를 명료하게 알아갑니다.

그림에서는 글에 포함되어 있지 않은 정보를 알게 됩니다. 글이 말해주지 않은 것들. 주인공 생김새, 배경, 상황, 인물 성격, 분위기 등을 느낄 수 있습니다. 그림책에서 그림은 그 매력만으로도 독자를 사로

잡을 수 있습니다. 작가의 미술적 재능을 통과해 표현된 세계들은 심미안에 영향을 줍니다.

그림책에서 글과 그림은 따로 읽기가 더 어렵습니다. 가끔 그림책에서 그림의 힘을 느끼기 위해 글만 따로 적어 읽어봅니다. 글만으로 모든 게 이해되면 그림은 굳이 필요 없었던 겁니다. 그러나 글만으로는 아무런 서사도, 감동도 느껴지지 않을 때는 '이 이야기는 그림책으로 만들어야만 했구나' 생각하게 됩니다.

한 권의 그림책을 열 명이 함께 보면, 꼭 열 권의 그림책을 읽은 것 같습니다. 그림책 독자는 나름의 의미를 만들면서 생산적으로 그림책을 만납니다. 그림책의 어떤 면이 어떤 독자의 어떤 면과 만나 시너지를 일으킬지 아무도 모릅니다. 이 모호함 또한 그림책의 매력입니다.

넘기는 드라마

인기있는 드라마는 이유가 있습니다. 다음 편이 궁금합니다. 그림책은 다음 장면이 궁금해서 책장을 넘기게 만드는 '넘기는 드라마' 입니다. 그림책은 비교적 적은 페이지 안에 이야기의 완성도를 갖추어야 하기에 처음 서너 페이지에서 독자의 마음에 궁금함과 호기심을 심어줍니다.

드라마를 본 후 따로 놀이하지 않아도 드라마를 보는 그 자체가 놀이지요. 그림책도 마찬가지입니다. 2차원 평면에 놓인 주인공들은 우리 상상력 속에서 움직입니다. 한 페이지를 넘기는 그 순간에도 움직이지요. 그림책에 몰입해 읽는 것만으로도 좋은 놀이입니다.

그림책을 펼치면 대면이 나타납니다. 대면은 두 장면 혹은 한 장면으로 눈에 들어옵니다. 대면 글과 그림의 배치에 따라서도 이야기가 전하는 감성과 분위기, 흐름은 달라집니다. 책장을 넘겨야 다음 장면을 볼 수 있는 그림책의 구조는 주제 강조, 서사 속도 조절, 상황 완성 등에 사용됩니다.

지금 이 책을 좋아하는 그림책 옆에 두고 보기를 권합니다. 좋은 그림책일수록 독자를 위한 배려가 눈에 띕니다. 작가가 그림책의 구조를 어떻게 활용하고 있는지, 그 활용이 독자인 나에게 미치는 인상과 영향이 어떤지 살펴보면 그림책이 수없이 깎이고 다듬어져 만들어진 조각품과 같음을 알게 될 것입니다.

"마음을 다잡아 먹고"

안녕하세요. 망고 편지입니다.

모두에게 마음이 있나요? 마음은 어디에 있나요? 갑자기 마음 위치를 찾으려니 당황스럽지만, 대부분 어렵지 않게 가슴 그리고 머리에 손을 댑니다. 두 군데를 같이 짚기도 합니다. 많은 사람들이 마음을 그릴 때 하트 모양을 그립니다. 동그라미, 세모, 별이 아닌, 하트는 심장(Heart)을 의미하는 걸까요?

마음이를 뽑는 선발대회가 열렸네요. 모든 선발대회가 그렇듯 지원요건과 선발기준이 있을텐데, 지원기준은 '먹을 수 있는 것', '요리 조리가 가능한 것' 인가 봅니다. 몸에 좋다는 내노라는 야채들이 다 출전했습니다. 높은 경쟁률을 뚫고 계란이 뽑혔습니다. 계란은 어떤 이유에서 마음이로 선발되었을까요.

계란은 단단한 껍질에 둘러싸여 있고, 깨지기 쉽지요. 흰자가 노른자를 둘러싸고 있는데, 잘만하면 병아리가 될 수도 있습니다. 계란만으로도 음식이 되고, 계란은 다른 재료들과도 잘 어울립니다. 잘 섞여요. 구하기 쉬워요. 먹기도 간단하고요. 완전식품이기도 합니다. 이쯤 살펴보니, 잘 변하고, 때론 단단하지만 깨지기 쉬운 우리 마음과 닮았네요. 아! 그래서 '마음이'로 계란이 뽑혔나 봅니다.

두드리기도 하고, 뒤집고, 들들 볶다가, 뒤섞고. 바짝 졸이고, 꼬았다 풀고, 뜨겁게 했다가 차갑게 얼리고, 다시 녹이고…'마음이'를 마음대로 요리조리 합니다. 마음 뒤에 오는 동사들이 많습니다. 마음 주다. 마음챙기다. 마음놓다. 마음 비우다. 마음간다. 창문도 아닌데 연다고 합니다. 물건도 아닌데 내려놓는다 하고요. 생선도 아닌데 상합니다. 종이도 아닌데 찢어졌다 합니다. 마음만큼 뒤에 다양한 동사가 따라오는 말도 없습니다. 그만큼 마음은 끊임없이 변하고 움직입니다.

요리 조리하다 보면 '마음이'가 새카맣게 탈 수도 있습니다. 새카맣게 타버린 마음은 미련없이 버리라고 합니다. 새카맣게 탄 마음은 절대 먹으면 안 되지요. 그런 마음은 먹으면 해롭습니다. 아! 여기서 계란이가 마음이로 뽑힌 이유가 하나 더 떠오릅니다. 만약, 이 '마음이'가 한우 부채살이었다면 미련없이 버리기 어려울 수 있습니다. 어떻게든 탄 부분을 잘 발라내고 '먹어보려' 할 것입니다. 먹으면 안 되는 마음. 다행히도 계란은 상대적으로 비싸지 않고, 쉽게 구할 수 있으니, 미련없이 버리고 다시 요리조리 해 볼 수 있습니다.

비록 새카맣게 태워 먹긴 했지만. 그래도 내 마음입니다. 어제보다 더 잘 요리조리 하고 신메뉴도 개발해서 세상 사는 맛을 내 볼 수 있습니다. 내 마음이 만들어 낸 음식을 먹는 것. 비록 요리조리하느라 고달팠지만 마음은 늘 우리가 즐겁게 꼭꼭 씹어 먹어주기를 바랄 것 같습니다.

내 마음 먹기가 참 어렵습니다. 하루에도 수십 번 변하는 게 마음입니다. 그래서인지 마음이 감정과 같은 것으로 생각됩니다. 그래서 슬프고, 화나면 마음이 온통 그런 것으로 여겨집니다. 그런데 마음에는 감정만 있는 것이 아닙니다. 의지도 함께 있습니다. 감정에 솔직하지만 감정에 휘둘리지 않도록 의지를 사용할 수 있습니다. 또한 감정을 다스리는 의지는, 근육과 같아서 사용하면 할수록 튼튼해집니다. 마음먹기는. 의지를 사용해 적극적으로 '마음을 먹는 것'입니다.

모두 좋아하는 계란 요리 이야기가 아이에게도, 어른에게도 있는 마음에 대한 메시지를 전합니다. 어떤 마음을 먹느냐에 따라 세상 사는 맛이 달라진다고 합니다. 판권지 위 저울에 올라가 있는 가벼운 표정의 마음이와 의외로 무게가 꽤 나온 저울 그림이 눈에 띕니다. 가벼운 마음먹기와 마음이라는 것의 무게감을 보여주는 것 같아 그림책 어느 구석도 허투루 쓰지 않았음에 감탄합니다.

노른자가 하트모양입니다. 심장도 떠오르지만 사랑도 떠오릅니다. 감정과 의지의 근원이 사랑이어야겠다는 생각도 해봅니다. 필요할 때 골라 먹고, 요리조리할 수 있는 완전식품 마음이. 진정한 마음먹기는 내가 만든 내 마음 메뉴판입니다. 매일매일 요리 조리 맛있게 마음먹는 망고님들 되시길 소망합니다.

오늘도 마음에 잘 도착했습니다.
망고지기 드림.

"정상궁이옵니다"

정상궁이옵니다~~~

정상궁은 겉으로는 차분해 보이지만
치마가 문틈에 끼고, 문을 열고 가버리거나,
젓가락을 챙겨오지 못하는 수랏간 허당 상궁입니다

3월 이 시기, 무엇보다 마음을 잘 먹어야 하는 이 때
아침마다 부지런히 상을 차립니다.

이 마음들 드시고 힘내시는 분들.
또 이 분들에게 영향을 받는 많은 사람들을 생각하면서
혼자 낄낄 거리며 상을 차립니다.
그러면서 정상궁도 한입 먹어봅니다.
혹시라도 드시고 탈나시면 안되니까 그러는 겁니다.
오해 마시길

3월 한달 동안 계속 차려 올리겠습니다.
(뒷걸음질 총총총 문을 닫는데 손을 찧음)

마음만두

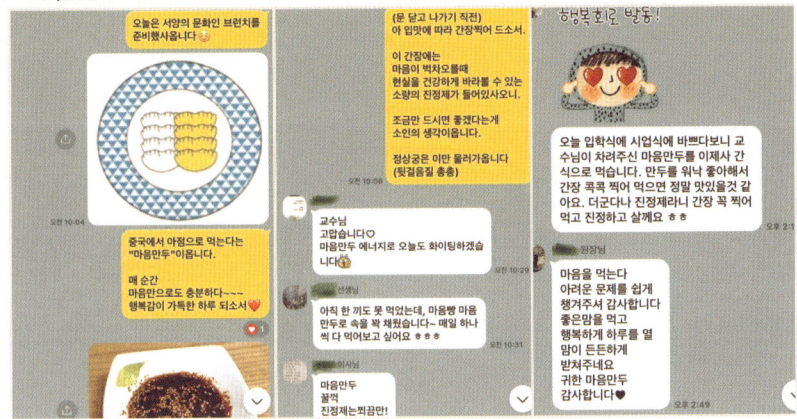

마음정식

마음피자

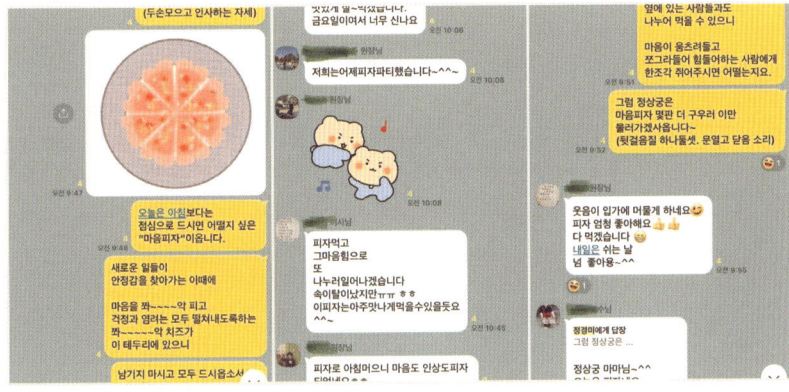

그림책,
글과 그림이 사는 집

판형_글과 그림의 울타리

그림책은 글과 그림이 생활하는 집 같습니다. 책머리, 책등, 책 발과 같이 몸처럼 칭하고, 몸과 같이 유기적으로 연결되어 있어 그림책을 살아있는 것으로 느끼게 합니다. 전에 판형은 그림책의 크기 등 외형일 뿐 큰 의미가 없었으나, 이제는 주제와 메시지에 적극적으로 기여하며 더욱 그림책을 가치롭게 합니다.

판형은 생산자 입장에서 제작되었습니다. 책장에 나란히 정리되는 같은 크기, 종이 낭비가 적은 판형 등 경제성이 고려되었습니다. 영아기 아이들이 보는 그림책 판형은 목욕책, 소리책, 향기책 등 다양한 컨셉과 함께 가방, 집, 동물, 과일 모양 등 재미있는 형태의 놀잇감으로 제작되기도 합니다.

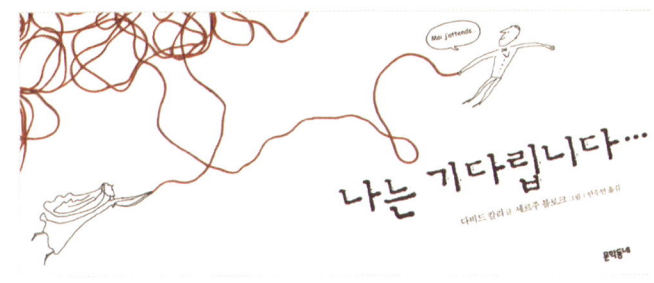

나는 기다립니다, 다비드 칼리, 세르주 블로크, 문학동네, 2007

판형이 그림책에 어떻게 기여하는지 살펴보려면 그림책 내용을 알고 현재 판형이 '아닌' 경우를 생각해 보면 쉽습니다. 만약 「나는 기다립니다」가 세로로 길었다면? 냉장고 비율을 연상시키는 「텅 빈 냉장고」(가에탕 도레뮈스, 한솔수북, 2019)가 만약 손바닥만 한 정사각형이면 어땠을지 생각해 보는 겁니다.

「까마귀 소년」은 책꽂이에 세로로 정리되지 않아 불편할 만큼 커다랗습니다. 이 이야기 주인공은 외톨이 까마귀 소년입니다. 넓고 큰 지면 때문에 다른 인물들과 주인공 소년 사이에 물리적 거리가 발생해 까마귀 소년의 외로움과 소외감이 더 잘 드러나는 효과가 있습니다.

까마귀 소년, 야시마 타로, 비룡소, 1996

「형제의 숲」은 모 단체의 서평단이 되어 받아본 그림책입니다. 받고 보니 제가 가진 그림책 중 가장 컸습니다. 거대한 자연 안에 두 형제의 삶을 비교하고, 사람을 더 작게 자연을 더 크게 보이도록 했습니다. 이 그림책은 판형으로 이야기의 주제와

형제의 숲, 유키코 노리다케, 이경혜 역, 봄볕, 2022

효과를 더 잘 드러냈습니다.

종이를 크게 사용하면 공정과 비용이 더 들어감에도 판형으로 실현할 수 있는 것들이 있습니다. 판형이 커서, 작아서, 정사각형이어서, 가로로 길죽해서, 세로로 길죽해서 갖는 효과가 있습니다. 그러니 판형 효과는 그림책에서 포기할 수 없는 부분입니다. 결국, 좋은 그림책은 메시지에 어울리는 판형을 선택합니다.

표지_그림책의 대문

표지는 그림책을 둘러싸고 있는 글과 그림임에도 자세하게 관찰되지 않는 경우도 많습니다. 그림책을 여러 번 보면서도, 후에 표지를 다시 보고, 아! 이런 거였어? 하는 경우도 참 많았습니다. 그림책 앞표지와 뒤표지를 펼쳐 보고야 주제를 더 분명히 알 수 있었습니다.

요즘 그림책 표지는 그림책 주제와 분위기를 보여주고 구매 욕구를 일으키는 중요한 곳입니다. 전에는 그림책 그림 중 한 장면이 표지에 그려지는 경우가 많았습니다. 지금은 표지를 위한 그림이 따로 그려지는 경우도 많습니다. 그렇게 함으로써 그림책은 더 풍성해집니다.

앞표지와 뒤표지는 책등으로 연결되어 있습니다. 접어두면 앞표지가 가장 눈에 띄고 그림책을 다 보고 난 후에는 뒤표지를 보게 됩니다. 앞표지와 뒤표지를 펼치면 판형 두 배의 지면을 보게 됩니다. 표지는 그림책의 얼굴이자 대문입니다. 눈이 띄는 표지 유형과 그 효과들을 생각해 보겠습니다.

― 한 장면 유형

한 장면 유형은 앞표지와 뒤표지 그림이 연결되어 한 장면으로 되어 있습니다. 「엄마, 잠깐만!」은 멈추려는 아이와 갈 곳이 있는 엄마의 이야기입니다. 앞표지에서 엄마는 아이의 손을 잡고 그림책 넘기는 방향으로 걸어가고, 아이는 엄마를 따라 걷지만 뒤를 보고 있습니다.

엄마, 잠깐만!, 앙트아네트 포티스, 노경실 역, 한솔수북, 2015

책등 부근 앞표지에 어떤 동물의 꼬리만 보입니다. 누구 꼬리일지 궁금합니다. 그림책을 다 읽고 뒤표지까지 펼치면 엄마 고양이 꼬리라는 걸 알게 됩니다. 뒤표지에서 아기 고양이들은 나비를 따라가고 그 뒤로 엄마 고양이가 따라갑니다. 앞표지와 뒤표지를 펼치니 전체가 한 장면입니다.

사람과 동물이 반대 방향으로 가고 있습니다. 아기 고양이는 날아다니는 나비를 보고 있습니다. 아기의 호기심을 따라가는 고양이 엄마입니다. 아이도 궁금해 뒤를 봅니다. 표지를 위해 별도로 그린 이 장면은 '아이의 잠깐만'에 대한 의미를 한 번 더 생각하도록 합니다.

도서관, 데이비드 스몰, 사라 스튜어트, 지혜연 역, 시공주니어, 1998

책을 좋아한 여인의 일생이 담긴 그림책 「도서관」 표지입니다. 앞표지를 보면 책에 얼굴을 묻고 책 수레를 끌며 걸어가는 여인이 있습니다. '책을 정말 좋아하는 사람인가보다' 생각하게 됩니다. 그림책을 다 본 후 펼쳐 앞표지와 뒤표지를 연결해서 보면 이 여인이 책 수레를 끌고 오르막길을 가고 있음을 보게 됩니다.

책 수레는 가볍지 않아서 끌고 올라가기 쉽지 않습니다. 걸어온 길에 책이 떨어져 있는데, 그것도 모르고 가는 여인이 얼마나 책을 좋아하는지도 알 수 있습니다. 더 나아가, 책만 좋아한 이 여인의 삶이 오르막길처럼 쉽지 않았을 것 같다는 생각이 듭니다.

앞표지와 뒤표지가 한 장면으로 표현될 때 뒤표지는 반전이나 확장으로 이야기를 더 흥미롭게 합니다. 시공간과 주인공의 정서(힐드리드 할머니와 밤, 첼리 두란 라이언, 시공주니어, 2017), 호기심 유발(강경수, 커다란 방귀, 시공주니어, 2014), 의미 심화(근데 그 얘기 들었어?, 밤코, 2018) 등도 표현됩니다.

그림책을 다 본 후, 전체를 펼쳐서 표지가 한 장면이 되면 그림책 안에서 표지 그림 찾기, 표지만 가지고 이야기 만들기, 앞표지만 가지고 뒤표지 그리기, 표지 펼쳐놓고 그림 완성하기, '이 장면이 그림책 내용 중 어디쯤 들어가면 좋을까?' 등등 대화하고 놀이할 수 있습니다. 그림책 자체에서 대화와 놀이가 발견됩니다.

― 두 장면 유형

두 장면 유형은 그림책을 완전히 펼쳤을 때 앞표지와 뒤표지 그림이 따로 된 유형입니다. 앞뒤 표지 그림을 한 장면이라고 보기는 어렵지만 의미적으로 연결된 경우는 많습니다. 그림책은 주로 '앞표지-내지-뒷표지' 순으로 봅니다. 이 구조를 활용해 사건 전후, 시간 흐름, 변화나 입체성 등을 만들어 냅니다.

일곱 마리 눈먼 생쥐, 에드 영, 최순희 역, 시공주니어, 1999

「일곱 마리 눈먼 생쥐」는 인도 설화로 '참된 지혜는 전체를 보는 데서 나온다'는 메시지를 전합니다. 앞표지에는 그림책 진행 방향으로 달려가는 여섯 마리 생쥐의 무질서한 모습, 뒤표지에는 질서정연하게 여섯 마리 생쥐가 한 마리 생쥐의 이야기를 듣고 있는 모습이 있습니다.

앞표지에서 뒤표지로 이야기가 전개되면서 어떤 혼란스러움이 정리되었음을 예측할 수 있습니다. 한 마리 생쥐 꼬리가 앞표지와 뒤표지에 걸쳐 있지만 이야기 전개에 이 생쥐의 역할을 생각해 볼 때, 의미적으로 연결된 두 장면으로 보는 것이 더 타당해 보입니다.

너와 함께 있단다, 정경미, 정유정, 더푸룻교육연구, 2019

「너와 함께 있단다」앞표지에는 누워있는 아이가 있고, 뒤표지에는 누군가의 손바닥 그리고 같은 아이가 앞표지보다 작게 그려져 있습니다. 시선의 확대와 축소로 아이가 누워있는 공간을 보여줍니다. 앞표지와 뒤표지를 펼쳐 보면 앞표지 그림이 뒤표지 그림의 일부였음을 알게 됩니다.

아씨방 일곱 동무, 이영경, 비룡소, 1998

「아씨방 일곱 동무」는 앞표지에서 빼꼼히 얼굴을 내민 일곱 동무가, 뒤표지에는 일곱 동무의 뒷모습이 있습니다. 아씨방이 있는 초가집을 입체적으로 상상하고, 일곱 동무가 평면적 인물로 느껴지지 않도록 하는 효과가 있습니다.

두 장면 유형에서 뒤표지는 뒷이야기, 궁금증을 유발하는 발문 등으로 그림책 재미를 한 번 더 느끼게 합니다. 논리적·시간적 흐름이 나타나는 경우 '왜 그렇게 되었는지' 대화하면서 원인과 결과, 개연성에 대한 서사 감각을 기르는 이야기 놀이를 할 수 있습니다.

최근 서점에서 표지에 작가도, 제목도, 출판사 표기도 없는 그림책을 보았습니다. 그런데 이상하기보다 궁금해서 한 페이지를 열게 되었습니다. 글없는 그림책이어서 오히려 숨죽이며 끝까지 책장을 넘긴 기억이 납니다. 그림책의 변신은 무죄입니다.

면지_그림책의 뜰

개인적으로 면지가 흥미롭습니다. 면지를 들여다보다가 그림책 해석이 달라지는 경우들도 있었습니다. 앞선 망고 편지 중 「미어캣의 스카프」가 그랬습니다. 처음에는 '유행'이 주제처럼 읽혔습니다. 그런데 면지를 보니 전 세계가 보였고 거대 담론 문화-생태-교육 등이 차례로 떠올랐습니다.

마당이 있는 집과 없는 집, 마당이 넓은 집과 그렇지 않은 집은 차이가 있습니다. '이 집은 이러이러할 것이다'라는 예측을 일으키기도 하지요. 마당을 보면 집주인의 성향도 예상해 볼 수 있습니다. 마당의 조경상태, 주된 색감 등으로 그 집의 분위기도 읽을 수 있듯 면지는 그림책의 뜰 같습니다.

면지는 그림책 표지들과 속지를 연결합니다. 전에는 이 연결이 면지의 주요 기능이었으나, 지금은 면지에서부터 이야기가 시작된다고 할 수 있을 만큼 앞면지와 뒤면지는 복선-심화-확장 등에 활발하게 사용됩니다. 이러한 역할은 그림책의 또 다른 재미와 매력 요소가 됩니다.

곰이 강을 따라갔을 때, 리처드 T. 모리스 글월 밥, 이상희, 소원나무, 2020

「곰이 강을 따라갔을 때」는 '궁금함'에서 무심코 시작된 곰의 여정과 여러 동물들의 모험을 담고 있습니다. 앞면지는 강 외에 숲의 색이 무채색으로, 뒤면지는 강과 함께 숲이 유채색 그림으로 되어 있습니다. 모험 전과 모험 후를 대비해 호기심과 경험의 가치를 일깨웁니다.

면지는 인물이나 상황, 관계의 변화를 효과적으로 나타냅니다. 「터널」(앤서니 브라운, 논장, 2018)의 앞면지와 뒤면지는 주인공들의 관계 변화를, 「빨간 벽」(브리타 테켄트럽, 봄봄출판사, 2018)은 무채색 숲과 유채색 숲으로 벽 안과 벽 밖을 대비합니다.

이 그림책은 어른들의 칭찬에 아이들은 달라질 수 있다는 교훈을 주듯 보이나 면지를 보면 다른 것들이 느껴집니다. '에드와르도'가 각국 언어로 쓰여 있습니다. 존 버닝햄은 에드와르도가 '세상 어디에서나 볼 수 있는 그런 평범한 아이입니다!' 라고 강조하는 것 같습니다. 어른들의 아이에 대한 시선에 일침을 놓고 있습니다.

면지는 서사 공간을 보여주고(알사탕, 백희나, 책읽는곰, 2017), 뒷이야기 예측(앗 줄이다, 조원희, 웅진주니어, 2018), 시야의 확장(악어엄마, 조은수, 안태형, 풀꽃, 2018), 습작지(선, 이수지, 비룡소, 2017) 등으로 작가에 대한 호기심도 불러일으킵니다.

에드와르도 세상에서 가장 못된 아이, 존 버닝햄, 조세현, 비룡소, 1995

면지는 표지를 열면 나타나는 첫 대면입니다. 면지 네 페이지는 그림책 분량과 무관하게 무조건 발생하니 큰 비중입니다. 여기에 작가가 어떤 비밀과 재미를 두었을까? 생각하며 유심히 보게 됩니다. 바르게 읽어냈는지 작가의 의도와 초점에 좀 더 질문해 보게 됩니다.

면지가 색감으로 주인공이나 상황 변화를 보여주는 경우, 왜 그렇게 되었는지 대화해 볼 수 있습니다. 앞뒤 면지 비교와 대조를 해보며 이야기와 어떤 관련성이 있는지 생각해 봅니다. 면지 그림에는 재미 요소들이 많습니다. 숨은그림찾기를 하거나 앞뒤 면지 사이 이야기도 새롭게 만들어 볼 수 있습니다.

속표지_그림책의 문턱

요즘은 속표지가 두 장인 경우도 많습니다. 실제본 그림책 페이지 수를 맞추기 위해 그렇게 되는 경우도 있지만, 어떤 의미와 의도 때문에 한 페이지 이상이 사용되기도 합니다. 표지에서 면지, 면지에서 속표지로 오는 사이에 배경이나 등장인물이 나오는 경우도 있습니다.

속표지는 면지 다음에 나타나 이야기의 진짜 시작을 알립니다. 영화 시작 전 잠시 암전이 되고 제목이 한 번 더 나오면 '이제 시작하나 보다' 하고 집중도가 높아지는 것처럼 속표지는 안방으로 들어가기 전 문턱 같습니다. 이렇게 '진짜' 시작을 알립니다.

울타리 너머, 마리아 굴레메토바, 이순영, 북극곰, 2019

「울타리 너머」 속표지 전에 낮은 채도의 대저택이 먼저 나옵니다. 이 공간적 분위기를 느낀 후, 속표지를 맞이할 땐 영화관에 앉아 있는 기분마저 듭니다. 「빨간 벽」(브리타 테켄트럽, 봄봄, 2018)은 속표지 전 두 페이지에서 벽의 존재 그리고 벽을 대하는 생쥐의 호기심과 행동을 더 분명하게 인식하도록 합니다.

춤을 출 거예요, 강경수, 그림책공작소, 2015

이 그림책 속표지에는 여자아이가 미소를 지으면서 발레 슈즈를 꼬옥 묶는 그림이 있습니다. 그림책 속지에는 없는 장면으로써 속표지를 위해 따로 그린 장면이라고 생각됩니다. 춤이 좋아서 언제 어디서든 쉬지 않고 춤추는 소녀의 준비. 이미 춤을 추기 시작한 소녀의 마음을 엿볼 수 있습니다.

이 책은 오래 전 그림책공작소 민찬기 대표님에게 선물로 받았습니다. 다소 긴 이야기지만 그림책 구석구석에 어떤 의미가 담기는지 생각해 보기 위해 적어봅니다.

2015년 D대학 유아교육과 겸임교수로 재직할 때, 다른 재능이 있지만 여러 현실적 이유로 유아교육과에 온 두 아이가 어느 날 저에게 수업 후 밥을 사 달라고 했습니다. 수업에 큰 관심이 없어 보였던 학생들의 밥 사달라는 초대(?)에 응해 우리는 학교 식당에서 이런저런 이야기를 나누었습니다.

식사와는 무관하게 상담심리라는 교과목에서 친한 두 사람이 대화하면서 이야기를 만들고 그림책처럼 만들어 보는 기말과제를 냈습니다. 과제의 취지와 목적은 마음을 터놓고 이야기하고 작업하면서 상담적 효과를 경험하는 것이었습니다. 그 때, 이 두 친구가 짝꿍이 되어 과제를 해 왔습니다.

흥미없는 학과에서 공부해야 하는 두 아이는 수업에 집중할 수 없었을 겁니다. 여러 이유로 꿈은 멀어지고 있었으니까요. 그런데, 이 과제를 하면서 두 사람은 전혀 다른 눈빛과 태도를 보이며 살아나고 있었습니다. 두 아이의 배경과 이 책을 만들기까지의 과정을 아는터라 뭉클했습니다. 기존 출판사에서는 아마추어 작품을 출판하기는 어렵지만 제 출판사에서 못할 이유는 없었기에 출판해 주고 싶은 마음이 들었습니다.

출판과 편집 분야에 딱히 아는 사람이 없던 터라 한국출판문화진흥원에 무작정 전화해 사정을 이야기하고 적절한 그림책 편집자를 소개받았습니다. 그때 만난 분이 바로 그림책공작소 민찬기 대표님이었습니다. 사무실로 찾아가 똑똑똑 문을 두드렸습니다. 사무실은 2평 남짓했고 작업용 책상과 커피 테이블, 노트북이 전부였던 것 같습니다.

민찬기 대표님은 알 만한 출판사에서 편집자로 오랜 경력을 가진 분이었는데 1인 출판사를 시작했고 얼마 지나지 않았을 때입니다. 왜

'굳이' 1인 출판사를 창업했는지 궁금해 여쭈었을 때 '노란책을 만들고 싶다' 했습니다. 출판사에 몸담고 있다 보니, 노랑이 아닌 비슷한 주황이나 전혀 다른 연두책을 만들면서 점점 지쳤고 더 늦기 전에 이렇게 창업했다고 했습니다.

안정적이고 편안한 길이. 하고 싶은 게 확실한 사람에게는 불편한 길이 될 수 있습니다. 대표님의 용기와 뜻, 당연한 실력에 두말없이 편집을 의뢰했습니다. 대표님은 그림책공작소의 신간이라고 하시며 이 그림책을 주셨습니다. 출판사 로고 도장을 꾸~욱 누르는 모습이 생생합니다. 소중함이 느껴졌거든요.

집으로 돌아와 침대 맡 불을 켜고 이 그림책을 읽었습니다. 정말 책이 노랑색이었습니다! 처음에는 웃음이 나왔고, 그림책을 모두 읽고는 눈물이 나왔습니다. 춤이 좋아서 춤을 추는 이 여자아이에게서 낮에 만난 대표님이 보여서였습니다. 소중하게 도장을 찍던 모습도 다시 생각났습니다.

'귀하고 소중한 걸 주셨구나.' 1인 출판사 창업을 결정하는데 가족도 응원해 주어서 힘이 된다는 이야기도 생각났습니다. 하지 않으면 안 될 것 같은 일들이 제 속에서도 움찔대는 것 같았습니다. 표지를 쓸어 만지고 그림책을 다시 찬찬히 보았을 때, 가장 눈에 들어온 게 속표지였습니다.

아이는 미소 띤 표정으로 발레 슈즈를 끈을 묶고 있습니다. 춤추려면, 안 다치고 자유롭게 춤추려면 춤추는 것만큼 발레 슈즈를 단단히 준비하는 게 중요합니다. 그때 그림책공작소 대표님을 만나지 못했다면, 노란책 이야기를 듣지 못했다면 속표지 때문에 울지는 않았을 것 같습니다.

지금은 어엿한 유치원 선생님이 된 두 사람. 이정은과 정하늬의 그림책은 '달을 삼킨 쥐'입니다. 한 친구는 교사를 하면서 편입해 학업을 지속, 한 친구는 자기 재능을 살려 이 그림책으로 아이들과 노래극을 만들어 공연했다고 합니다. 작가 선생님으로서 학부모님들의 사랑과 지지를 받은 건 두 말할 것도 없습니다.

제 사연은 전래동화처럼 '행복하게 살았답니다'로 끝났습니다. 저도 행복했습니다. 책상과 대학에만 있었다면 몰랐을 것들을 배웠고, 이 시간들을 통해 제 세계도 조금 더 열렸습니다. 무엇보다 왜 와서 앉아 있는지 모를 회색빛깔 유아교육과가 두 아이에게 노란빛깔로 채색된 것 같아 뿌듯했습니다.

이 그림책 외에도 흥미로운 그림책을 읽고, 속표지 새로 만들기를 할 수 있습니다. 초등 이상의 경우, 그림책의 앞 이야기를 지어보고 이를 속표지로 종합하여 한 장으로 표현하면 창조 자신감과 상상력, 개연성에 대한 논리를 기를 수 있습니다.

제본선_의외의 장식품

제본선은 그림책이라는 집 안에 놓인 의외의 장식품 같습니다. 집 안으로 들어왔는데 생각지도 않았던 장식품이 있습니다. 그런데 너무 잘 어울려서 깜짝 놀라게 됩니다. 제본선은 그림책을 만들다 보면 자연스럽게 만들어지는 선인데 이야기에 동화되어 사용됩니다.

그림자 놀이, 이수지, 비룡소, 2010

「그림자 놀이」에서 제본선은 사물과 그림자의 경계가 됩니다. 아이의 현실과 상상의 세계 그리고 실체와 그림자가 표현되었습니다. 「파도야, 놀자」(이수지, 비룡소, 2017)에서 파도는 제본선을 넘어오지 못합니다. 여자아이가 파도를 놀리는 듯 놀이합니다. 제본선말고 다른 요소였어도 이렇게 흥미로울까? 싶었습니다.

춤추고 싶어요, 김대규, 비룡소, 2012

제본선을 사이에 둔 그림 구도는 인물 비교나 대조, 대립 관계를 표현하기에 좋습니다. 주인공들을 마주 서게 한다거나(마음샘, 조수경, 한솔수북, 2017), 입장이 다른 두 집단을 나누어 배치하여(춤추고 싶어요. 김대규, 비룡소, 2012) 긴장과 갈등을 고조시킵니다.

제본선은 그림책 구조상 만들어진 선이라는 점에서 흥미롭습니다. 초등이상 아이들과 제본선을 활용한 이야기 만들기를 할 수 있습니다. 각이 되기도 하고, 사이가 되기도 하고, 숨겨진 공간이 될 수도 있습니다. 작가의 창의성과 상상력이 빛나는 부분이면서 요즘 그림책들의 '경계 무너뜨리기'의 한 현상이기도 합니다.

"오늘도 오늘상회에 불이 켜집니다"

안녕하세요. 망고편지입니다.

매일 반복되는 시간들로 하루 하루를 살아갑니다. 오늘은 어제가 되고, 내일이 오늘이 됩니다. 오늘 하루가 어떻게 지나가고 있나요?

여기 오늘 상회에는 매일 새벽 '오늘 병'을 실은 트럭이 도착합니다. 작은 병에는 이름이 적혀있지요. 어제까지 있었지만 오늘 없는 이름도 있고, 어제는 없었지만 오늘 있는 이름도 있습니다.

무수한 사람들. 바쁜 사람, 안 바쁜 사람 할 것 없이 다른 삶과 나이, 성격과 취향을 가진 손님들이 오늘상회에 찾아옵니다. 주인은 말합니다.

'오늘은 천천히, 때로는 빠르게 가지만 소중하게 보내지 않으면 영원히 사라져 버린답니다.'

'오늘' 같은 매일이 계속되길 바라는 어린 시절, 우르르 깔깔깔 언제 어떻게 지나갔는지 모르는 중고등학교 시절, 사랑하는 가족 그리고 사람들과의 추억과 기억들에 '오늘'이 있었습니다. 우리에겐 더 마시고 싶었던 오늘들이 있었습니다. 후닥닥 꿀꺽 마셔버린 오늘은 무슨 맛이었는지 도통 기억조차 없습니다.

여러 번 마시고 싶었던 오늘들. 아껴서 천천히 마시고 싶었지만 그러지 못한 오늘들. 더 이상 마시고 싶지 않아 슬쩍 흘려버린 오늘들. 너무 힘들어서 마실 수 없었던 오늘들. 오늘의 맛을 음미하면서 한 방울씩 함께 맛본 오늘들. 간절하게 누군가와 나누어 마시고 싶었던 오늘들이 있었습니다.

오늘은 엄격합니다. 한 번 뿐입니다. 언젠가는 오늘들이 끝날 텐데 영원히 살 것처럼 오늘을 대합니다. 오늘보다 5년 후 10년 후를 더 많이 생각하고 오늘은 해치워 버립니다. 미래를 위해 하루 하루 살아내려고 발버둥 치는 사이 오늘은 금새 지나가 버립니다.

오늘을 더 달라고 조르는 아이들은 오늘을 제일 좋아합니다. 내일은 모릅니다. 그 오늘이 좋아서 가장 충실하게 노는 게 아이들이라면, 아이들이 오늘의 소중함을 가장 잘 누리는 것 같습니다. 오늘을 잘 살지 못하면서 오지도 않은 내일을 걱정하고 미래를 염려하면서 어른이 되는 것 같습니다.

새로운 오늘. 내일은 오늘이 됩니다. 오늘들은 얼굴에 차곡차곡 쌓입니다. 머리가 하얗게 센 할머니는 더 이상 그 오늘을 마시고 싶지 않습니다. 함께 하던 사람의 오늘이 사라졌기 때문입니다. 그런데 할머니의 얼굴에 다시 오늘이 내려앉아 다시 오늘을 만날 기운을 얻습니다.

그렇게 된 건 아주 작고 사소한 일에서 비롯되었습니다. 살짝 부는 바람, 나뭇가지가 흔들리는 소리, 햇살의 온기, 어제와 아주 조금 달라진 길 고양이 울음소리... 주변에 무수히 많았으나 살면서 주의를 기울이지 못했거나 관심갖지 않았던, 전혀 상관없는 것들이 할머니를 일으켰습니다. 오늘을 또 살아가도록 격려합니다.

오늘 앞에 선 할머니의 공손하고 겸비한 모습이 아름답습니다. 인생 전문가라고 불리 울 만한 연세에도 오늘 앞에 두 손을 모으고 정중하게 서 있습니다. 자, 우리 앞에 '여전히' 오늘이 있습니다. 오늘을 시작할 때 어떤 오늘을 한 모금 마실까요. 오늘을 마칠 때 어떤 한 방울로 혀끝을 적실까요.

오늘-현재 'present'가 선물이라는 의미도 함께 갖는 것이 우연은 아닌 듯 합니다. '오늘'은 선물받는 마음처럼 설레고, 기대되고, 감사한 것인가 봅니다. today. 망고님들의 오늘 'to-day'가 오늘 하루로 향하는, 오늘 하루를 위하는 그런 선물같은 '오늘'이 되면 좋겠습니다.

오늘도 마음에 잘 도착했습니다.
망고지기 드림.

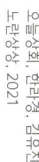

그림책의 글

글의 문학성

이야기가 시작되면 열심히 암기했던 문학적 요소들이 하나둘 나타납니다. 시점과 문체, 시간과 공간적 배경, 곧이어 주인공, 소재들이 나옵니다. 이야기 구조와 주제도 알게 됩니다. 그림책이 다룰 수 있는 주제와 소재를 밤새 나열해도 모자랄 겁니다. 즉, 모든 게 그림책 주제와 소재가 될 수 있습니다.

어떤 메시지를 전할 것인가(주제), 어떤 형식으로 표현할 것인가(장르), 기승전결이 나올까(플롯), 무엇으로 메시지를 전할 것인가(소재), 누가 있어야 하는가(등장인물), 그림책 안에서 말할 것인가, 혹은 밖에서 말할 것인가(관점), 지문과 대화체, 높임말 혹은 낮춤말을 쓸 것인가(문체) 등의 고민이 그림책의 글에 담겨있습니다.

이야기는 주로 글에 의해 이끌어져 왔습니다. 글이 가진 예술적 힘을 문학성이라고 부릅니다. 문학성이 있다는 것은 작가의 상상력에 의해 조직화 된 언어가 이성적 해석이 아닌 감성에 울림을 주어 깨달음 혹은 즐거움에 이르게 했다는 뜻입니다.

대부분의 책에서 공간과 배열을 미술적 요소로 다룹니다. 그림책에서는 글의 공간과 배열도 중요합니다. 대면에 배열되는 글의 양, 위치나 크기도 작가의 메시지에 영향을 미칩니다. 등장인물의 대사 위치에 따라 같은 문장이어도 감정이나 정서가 다르게 전해집니다.

이전과 달리 글에 디자인 요소가 가미된 타이포그래피는 더 중요해지고 있습니다. 이처럼 그림책은 문화를 이루는 한 매체로서 이론적 암기보다 시대의 변화에 따른 흐름 이해가 중요한 예술작품이 되었습니다.

글이 하나의 요리처럼 완성되려면 문학적 요소들이 잘 어우러져야 합니다. 그림책의 '글'은 소설이나 일상적 구어와는 차이가 있습니다. 많지 않은 페이지에 의미 있는 언어가 미술요소와 잘 조합되어야 하니 이야기가 그림책으로 만들어지는 과정은 쉽지 않습니다.

그림책에서 글은 지금도 서사를 전하는 핵심적 역할을 합니다. 함축적으로 표현된 좋은 글은 훌륭한 이미지를 상상하도록 합니다. 글 해독과 함께 나름의 이미지가 그려집니다. 글만으로도 상상의 세계를 만끽할 수 있습니다. 글의 문학성은 그림책의 예술적 가치에 기여합니다.

주제와 소재 _메시지와 이야기 재료

주제(theme)는 '하고자 하는 이야기가 무엇인가?'입니다. 핵심적 생각입니다. 풀이 죽은 기린 이야기, 세 친구 이야기가 '자존감', '우정'을 주제로 한다면 '자존감은 매일매일 만들어진다.', '우정은 소중하다.'와 같은 메시지가 담길 것 같습니다. 같은 주제의 그림책 이어도 소재에 따라 그림책 내용은 무궁무진해집니다.

엄마가 화났다
최숙희, 책읽는곰, 2011

소재는 주제를 위한 글 재료입니다. 소재는 이야기 바탕이 되는 재료입니다. '우정'을 예로 들면 '세 친구의 학교생활', '같이 심부름 가는 길'이 소재가 될 수 있습니다. 엄마의 사랑을 주제로 엄마가 화내는 상황이 연출된 두 작품 「엄마가 화났다」와 「고함쟁이 엄마」는 각각 엄마의 치마, 우주 공간을 소재로 사용하고 있습니다.

고함쟁이 엄마
유타바우어, 이현정 역, 비룡소, 2005

그림책의 주제와 소재에는 한계가 없습니다. 모든 사람이 동의할 만한 보편타당한 가치와 참다운 것, 진·선·미를 추구하는 인간의 본성과 잘 닿아있는 주제와 소재는 공감대를 불러일으킵니다.

대상의 생활이나 상황에 밀접한 주제라면 등장인물의 이야기에서 우리들의 이야기로 대화를 전개해 볼 수 있습니다. 모자, 옷, 음식, 자연 등 소재가 곧바로 놀잇감이 될 수 있지요. 간단한 재료로 놀이한 후 그림책을 재방문한다면 기억에 오래 남는 그림책이 될 겁니다.

등장인물과 배경 _말과 행동과 사건_

등장인물은 이야기를 이끌고 가는 주요 인물입니다. 사람, 동물, 물건, 날씨 등 모든 게 등장인물 그리고 주인공이 될 수 있습니다. 누구나 주인공이 될 수 있지만 사람들 대부분은 영웅적 인물보다 결함과 약함, 문제상황에 놓인 주인공에게 더 이끌립니다.

소설을 고를 때도 중간쯤 펼쳤는데, 이 주인공의 생각이 나와 비슷하면 '왜 이렇게 된 거야?' 하면서 앞 이야기가 궁금해 읽게 됩니다. 공감할 만한 성격과 특징, 게다가 마주친 사건에서 약함을 보면 주인공에게 더 많이 이입되어 읽게 됩니다. 이야기인 그림책도 마찬가지입니다.

「한 마리 여우」에는 여우와 닭, 알들이 나옵니다. 숫자로 만든 스릴러다운 이야기가 전개됩니다. 여기서 대부분의 독자는 약자인 닭들 편에서 안 잡아먹히면 좋겠다는 심정으로 그림책을 봅니다. 약자의 안전을 바라고, 약자가 승리하면 통쾌함을 느낍니다.

한 마리 여우, 케이트 리드, 이보나 역, 북극곰, 2021

「애너벨과 신기한 털실」에는 애너벨과 마을 사람들, 귀족이 등장합니다. 등장인물로 선인과 악인이 나오면 대부분은 선한 편에 섭니다. 악인이 잘되면 불편하고 선인이 안정된 결말을 맞이하길 원합니다. 이는 사람의 선한 본성인데 어릴수록 이 경향성은 더 짙

애너벨과 신기한 털실, 존 클라센 맥 바넷, 홍연미 역, 김영어린이, 2013

그림책의 글 **123**

고 뚜렷합니다.

등장인물 혹은 주인공이라 부르기 어려운 경우도 많습니다. 「새벽」(유리 슐레비츠, 강무홍 역, 시공주니어, 1994), 「꽃이 핀다」(백지혜, 보림, 2007)와 같이 묘사하는 그림책의 경우 그렇습니다. 또한 관찰이나 지식 정보가 담긴 그림책은 주인공이라고 하기보다는 주된 소재라 칭하는 게 적절합니다.

시간적·공간적 배경은 집, 학교, 땅, 바다, 우주, 하늘 등 상상으로 창조된 시간과 공간까지 다양합니다. 옛이야기는 시작에서 '옛날 옛날에~', '깊은 산 초가집에서~' 등과 같이 글로 시간적·공간적 배경을 표현했습니다. 요즘에는 그림으로 시간적·공간적 배경을 표현하는 경우도 많습니다.

독자는 주로 주인공에게 감정이입하게 되니 이들의 행동이나 사건이 대화와 놀이 소재가 됩니다. 주인공에게 하고 싶은 말, 내가 주인공이라면 등의 놀이가 만들어집니다. 더 나아가 주인공에게 새 친구 만들어 주기, 새로운 학교 지어주기, 주인공에게 주는 새로운 해결책 등의 대화나 놀이도 해볼 수 있습니다.

플롯_이야기를 담는 그릇

플롯이라는 용어는 우리말로 구성 정도로 해석되어 사용됩니다. 아이러니라는 용어가 역설로 해석될 때 찜찜한 감이 있는 것처럼 플롯도 그렇습니다. 이야기 구성과 구조라는 의미 외에 더 탄탄한 이야기 진행을 위한 아이디어 등 거미줄처럼 조직적인 무언가가 플롯에 들어있습니다.

이야기를 할 때, 스토리(story)전개와 플롯(plot)전개에는 차이가 있습니다. 많이 드는 예시로 '왕이 죽었다. 왕비도 따라 죽었다'는 스토리, '왕이 죽으니 왕비도 슬퍼서 따라 죽었다'는 플롯이라고 합니다(왕비가 죽은 이유). 내용은 같아 보이지만 스토리는 사실들을 서술하고 플롯은 사건 간 유기적 연관성을 드러냅니다.

요즘 그림책 중에는 중간을 펼쳐도 앞장이나 뒷장 내용을 몰라도 괜찮은 주제나 메시지를 다룬 것들도 있지만 중간 즈음을 펼쳤을 때 '기쁜 마음에 산으로 출발했어' 라는 문장에서 '왜?' 하고 의문이 드는 건 '기쁜 마음에'가 앞 사건과 뒷 사건의 유기적 연관성을 보여주기 때문입니다.

그림책에서 플롯은 그림으로도 표현됩니다. 같은 이야기나 메시지도 플롯에 따라 공감과 흥미에 차이가 생길 수 있습니다. 가장 많이 사용되는 플롯은 시간 흐름에 따르는 구조입니다. 이야기의 절정, 주인공의 내적 갈등을 표현하기 위해 그림과 배열이 사용될 수 있는 것이 그림책입니다.

기존 아동문학에서 구분하는 아래 플롯들은 글만을 염두에 두었습니다. 하여 그림과 관련한 내용을 추가했습니다. 그림책에서는 플롯이 애매하고 모호할 수 있음을 이해할 때 그림책 플롯에 관한 여러 혼돈을 줄일 수 있습니다.

「거짓말」(가사이마리, 손정원 역, 한솔수북, 2005)에서 친구 몰래 빨간 자동차를 집 안에 숨기려는 치치의 여러 모습이 양쪽 대면에 표현됩니다. 치치의 마음이 얼마나 급한지, 사건과 관련하여 왜 그러한 심정인지 그림으로 잘 보여주어 글과 그림이 만드는 이야기 구성에 힘을 더합니다.

<u>단선식 플롯</u>은 시간의 흐름에 따라 이야기가 전개됩니다. 사람의 이야기 본능에 가장 충실한 발단-전개-절정-결말, 기-승-전-결의 흐름을 갖습니다. '행복하게 살았답니다~'로 마치는 전래동화 대부분이 단선식 플롯입니다.

'주-원-문-해'로 불리는 흐름도 단선식 플롯입니다. 「이슬이의 첫 심부름」에서 이슬이는(주인공) 심부름을 잘하고 싶습니다(원함). 혼자 가게에 가서 물건을 사야 합니다(문제). 물건을 사서 무사히 집으로 돌아옵니다(해결).

단선식 플롯인 그림책으로 전편 혹은 후편 짓기, 절정 이후의 이야기를 바꾸어 보면 재미있습니다. 기-승-전까지의 진행을 기반으로 결말을 만들 때 완성도 있는 새 이야기를 만들어 볼 수 있습니다. 가장 기본적인 플롯이므로 네컷만화, 홍보 포스터, 그림책 광고지 등 만들기 놀이를 할 수 있습니다.

<u>연쇄식 플롯</u>은 온전한 각각의 스토리가 나열되어 있는 것을 말합니다. 사건이 반복되지만 사건 간 인과관계는 없어 하나를 빼도 이야기 구조가 흔들리지 않습니다. 피터래빗 시리즈를 예로 들자면 1편, 2편, 3편 사건은 모두 다르지만 주인공이나 세계관은 하나입니다. 2편을

빼도 전체 구조에는 영향이 없습니다.

바람이 불었어, 팻 허친즈, 박현철 역, 시공주니어, 1997

「바람이 불었어」의 이야기만 살펴보면, 등장인물은 각자 '바람이 불고-물건이 날아가고-바람을 쫓아가는' 사건을 경험합니다. 한 사람이 겪는 일은 앞 사람 사건이나 행위와 무관합니다. 사건의 연속으로 이야기는 점층되고, 정서도 증폭되지만 중간에 인물 한두 명을 제외해도 이야기 구조에는 영향을 주지 않습니다.

이야기에서 바람은 모든 사람들의 물건을 바닥에 팽개쳐 버려두고 바다로 가버립니다. 사람들은 바람에게 인사를 하고요. 한 사람과 바람 간 일어난 사건은 독립적입니다. 이 중 한 두 사람이나 사건이 없어도 결론이나 이야기 구조는 거뜬합니다.

그런데 그림책에서는 그림이 이야기를 전하고 있으니 그림책에서 위와 같은 방식을 실험하려고 몇 장면을 빼면 어긋남이 있습니다. 바람이 다음에 날려 보낼 물건 힌트가 그림에 보여서 재미있는 그림책이니 그림책 자체를 연쇄적 플롯이라 말하긴 어렵습니다. 그림책을 아동문학으로 보고 문학적 요소 플롯을 기준으로 살펴볼 때 나타나는 오류입니다.

연쇄식 플롯으로 된 이야기는 사건이 단순하고 반복되어 예측이 가능하고 리듬감이 있습니다. 이러한 특징에 착안하여 그림책 놀이를 할 수 있습니다. 사이사이 등장인물이나 소재, 사건을 변경-추가-삭제하여 새로운 이야기를 만들고, 간단한 동극이나 챈트, 곡을 붙여 놀아도 좋습니다.

<u>누적식 플롯</u>은 비슷한 사건들이 반복되고, 행위와 행위 사이에 인과관계가 있습니다. 처음 사건이 다음 사건에 영향을 주고 그 결과가 또 다음 사건으로 연결됩니다. 그림책에서 단순한 스토리가 글과 그림으로 이렇게 표현되는 경우가 많습니다. 누적식 플롯은 이야기가 순차적으로 포개져 쌓인 구조로 보면 됩니다.

인물들이 계속 나타나거나(추운 겨울에 장갑 안으로 들어와서 장갑 내부가 좁아짐), 앞 사건보다 점층, 증폭되거나, 앞 행위가 실마리가 되어서 뒤 행위나 사건을 일어나게 하는 등(동물들이 계속 올라타서 배가 뒤집어졌다). 엄격히 따지면, 시리즈 형태의 이야기를 제외하면 모두 누적식 플롯에 해당됩니다.

「커다란 순무」를 연쇄식으로 볼 것인가, 누적식으로 볼 것인가에도 혼돈이 있습니다. 「커다란 순무」와 같이 인물들이 추가되어서 문제가 해결되는 그림책이 많습니다. 점층적이고 리듬감 있는 구조여서 예측도 가능하고 나름의 절정도 있으니 아이 어른 즐겁게 볼 수 있는 이야기들입니다.

할아버지 중심의 사건은 '할머니의 부름에-할아버지가 나와서- 무를 잡고- 당겼다' 입니다. 손녀도, 강아지도, 고양이도 마찬가지입니다. 할아버지 뒤에 고양이가 오든 손녀가 오든 혹은 빠지든 기린이나 코끼리가 와도 할아버지 사건에는 아무런 영향도 없고 관계도 없다는 면에서는 연쇄식 구조로 볼 수 있습니다.

한편, 커다란 순무는 결론적으로 힘을 모아 무를 뽑는 이야기입니다. '할머니가 뽑아야 하는데, 잘 안되어서 할아버지를 불렀다.'고 하면 무를 뽑기 위한 할머니의 행동은 원인이 되고 할아버지가 부름받아 나와서 모두 힘을 합해 무를 뽑은 게 결과입니다. 이렇게 보면 행위 간 인과관계가 있으니 누적식이 됩니다.

「좁쌀 한 톨로 장가 든 총각」에서 총각은 좁쌀 한 톨을 쥐로, 쥐를 고양이로, 고양이를 강아지로, 강아지를 송아지로 바꾸어 얻고 나중에는 정승의 딸을 아내로 맞이하게 됩니다. 행위 간 인과관계가 설명되는 이야기 구조니 첫 행위 다음에 두 번째 행위를 빼고 세 번째 행위를 설명하려면 말이 안 되기 시작합니다.

좁쌀 한 알로 정승 사위가 된 총각, 박영만, 전갑배, 사파리, 2021

눈덩이 굴리듯이 이야기를 만드는 방식으로 누적식 이야기 놀이를 할 수 있습니다. 릴레이 형태로 앞 사람의 이야기를 원인으로 하여 새 이야기를 짓는 것도 재미있습니다. 도구를 추가하여 카드게임의 형태로, 무언의 그림으로만 누적된 이야기를 만드는 것도 이 플롯을 활용한 그림책놀이입니다.

<u>순환식·회귀식 플롯</u>은 사건들이 차례대로 진행되면서 다시 원점으로 가는 구조입니다. 처음 장소로 돌아가거나, 처음 만난 인물을 다시 만나는 방식입니다. 「소피가 화나면, 정말 정말 화나면」(몰리 뱅, 박수현 역, 책읽는 곰, 2013)에서 소피는 집-숲-큰 나무-집으로, 「곰 사냥을 떠나자」(헬린 옥슨버리, 공경희 역, 시공주니어, 2017)에서 가족

내 동생 싸게 팔아요,
임정자, 김영수, 아이세움, 2006

들은 집-들판-강-동굴-집으로 돌아옵니다.

「내 동생 싸게 팔아요」는 말썽꾸러기 동생을 시장에 팔러 가는 누나의 이야기입니다. 이야기 전개 공간이 집-시장-시장-집의 구조로 되어 있습니다. 귀찮은 동생을 팔려다가, 못 팔고 집으로 돌아옵니다. 이 플롯이 주는 가장 큰 유익은 다시 제자리로 돌아왔다는 안전함과 안정감입니다.

보편적으로 안정감 있게 이야기가 마무리가 될 때 정서적 만족감이 큽니다. 아이들이 듣고 보는 이야기의 경우, 차분하고 안정된 구조가 정서적 안정에 유익합니다. 순환식·회귀식 구조도 어떤 의미에서 기-승-전-결입니다. '결' 부분이 돌아오는 구조 안에서 전개됩니다.

시점_이야기를 보는 시선

어떤 이야기든지, 바라보는 관점과 시선에 따라 이야기가 달라집니다. 같은 물건도 오른쪽에서 본 사람과 왼쪽에서 본 사람의 말이 다릅니다. 콩쥐팥쥐 이야기가 팥쥐 입장에서 쓰였다면, 우리가 알고 있는 콩쥐팥쥐와는 전혀 다른 느낌의 이야기가 될 겁니다.

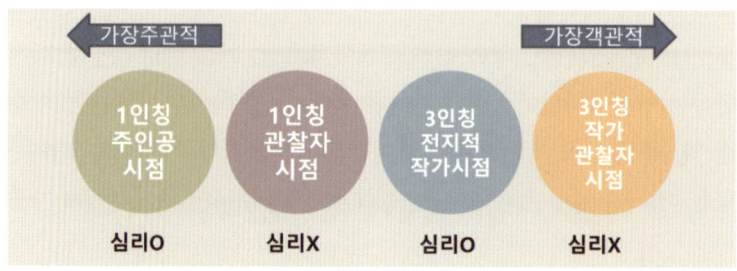

시점은 이야기를 바라보고 전하는 화자의 위치를 말합니다. 이야기 주제나 소재, 메시지에 따라 효과적인 시점이 선택되기도 합니다. 어떤 이야기는 일인칭이기 때문에, 어떤 이야기는 3인칭이기 때문에 독자에게 공감을 불러일으키고 감동과 깨달음을 줍니다.

1인칭 시점에서 화자는 이야기 안에서 말하고 사건에 개입되어 있습니다. 화자가 갈등의 주체가 되어 자신의 내면과 심리는 표현할 수 있지만, 다른 사람들의 마음이나 생각 등은 서술하지 않습니다. 모르는 사람처럼 말합니다. 이에 그림을 보며 화자가 모르는 것을 아는 독자는 그림책의 재미를 느끼게 됩니다.

「우리 가족입니다」는 작가의 가족과 할머니에 대한 자전적 회상으로 된 그림책입니다. '나'의 눈에 비추어진 가족의 삶과 경험을 진솔하게 전하니, 주인공의 감정과 상황을 더 가깝게 느끼게 됩니다. 만약 1인칭 주인공 시점이 아닌 방식으로 '어떤 가족이 있었습니다.'라고 썼다면 어디엔가 있을 법한 그런 가족의 이야기로 거리감이 느껴져 감동과 울림이 덜 했을 것입니다.

우리 가족입니다, 이혜란, 보림, 2009

3인칭 전지적 작가 시점은 작가가 이야기 밖에서 사건의 전말을 알고 눈으로 본 것처럼 표현합니다. 신적 존재처럼 등장인물의 내면도 분석하고 설명합니다. 우리가 아는 걸 정작 주인공이 모르고 있으면 긴장감이나 유머, 혹은 아무것도 모르는 주인공에게 연민을 갖기도 합니다.

악어오리 구지구지, 천즈위엔,
박지민 역, 예림당, 2003

「악어오리 구지구지」는 미국계 한국 혼혈아로, 미국에서 자란 친구 이야기에서 영감을 얻었다고 합니다. 그 친구는 피부색이 다르다는 이유로 따돌림과 텃세에 시달리면서, 자신의 정체성에 대해 고민했다고 합니다. 작가는 이 이야기를 악어오리 이야기로 창작해 전지적 작가 시점에서 전하고 있습니다.

그림책에는 주로 화자가 등장인물들의 심리를 어느 정도 묘사하는 일인칭 주인공 시점 혹은 3인칭 전지적 작가 시점이 많습니다. 3인칭을 1인칭으로 바꾸어 엄마오리 입장에서 혹은 다른 오리들 입장에서 이야기를 지어볼 수 있습니다. 초등이상 연령의 아이들과 관점을 활용하면 이야기 형식을 편지나 일기 혹은 대본처럼 써 볼 수 있습니다.

글의 시점과 그림의 시점이 다른 경우도 있습니다. 글과 그림의 관계에서 이를 대위라고 부릅니다. 글은 전지적 작가 시점으로, 그림은 주인공의 시점으로 되는 경우, 글이 주인공 시점, 그림이 전지적 작가시점으로 되는 경우들은 그림책의 또다른 재미가 됩니다.

문체_작가의 말투

같은 말도 어떻게 하느냐에 따라 다르게 느껴집니다. 이야기에서만 아니라 일상생활에서도 말투는 중요하지요. 말투를 통해 상대와의 거리가 가까워질 수도 있고 멀어질 수도 있습니다.

'있었어, 살았단다. 있었지.' 같은 말투는 친근한 느낌을, '있었어요. 살았어요.' 는 다정한 느낌. '있었습니다. 살았습니다.' 는 상대적으로 정중함과 객관성이 느껴집니다. '있었소. 살았소.' 는 옛스럽게 느껴집니다.

그림책에서 문체는 언어의 사용, 단어의 선택, 문장의 구성, 작가의 개성 등과 관련 있습니다. 간결한 문장과 대화는 정확하고 분명한 전달력이 있습니다. 의성어와 의태어 사용은 이야기를 생동감있게 합니다. 문체로 이야기에 집중시킬 수 있고, 운율감과 읽는 즐거움을 만들 수 있습니다.

「떼루떼루」는 1964년 중요무형문화재(제3호)로 지정받아 전승되고 있는 유일한 민속인형극 꼭두각시놀이를 그림책으로 만든 작품입니다. 놀이극 안에서 문답과 '대갈통', '똥구멍', '떼루떼루', '우여어', '정저꿍' 같은 표현들로 우리나라 전통의 놀이극의 멋과 문화를 그림책으로 맛보게 합니다.

떼루떼루, 박연철, 시공주니어, 2013

사투리도 문체입니다. 「할머니의 용궁 여행」(권민조, 천개의 바람, 2020)은 구수한 경상도 사투리의 할머니 목소리가 여행담을 들려주고, 「메리」(안녕달, 사계절, 2017)에는 제주도 사투리가 있어 정감을 더합니다. 더 많은 사투리 작품으로 우리나라 언어의 특별한 매력이 널리 알려지면 좋겠습니다.

타이포그래피_글이 입는 새 옷

요즘 타이포그래피 없는 책은 찾기 어렵습니다. 서점에서 모든 책 표지와 제목을 둘러보면 평이한 디자인이 오히려 돋보일 정도입니다. 그림책도 마찬가지입니다. 글과 타이포그래피와 그림이 삼분의 일 분량씩 차지하고 있는 경우들도 있습니다.

타이포그래피(typography)는 활자를 배치하고 특수한 목적에 맞게 디자인하는 것입니다. 타이포그래피도 글이기 때문에 글의 의미에서 벗어나지 않습니다. 글자색, 글자체, 글자 크기, 글자 배열 등의 디자인 요소를 가미하여 이야기와 장면에 감정을 부여하고 심미감과 공간감을 생성합니다.

고양이와 책을,
안토니오 벤투라, 알레한드라 에스트라다,
김정하 역, 딸기책방, 2019

「고양이와 책을」은 고양이와 아이의 말을 각각 다른 색으로 표기했습니다. 지문이나 설명이 없어 고양이와 아이와의 교감이 잔잔하고 아기자기하게 느껴집니다. 타이포그래피를 사용한 창작 의도를 생각하면서 읽으면 이야기 분위기와 주제를 실감있게 전달할 수 있습니다.

책 청소부 소소, 노인경, 문학동네, 2010

타이포그래피는 글자 자체와 의미에 흥미를 갖도록 하는 요소입니다. 글자를 다양한 재질의 표현 도구, 기법으로 표현하는 놀이를 할 수 있습니다. 「한글 품은 한옥」(김도영, 발견, 2022), 「책 청소부 소소」(노인경, 문학동네, 2010) 등은 한글을 흥미롭게 경험할 수 있는 그림책입니다.

타이포그래피는 인물의 성격이나 움직임, 소리에 따라 디자인되기도 합니다. 그림책에 좋은 효과를 갖는 타이포그래피지만 과도하게 사용되면 산만하게 되어 그림책을 즐기는 데 방해가 될 수도 있습니다. 이유 있는 타이포그래피가 사용될 때 시너지가 납니다.

의성어 의태어 읽기

타이포그래피는 글이기 때문에 읽을 수 있습니다. 저는 대상에 따라 내용에 따라 읽지 않는 경우도 있습니다. 특히 의성어, 의태어가 표현되었을 때 그렇습니다. 예를 들어, 어린아이들과 읽을 때 바람이 부는 소리 '휘이잉~~'이 필요할 수도 필요치 않을 수도 있습니다.

바람소리는 누구나 들어봤습니다. '바람이 세차게 불었습니다. 휘이잉~~' 이렇게 읽는 게 효과적일 수도 있고 별로일 수도 있습니다. 의성어는 귀에 들리는 것을 언어로 표현한 것인데, 휘이잉~~이라고 소리를 내는 순간, 세차게 부는 모든 바람소리는 '휘이잉'에 갇히게 됩니다.

병아리는! 하면 자연스럽게 '삐약삐약'. 고양이는! 하면 '야옹야옹' 하게 됩니다. 질서 지켜 걸어갈 때는 유용할지 모르나, 의성어 측면에서는 전혀 창의적이지 않은 발상입니다. 우리나라 강아지는 '멍멍'하고 짖지만, 외국 강아지는 '바우와우' 한다고 합니다. 돼지는 '꿀꿀'인데, '꼬잉꼬잉'이랍니다. 뭐가 맞습니까?

삐약삐약을 배우지 않은 아이들에게 병아리가 어떤 소리를 내는지 물으면, 삐약삐약이라는 말은 안합니다. 삐, 찌, *끄끄끄...* 이런 말들을 합니다. 이렇게 다양하게 표현되는 의성어를 한정된 표현으로 뱉는 순간, 세차게 부는 바람, 시원하게 떨어지는 물소리 등은 입체감 있는 이야기 표현에 기여하기 어려워집니다.

한 번도 바람소리를 들어본 적 없는 대상에게 그림책을 읽어줄 때 의성어, 의태어가 나오면 읽어주는 편입니다. 단, 휘. 이. 잉. 이렇게 읽지는 않아요. 휘바람 소리처럼 음향효과를 내는 정도입니다. 실감있게 읽는 데 초점을 두는 거지요. 타이포그래피는 글을 크게 작게 모양있게 표현함으로써 힌트를 준다고 봅니다.

의태어도 마찬가지입니다. '살금살금'을 예로 들어 볼까요. 조심조심 소리 안 나게 들키지 않게 작은 발걸음으로 걷는 모습이 연상됩니다. 읽을 때 그 모습을 상상하면서 목소리를 내면 잘 표현됩니다. 살금살금을 급하게 큰 소리로 읽은 적은 별로 없습니다.

어린아이들에게 의성어·의태어 가르치기를 언어교육처럼 하면 안 되겠구나 생각하게 된 경험이 두어번 있습니다. 아이들 어릴 때 자동차를 타고 비포장도로를 달리면 차체가 길의 굴곡에 따라 흔들거렸습니다. 제가 아는 표현은 길이 울퉁불퉁해, 차가 덜컹덜컹거려, 몸이 흔들흔들거려 정도였습니다.

그런데 여섯 살 된 아들 정환이가 이렇게 말했습니다. '엄마, 차가 뽀들뽀들 간다.' 뽀들뽀들? 차가 뽀들뽀들 간다고? 그러면서 가만히 느껴보니 뽀들뽀들 가고 있었습니다! 소리도 좀 나고 살짝 위아래 좌우로 흔들리는 모습과 소리를 종합하니 '뽀들뽀들'이 참 좋은 표현이었습니다.

막내딸 정아와 동네 놀이터를 지나오는데, 멀리서 할머니 네다섯 분이 벤치에 앉아 이야기를 나누고 있었습니다. 제 눈에 옹기종기 앉아 도란도란, 쑥덕쑥덕 이야기 나누고 있는 정도였습니다. 그런데, 아이가 '엄마, 할머니들이 옹알종알하고 있다.' 라고 합니다. 다시 보니, '옹알종알'이 맞는 표현이었습니다.

도란도란하기에는 분명치 않는 발음과 작지 않은 소리들은 종알종알 같기도 했고, 서로 이야기 나누기 위해 옹기종기 모여 앉았지만 또 쑥덕쑥덕은 아니었는데, 꼭 옹기종기와 종알종알을 섞어 놓은 표현을 아이가 툭. 해냈습니다.

언어표현이 많아지는 시기에 아이들은 자기만의 언어와 표현으로 세상을 묘사할 수 있습니다. 눈에 보이는 것들은 의태어로, 귀에 들리는 것들은 의성어로 표현되는데, 이 얼마나 예쁘고 소중한 표현입니까. 그 나이여서 가능한 빛나는 표현들. 오랜 기억이지만 여전히 제 안에 빛나고 있습니다.

표현력이 다른 데서 길어지는 게 아닙니다. 언어교육은 다른 것이 아닙니다. <u>자기 안에 있는 표현들을 밖으로 꺼냈을 때 누군가가 감탄하고 인정해 주면 아이는 자기자신을 참 괜찮다고 느낍니다.</u> 자신감과 표현은 그래서 밀접합니다. 의성어·의태어야말로 그런 영역입니다.

애니매이션처럼 구성된 그림책, 웹툰형식 그림책에도 타이포그래피가 있습니다. 읽어야 할지 말아야 할지, 어디서부터 읽어야 할지, 전에 그림책을 읽을 때 없었던 고민들이 생겼습니다. 어떤 타이포그래피는 읽는 것이 효과적이고, 어떤 것은 그렇지 않기도 합니다.

웹툰 혹은 애니매이션 형 그림책을 읽을 때는 사전에 꼭 소리내서 읽으면서 이야기 흐름을 파악하고 읽을 부분과 그림을 보도록 멈출 부분 정도를 정하는 것이 좋습니다. 특히 한 장면에 다양한 주인공들이 다양한 표현이 있는 경우가 많으니 목소리 속도나 톤에 변화를 주면 재밌게 읽을 수 있습니다.

망고편지

"제 자리가 있습니다"

안녕하세요. 망고편지입니다.

모두에게는 자기 자리가 있습니다. 우리는 오늘도 그 자리에서 살았고, 내일도 그 자리에서 살겠지요. 내가 소중히 생각하는 '무언가'도 제 자리에 잘 있나요? 여기 이 할아버지. 한쪽 어깨에 '무언가'를 메고, 한 손에 지팡이를 짚고 어디로 가는 걸까요? 제목처럼 제자리를 찾고 있는 걸까요.

할아버지에게 이 연못은 소중한 친구입니다. 주차장을 지어야 하는 땅 주인에게는 이 연못이 우스운 따위에 불과하지만 말 입니다. 할아버지의 시간과 정성과 삶이 담긴 살아있는 연못이 할아버지의 손길에 돗자리처럼 둘둘 말아집니다. 작가의 상상력에 감탄하다가 아차! 싶어집니다.

누군가에게는 말도 '안 되는' 상상 속 일이지만 할아버지에게는 당연히 '되는' 일이었을 수 있습니다. 지팡이에 의지해야 할 만큼 불편한 몸에도 불구하고 연못을 두고 가는 건 할아버지에겐 더 힘든 일이었을 테니까요.

할아버지는 연못에게 제자리를 찾아야 주어야 합니다. 어디서나 할아버지는 공손하고 즐겁게 연못을 소개합니다. 할아버지 생각에 이 연못은 어디에나 필요하고 있어야 할 것일지 모릅니다. 필요하다고 하는 그곳이 연못의 제 자리가 될 수 있는 것이지요.

그런데 이 연못은 여동생의 집에서는 불편한 것, 학교에서는 자연관찰 교재, 시청에서는 쓰레기 취급을 당합니다. 할아버지는 자연에 관심많은 아이에게 그 소중한 연못을 '쑥덕' 잘라주며 미소를 짓습니다. 연못을 알아봐 주는 한 사람이 참 고마웠던 듯합니다. 소중하게만 여겨 준다면 흔쾌히 잘라줄 수 있는 그런 것이었습니다. 가치를 알아봐 주는 누군가에게 '쑥덕' 잘라 나누어 줄 수 있는 무엇이 우리들에게 있습니까. 그리고 그것은 지금 제자리에 있습니까.

이윽고 할아버지는 연못에게 제자리를 찾아주었습니다. 안전하게 함께 살아갈 수 있는 할머니의 집 마당이었지요. 동시에 할아버지의 자리도 정해졌습니다. 연못이 있는 그 자리가 할아버지의 새로운 제자리였습니다. 어쩌면 할아버지가 연못에게 제자리를 찾아준 것이 아니라, 연못이 할아버지에게 제자리를 찾아주었을지도 모릅니다.

이 그림책은 사라져가는 생태환경에 대한 이야기로도 볼 수 있습니다. 지팡이라도 짚고 힘겹게 연못에게 제 자리를 찾아주려는 할아버지는 생태의 가치를 잘 아는 누군가의 부르짖음 같기도 합니다. 더 나아가 사라져가고 덜 소중해지는 많은 것들에 대한 이야기로도 보입니다.

원제가 '노인과 작은 늪'인 이 그림책.

늪은 바다나 호수와 달리 찰랑찰랑하지도 맑게 빛나지도 않지요. 이름모를 식물들과 미생물들이 살고 있을 겁니다. 눈여겨보지 않으면 그 속을 들여다 볼 수 없습니다. 늪은 그래서 그 생명들과 삶을 교감한 할아버지에게만 소중해집니다. 늪을 '아는' 할아버지에게만 의미가 되지요. 할아버지처럼 연못을 둘둘 말아 옮기고, 할머니처럼 샘물을 궤짝에 보관하는(무려 1922년부터) 수고는 그 가치를 아는 사람들만이 할 수 있는 일입니다.

제자리를 찾자 다시 살아나는 연못과 샘물의 모습은 우리 삶에 여러 가지 면면을 생각하게 합니다. 우리가 소중하게 여기는 그것. 그것이 있어야 할 제자리가 있을 겁니다. 다른 이들의 눈에는 보이지 않는 것을 보고 있나요? 마음에 품고 있나요? 지팡이를 짚고 그 길을 가고 있나요?

오늘의 나를 있게 한 소중한 무엇의 '제자리'. 그리고 그 자리 곁에는 우리 자리도 있을 겁니다. 제 자리에서 더 행복한 망고님들 되시길 소망합니다.

오늘도 마음에 잘 도착했습니다.
망고지기 드림.

그림책의 그림

그림의 미술성

그림책을 잘 몰랐던 때 존 버닝햄이 왜 좋은 작가인지 이해할 수 없었습니다. 제가 생각하는 예쁜 그림은 아니었기 때문입니다. 성의없어 보이는 여린 선과 무심한 그림들은 '나도 그리겠다'는 생각을 불러올 만큼 별로였습니다.

점점 그림책의 글과 그림을 따로 생각하지 않게 되면서 존 버닝햄의 작품들이 달리 보이기 시작했습니다. 하고 싶은 이야기. 작가가 표현하려는 메시지를 생각하니 오히려 존 버닝햄이 그렇게 그리길 잘했다고 생각하게 되었습니다.

「나랑 같이 놀자」는 1956년에 국제 안데르센 상을 수상했고, 그림이 잘된 책에 주는 칼데콧 상에 다섯 번이나 차점작에 올랐다고 합니다. 이 책도 존 버닝햄의 책 만큼 의아했습니다. 읽어볼수록 적은 색채 수, 그리다 만 듯한 풍경, 여자아이의 여린 모습이 이야기에 기여한 바가 있음을 알게 되었습니다.

이렇게 그림책의 또 다른 어휘인 그림은 일반의 미술 요소나 순수미술과는 차이가 있습니다. 그림책에서 미술 요소는 개별적으로 기능할 뿐 아니라 글과 서로 연합하여 이야기를 표현합니다.

나랑 같이 놀자, 마리 홀 에츠, 양은영, 시공주니어, 2000

색_첫인상

색은 가장 먼저 인상에 닿습니다. 글자처럼 해독의 과정을 거치지 않고 곧바로 심상에 작용합니다. 푸른 바다를 보면 와! 하고 감탄하지, 물색을 엄격히 구분해 이렇고 저렇고 설명하기가 더 어렵습니다. 색이야말로 이야기의 전체적인 분위기에 압도적으로 영향을 미칩니다.

색은 정서적 반응을 불러일으킵니다. 빨간색은 흥분과 열정, 노란색은 밝고 유쾌함, 파란색은 시원함과 차가움, 초록색은 신선함과 안정감, 보라색은 신비감을 상징하기도 합니다. 작가가 사는 나라의 색 인식이나 상징성과도 관련이 있습니다. 작가의 의도와 메시지에 따라 다양한 색이 혹은 최소한의 색이 사용되기도 합니다.

감기걸린 물고기, 박정섭,
사계절, 2016

크릭터, 토미 웅거러, 장미란 역,
시공주니어, 2017

「감기 걸린 물고기」는 물고기들을 잡아먹으려는 아귀와 깊은 바다, 거짓 소문에 웅성대는 물고기 무리들의 분주함과 가벼움을 짙은 남색과 삼원색 대비 등으로 긴박한 상황과 유머러스까지도 잘 보여주고 있습니다. 만약 감기 걸린 물고기들이 파스텔톤이었다면 이 재미를 느끼기는 어려웠을 겁니다.

이 그림책 주인공은 뱀 '크릭터' 입니다. 아프리카에서 일하는 아들이 엄마 생일 선물로 뱀을 보내고, 엄마는 애완용 뱀을 초등학교에도 데리고 갑니다. 후에 크릭터는 집에 든 도둑을 잡고 영웅이 되는데 작가는 크릭터를 초록색으로 표현했고 이 초록색이 주는 안정감과 따뜻함은 뱀에 대한 인상을 바꾸어 줍니다.

뱀은 혐오동물로 여겨집니다. 크릭터는 초록색입니다. 그림책에는 간혹 빨간색이 등장할 뿐 다른 색은 거의 없어 깨끗하고 청순합니다! 만약 검정, 빨강 노랑을 섞어 표현했다면 어땠을까요? '아무리 봐도 무섭다' 생각하여 이야기에 몰입하기 어렵고, 아마 이 책은 유명해지지 않았을지 모릅니다.

그 외에도 색 변화는 감정의 변화를 보여줍니다(점, 피터 H. 레이놀즈, 문학동네, 2003). 주제를 강조하고(모두 행복한 날, 루스 크라우스, 마르크 시몽, 고진하 역, 시공주니어 2017; 나는 기다립니다, 다비드 칼리, 세르주 블로크, 안수연 역, 문학동네 2007), 환상과 현실을 구분하는 역할을 하기도 합니다(동물원, 이수지, 비룡소, 2004).

선_경계

독자입장에서는 색이 가장 먼저 다가오지만 작가 입장에서는 선이 먼저일 듯합니다. 아무것도 없는 지면이나 패드에 어떤 선을 그림으로써 창작이 시작되지 않을까 싶습니다. 종이를 가로지른 선 하나가 수평선이 될 수도, 아래층과 윗층의 경계가 될 수도 있습니다.

선에는 열린 선과 닫힌 선이 있습니다. 열린 선은 직선과 곡선, 닫힌 선은 모양을 만듭니다. 기저선이 되고, 형태, 구도와 원근을 만들어 냅니다. 선은 시선을 한정 지우며, 표현도구, 굵기, 길이, 터치감 등과 연합되어 이야기의 분위기와 독자의 정서적 반응에 영향을 줍니다. 선만으로도 그림은 완성될 수 있습니다.

이 그림책은 날카로운 펜으로 전쟁이라는 주제를 표현하여 작가의 스타일과 예술성을 보여줍니다. 세밀하고 얇은 펜 표현이 특별한 정서를 전합니다. 같은 주제의 그림책에서 선의 표현, 표현 재료들을 찾아 비교해 보는 것도 즐거운 놀이가 될 수 있습니다.

여섯 사람, 데이비드 매키, 비룡소, 1997

대체로 수평선은 침착하고 안정된 느낌을 줍니다. 마음여행(김유강, 오올, 2020)의 마지막 페이지에는 낮은 지평선이 있습니다. 정면을 향해 걷는 주인공 위로는 높고 넓은 하늘이 있습니다. 주인공의 편안한 마음과 안정된 결말에 낮은 기저선이 기여하고 있습니다.

수직선은 높이와 긴장, 서사에도 영향을 줍니다. 빨강 책(바바라 리만, 북극곰, 2019)은 우연히 주운 빨강 책을 통해 서로 연결되는 글 없는 그림책입니다. 처음 빨강 책이 발견되는 장면에서 건물 벽을 표현하는 수직선으로 좁은 도로 길에 들어선 사람이 빨강 책을 발견할 가능성의 희박함이 더 잘 보입니다.

대각선은 수평선이나 수직선이 기울어져 있는 구도로 변화를 느끼게 합니다. 언제 어느 쪽으로라도 기울것같은 불안감과 긴장감을 주기도 합니다. 마음샘(조수경, 한솔수북, 2017)은 늑대가 물에 비친 토끼를 보는 장면에 대면을 가르는 대각선으로 늑대의 불안심리와 토끼의 대등한 존재감, 둘의 직면과 대립을 보여줍니다.

꺾은 선이나 빗금은 날카로움과 빠른 움직임, 속도감을 나타냅니다. 「태양으로 날아간 화살」(제럴드 맥더멋, 김명숙 역, 시공주니어, 2001)은 화살 이미지를 꺾은 선들의 조합으로 나타내고 있습니다. 곡선으로 그려도 될 듯한 부분도 작은 꺾은 선들로 조합하여 고대 벽화같은 디자인감을 극대화합니다.

직선 외에는 모두 곡선입니다. 곡선은 부드러움, 여성스러움, 유연한 움직임, 따뜻함 등의 정서를 줍니다. 「눈사람 아저씨」(레이먼드 브릭스, 마루벌, 2024)는 한겨울 이야기임에도 전혀 차갑지 않습니다. 곡선으로 된 주된 표현과 부드러운 색감이 이야기를 따뜻하게 하기 때문입니다.

직선과 곡선에 표현재료, 필치, 선의 두께로 다양한 정서표현이 이루어집니다. 어린아이들을 위한 그림책에서 굵은 선은 보아야 하는 부분을 한정짓거나 분명히 합니다. 가는 선은 여림, 날카로움을, 끊긴

선은 위태로움이나 안타까움, 불안함을 느끼도록 합니다.

형태와 모양_세상의 조각들

세상에는 비정형적인 모양과 형태가 많습니다. 아이들이 태어나 가장 먼저 만나는 비정형적 형태는 엄마 아빠의 얼굴입니다(사실, 공간에 먼저 몸담게 됩니다). 눈-코-입-귀. 뭐라 설명하기 어려운 모양들입니다. 이 모양들을 이렇게 저렇게 유사성과 근접성으로 묶은 모양들의 평균이 동그라미, 세모, 네모입니다.

세상에 자로 잰듯한 원, 사각형, 삼각형은 드뭅니다. 자연물은 더 그렇지요. 그런데 아이들은 수학의 기초인 기하를 평균으로 먼저 배웁니다. 이건 동그라미야, 이건 세모, 이건 네모. 이렇게 배우는 것이 빠르고 쉬워서인지 이 평균적 모양의 이름을 먼저 배우고 있습니다.

배움이 아이들의 발달과 반대 방향으로 진행되고 있으니, 원리로부터 호기심을 가지기 어렵고 암기와 이해에 한계가 있습니다. 하는 데까지 하다가 결국 수학을 포기하게 되는 데는 이런 배경이 작용합니다. 서로 연결된 원리와 이해 가운데 '공부'가 재미있어지는 건데, 속도와 양에 치중된 우리 교육이 안타까울 때가 많습니다.

기하의 형태는 미학, 비율은 음악과도 연결됩니다. 비정형적인 형태에서 모호함과 자유도를 더 많이 경험하고 정형적인 형태로 옮아가면 좋겠습니다. 다행히 대부분의 그림책에는 정형보다 비정형적인 모양과 형태가 많습니다. 세상에서 본 비정형을 작가의 세련된 표현으로 접하며 심미안을 기르는데 그림책 만한 게 없습니다.

숲의 길. 이형진. 느림보, 2010

이 그림책은 숲과 자연을 콜라주 방식으로 표현했습니다. 그림책을 감상하는 것만으로도 자연물의 비정형 모양이 심상에 남습니다. 산을 뚫고 지나가는 사람들이 만든 새 길과 생각하지 못했던 숲의 여러 길들을 생각하도록 합니다. 자연이야말로 비정형적인 것인데, 이를 다듬는 환경개발에 대해서도 생각하게 합니다.

원의 형태는 곡선으로 되어 있어 부드럽고 자유로운 느낌을 줍니다. 삼각형은 각의 수준에 따라 다른 느낌을 줍니다. 예각 삼각형은 위태로운 느낌을, 둔각 삼각형은 불안정한 느낌을 줍니다. 사각형은 높이와 아랫변의 길이에 따라 긴장감, 압도감, 불안감, 안정감 등의 정서를 일으킵니다. 또한 그림책 내용과 맥락에 따라 형태와 모양이 주는 정서는 달라질 수 있습니다.

그림책에 나오는 모양과 형태에서는 동그랗지만 조금 다른 동그라미, 네모에 가깝지만 다양한 네모들을 만날 수 있고 그 모양을 말로 표현해 볼 수도 있습니다. 눈으로 본 그림들은 잔상을 남깁니다. 이는 얼른 확인되고 평가될 수 없지만 내면에 쌓여 교양과 심미감에 좋은 자양분이 됨을 확신해도 됩니다.

구도와 원근법_입체가 된 세상

구도는 어떤 사물이나 상황을 배치하는 것입니다. 구도에 의해 2차원 매체인 그림책에 입체적 속성이 부여됩니다. 구도는 선(base line, sky line 등), 모양, 공간과 배열, 원근법 등으로 만들어집니다. 각 구도는 그림에 부여하는 힘이 다릅니다. 삼각구도는 가장 안정감을 보여주며 일직선으로 늘어놓는 일자구도는 단조로움과 간략함을 위해 사용되기도 합니다.

기저선의 위치와 형태, 그 수에 따라서도 장면의 분위기는 달라질 수 있습니다. 기저선(Base line)으로 영역이 나뉘니 공간 관계를 이해하게 됩니다. 수평선을 화면 아래쪽에 두면 위쪽 면이 넓어지고 안정감이 느껴지지만, 수평선을 화면 위쪽에 두면 위가 좁아지면서 답답하고 위태로운 기분을 느끼게 됩니다.

원근법은 3차원을 2차원 위에 묘사적으로 표현한 회화기법으로 구도와 함께 입체적 공간감을 구현합니다. 그림책에 자주 표현되는 투시도법은 르네상스 시대에 체계화된 원근 표현법으로 대상을 일정한 시점에서 보고 평면에 옮기는 방법입니다. 효과적인 원근법은 실감을 더하므로 이야기에 대한 만족감에 기여합니다.

기묘한 왕복여행, 앤 조나스, 이지현 역, 아이세움, 2003

1942년 칼데콧상 수상작인 이 그림책은 시대상을 배경으로 사람과 자연의 공존을 표현했습니다. 오리 가족의 모습이 높은 건물들과 흐르는 찰스강의 원근 구도로 표현되어 도시의 복잡함, 뒤뚱뒤뚱 걷는 오리 가

아기 오리들한테 길을 비켜 주세요, 로버트 맥클로스키, 이수연 역, 시공주니어, 2017

족들의 모험을 대비시킵니다.

공기원근법은 피사체와 시선 사이에 있는 공기층을 이용해 원근감을 주는 기법입니다. 수증기, 안개, 비, 먼지, 연기 등에 의해 빛이 흡수, 반사, 굴절 등 명암이나 색채 그라데이션으로 표현될 수 있습니다. 이 원근법으로 지루함을 피할 수 있으며 패턴 지각으로 리듬감을 불러일으킬 수도 있습니다.

하늘에서 보물이 떨어졌어요.
테리 펜, 에릭 펜, 이순영 역,
북극곰, 2021

「도시비행」은 길쭉한 판형과 여백없이 화면을 가득 채운 색채가 인상적입니다. 민들레의 시각에서 바라본 도시표현은 높이감과 압도감을 느끼게 합니다. 그림을 보는 각도와 위치에서 사물이 어떻게 보이는가를 염두에 두는 원근법의 특징이 잘 드러났습니다.

촉감과 결_눈으로 만져요

도시비행, 박현민, 창비, 2023

'그림'은 그리다의 뜻을 가집니다. 그림책에서 그림, 미술은 그리기 외에도 찢어 붙이기, 찍기, 불기, 긁어내기 등 표현재료의 독특한 성질을 살려 표현됩니다. 두 가지 이상 기법이 혼합되어 특별한 질감을 구현하기도 합니다. 그림책에는 앞으로 더 다양한 촉감과 결이 나타날 것이 예견됩니다.

표현재료와 표현방법은 이야기를 매력적으로 만듭니다. 소문을 주제로 하는 그림책 중 어떤 그림책은 톡톡 튀는 원색으로 소문의 가벼움을 그림으로 표현했지만(감기걸린 물고기, 박정섭, 사계절, 2016) 덕지덕지 붙어 불어나는 소문의 이미지를 잡지 등 콜라주로 표현한 작품도 있습니다(근데 그 얘기 들었어, 밤코, 바둑이하우스, 2018).

이 그림책은 표지에서 벌써 아이 일기장 같다는 생각이 듭니다. 그림 일기장을 찢어 붙인 듯 과감한 낙서와 메모에서 다른 그림책과 다른 결을 느낄 수 있습니다. 아이의 어설픈 솜씨 같은 찢어 붙이는 콜라주로 이야기가 더 귀엽고 아기자기하게 다가옵니다.

감기 걸린 날, 김동수, 보림, 2002

바느질로 수 놓아 표현한 그림책을 보다가(네 심장이 콩콩콩, 김근희, 한솔수북, 2017), 손가락이 자연스레 지면을 긁어본 적이 있습니다. '이거, 실이야?' 하면서 말이죠. 물론 아니었지만, 눈으로만 보아도 그 결이 느껴졌습니다. 아가와 엄마를 잇는 탯줄을 연상하게 하는 실이 내용과도 참 잘 어울렸습니다.

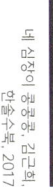
네 심장이 콩콩콩, 김근희, 한솔수북, 2017

아동문학 수업에서 어릴 적 보았던 그림책 중 가장 기억에 남는 작품을 물어보면, 많은 학생들이 「무지개 물고기」를 기억해 냅니다. 기억에 남는 이유는 표지에 홀로그램 스티커같은 특이한 재질 때문이었습니다.

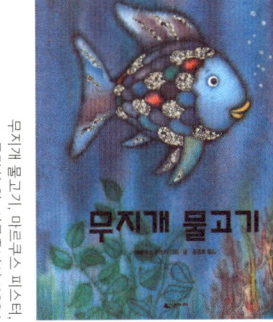
무지개 물고기, 마르쿠스 피스터, 공경희 역, 시공주니어, 1994

무지개 물고기는 반짝이 비늘이 많은 물고기가 뽐내다가 친구를 잃고 그 비늘을 친구들에게 하나씩 나눠 주는 이야기입니다. 표지에 있는 홀로그램 반짝이 비늘은 갖고 싶을 만큼 예뻐 보이기도 하니 강한 인상을 주면서 처음부터 끝까지 중요한 역할을 합니다.

이건 상자가 아니야, 앙트아네트 포티스, 김정희 역, 베틀북, 2007

이 그림책은 크래프트지, 상자같은 재질과 색감을 사용했습니다. 상자를 가지고 끊임없이 상상의 나래를 펼치는 토끼의 이야기를 다 보고 나면 자연스럽게 상자로 놀이하게 됩니다. 표현재료가 주는 질감을 무시할 수 없습니다. 이 그림책이 크래프트지가 아닌 일반적인 표지였다면 매력이 덜 했을 것 같습니다.

그 외에도 연필은 필선이 섬세하고 수정이 쉬워 밑그림에 많이 사용됩니다. 연필만으로 농도를 조절한 작품도 있습니다 (압둘 가사지의 정원, 크리스 반 알스버그, 정회성 역, 베틀북, 1979). 색연필은 부드러움과 따뜻함, 목탄은 묵직한 양감 표현에 좋습니다 (그림자 놀이, 이수지, 비룡소, 2010).

촉감과 결은 재질적인 텍스쳐(Texture)로서 시각적·촉각적 공감각을 일으킵니다. 일반적인 캔버스 외 천, 실, 자연물, 목재 등의 독특한 텍스쳐는 그림책 전체적인 분위기와 인상에도 영향을 주고 우리 기억에도 오래 남습니다.

질감은 다른 미술적 요소보다 입체적이고 인상적입니다. 작가가 사용한 표현재료나 기법을 따라 해보는 것만으로도 좋은 놀이가 됩니다. 표현재료 외에도 도구면에서 최근에는 사진, 챗 GPT, 생성형 AI 등의 활용도 늘고 있습니다. 그림책 분야에서도 AI 활용 창작물의 범위와 비중은 높아질 것으로 보입니다.

공간과 배열_글과 그림의 제 자리

그림책 공간사용과 배열은 양 대면 타이포그래피 크기와 위치, 판형 방향 활용, 펼침면, 프레임 사용, 비움과 채움 등으로 그림책에 담긴 이야기와 메시지, 전체적인 분위기, 스타일, 그림책 감상에도 영향을 미칩니다. 글과 그림이 어느 위치에 있느냐에 따라 읽는 어조와 감정도 달라질 수 있습니다.

「알사탕」(백희나, 책읽는 곰, 2017) 속표지가 있는 대면 오른쪽 하단에 '나는 혼자 논다'라는 글이 나옵니다. 이야기 진행 방향 하단에 배열된 글은 약간 침체된 어조로 읽게 됩니다. 만약 이 글이 대면 한 가운데 있다면, 당당하게 크고 자신있는 어조로 읽어야 할지도 모릅니다.

— 타이포그래피 배열 효과

「낱말 공장 나라」는 낱말을 사서 삼켜야만 말을 할 수 있는 나라입니다. 빈부에 따라 할 수 있는 말의 양이 달라지는 슬픈 나라입니다. 사회와 말과 의미, 진심 등 많은 생각을 하도록 하는 그림책입니다.

낱말공장나라,
아네스드 레스트라드,
발레리아 도캄포,
세용, 2009

그림책 양쪽 대면에 타이포그래피가 펼쳐져 있다면 어떨까요. 큰 글씨가 대면을 차지하는 비중으로 볼 때 아마 큰 소리로 읽게 될 겁니다. 부잣집 남자아이 오스카가 사랑 고백하는 장면이 그렇습니다. 부자여서 많은 단어들을 가지고 온갖 좋은 말로 사랑을 표현하고 있지만, 정작 눈은 온갖 글자들로 가득한 모자에 가려져 있습니다.

만약, 타이포그래피 아닌 지문으로 '오스카는 시벨에게 "어쩌구, 저쩌구"라고 말했어요.' 이렇게 쓰였다면, 표현하려고 했던 의미나 이어지는 서사에는 별다른 영향을 주지 못했을 겁니다. 여러 나라에서 연극으로 상연된 바 있는 이 작품이 더 연극적으로 해석될 수 있었던 데는 타이포그래피의 효과적인 배열도 한몫한 것 같습니다.

— **판형 방향 효과**

가로로 진행되던 그림책을 중간에 세로로 세워서 봐야 할 때도 있습니다. 『곰이 강을 따라갔을 때』(리처드 T. 모리스, 르웬 팜, 이상희 역, 소원나무, 2020)는 동물들이 올라탄 통나무가 폭포수로 쏟아지는 장면을 세로로 그렸습니다. 세로여서 폭포의 깊이와 속도, 극적 긴장감이 더 실감나게 표현되었습니다.

— **펼침면 효과**

그림책 공간은 펼침면으로 더 넓어질 수 있습니다. 『책 청소부 소소』(노인경, 문학동네, 2010)에서는 많은 글자들이 새로운 자기 자리를 찾아간 장면에서 도서관이 펼침면으로 구성되었습니다. '우와' 하는 탄성을 지르며, 더 자유로운 단어 조합으로 이야기를 상상하면서 네 면을 구석구석 살펴보게 됩니다.

— 프레임 효과

「공원에서」는 같은 시간 같은 공간에 머문 네 사람의 경험, 시선, 목소리를 담은 작품입니다. 원제 Voices in the Park를 보면 더 분명해지는데, 아마도 우리나라 말로 '공원에서의 목소리'라는 제목은 덜 매력적이었던 것 같습니다. 공포스러운, 스릴러를 떠올리게 하는 제목 같기도 합니다.

2007년 출간된 삼성출판사 판권에서 제목은 '공원에서 일어난 이야기'였는데, 공원에서 어떤 일!이 일어난 건 아니니, 제목을 정하는데 많은 고민이 있었을 듯 싶습니다. 글과 그림, 이야기, 그리고 연극적 요소가 가득한 이 그림책은 여러 출판사로 판권이 옮겨지면서 출판될 만큼 좋은 작품입니다.

공원에서, 앤서니 브라운,
공경희 역, 웅진주니어, 2021

여기 등장하는 네 명의 인물은 성격과 사연이 있는데, 그 중 같은 시간 같은 공원에 온 남자아이 찰스와 여자아이 스머지가 만납니다. 찰스와 스머지는 같이 놉니다. 그림이 더 많은 이야기를 전하는 이 그림책을 보면 찰스는 스머지에 의해 작은 성장을 맞이하고 있음을 알 수 있습니다.

장면 중 미끄럼틀이 있는 장면에 프레임이 사용되었습니다. 찰스는 미끄럼틀을 탈 자세로 앉아있고, 그 뒤에는 스머지가 있습니다. 재미있는 건, 미끄럼틀 발이 프레임 밖으로 나와있다는 겁니다. 미끄럼틀을 타본 사람이라면 모두 알 것입니다. 주욱 미끄러지기 시작하면 가속이 붙어 중간에 멈출 수 없습니다.

요이땅!(뒤에서 스머지가 밀었을지도 모릅니다) 미끄럼틀을 타기 시작하면 찰스는 어쩔 수 없이 틀 밖에 도착합니다. 앤서니 브라운의 많은 그림책들을 보면서 유쾌한 천재 작가의 솜씨에 늘 감탄했지만, 이 그림책, 이 장면은 그의 유쾌함을 잘 보여주는 명장면입니다.

혹, 위와 같은 의도없이 하고 많은 놀이기구 중 미끄럼틀, 프레임, 찰스와 스머지의 위치, 삐져나온 미끄럼틀의 발. 이 모든 것들이 우연한 표현인가. 그렇다면 그는 더 천재적입니다. 가속도가 붙은 찰스의 성장, 어쩔 수 없는 아이의 자람, 그 조력자인 스머지 등이 프레임 사용으로 더욱 잘 표현되었습니다.

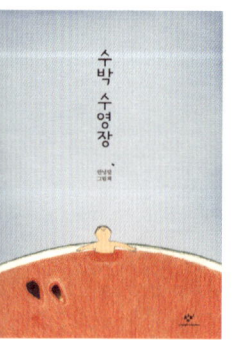

수박수영장, 안녕달, 창비, 2015

「수박 수영장」에도 프레임이 사용되었습니다. 아기자기한 타이포그래피와 웹툰같은 표현이 많지만 아무도 이 책을 그림책이 아니라고 말하지 않습니다. 색연필로 곱고 예쁜 그림책을 만들 수 있음을 보여주고 많은 작가들에게 영감을 주었습니다.

장면 중 네 컷 만화처럼 된 장면에서 수박을 떠먹는 수저가 왔다 갔다하고 수박이 점점 없어지는 모습으로 시간의 경과를 보여주고 있습니다. 2차원 평면 매체인 그림책에서 시간의 흐름을 보여주는 데 프레임이 효과적으로 사용되고 있습니다.

앞서 다른 설명을 위해 제시했던 그림책 중 양쪽 대면을 가로지르는 긴 프레임을 사용해 효과를 낸 작품들이 있습니다. 「까마귀 소년」에서는 까마귀 소년이 오가는 먼 거리와 긴 시간을 보여줍니다. 「울타리 너머」에서는 집 밖으로 나가기로 한 소소의 탈출과정과 간절한 해방감을 표현했습니다.

— 비움과 채움

그림책의 여백과 채움도 메시지가 있습니다. 여백은 공허함이나 외로움, 쓸쓸함을 보여줍니다. 그림으로 가득 채워진 대면은 그림을 세세하게 살펴보도록 만들거나, 이야기의 절정을 경험하도록 이끕니다. 때론 이야기에 따라 답답함이나 혼란과 무질서를 느낄수도 있습니다.

「가만히 들어주었어」에는 비움이 있습니다. 테일러에게 생긴 어려움에 공감하는 토끼의 위로가 돋보이는 그림책입니다. 이 그림책에는 테일러, 블록, 블록박스, 동물 친구들 외에는 어떤 사물도 없습니다. 내용으로 볼 때 테일러의 공간은 실내이고, 카펫, 가구 등이 있을 만한데 모두 여백입니다.

가만히 들어주었어, 코리 도어펠드, 신혜은 역, 북뱅크, 2019

여백이 있음으로써 시선은 테일러와 블록, 다가오는 동물 친구들의 움직임에 고정됩니다. 여백에서 '가만히' 조용히 생각하는 잠잠함을 경험하게 됩니다. 여백은 단지 그림이 없는 공간이 아니라 비워둠으로써 이야기와 주제가 더 잘 표현되는 공간이 됩니다.

「거짓말 같은 이야기」에는 채움이 있습니다. 서점에 갔다가 이 그림책을 우연히 보게 되었습니다. 열권 고른 그림책 중 한 권으로 무심코

거짓말 같은 이야기, 강경수, 시공주니어, 2011

책장을 넘기면서 보았습니다. 대한민국에 사는 솔이는 화가가 꿈이라고 합니다. 차례로 여러 아이가 자기를 소개하고 어떤 삶을 사는지 이야기 합니다.

이미 알고 있는 일들이었습니다. 세계에 어려움에 처한 아이들이 있다는 것. 생계를 위해 일해야 하는 아이들, 전쟁으로 부모를 잃은 아이들. '그래도 이건 좀 과장인거지?' 하면서 그림책을 보는 제 자신을 발견할 때 즈음 마지막 페이지에서 그들과 눈이 마주쳤습니다.

앞서 자기소개하던 전 세계 아이들이 빼곡히 서서 정면을 보면서 제게 말했습니다. '아니, 거짓말 같은 우리의 진짜 이야기란다.' 쿵. 순간 정신이 번쩍 들었습니다. 진짜라고? 다시 앞에서부터 그림책을 천천히 보았습니다. 그 어떤 매체보다 생생하게 우리가 살고 있는 세계와 아이들, 꿈들에 대해 생각하도록 했습니다.

이 그림책을 초등 아이들을 둔 부모님들에게 권하는 편입니다. 단, '이렇게 사는 아이들도 있는데 이만큼 살고 있는 것에 감사해라'는 등의 상대적인 감사를 가르치려고 이 그림책을 보여주지 말라는 단서를 붙입니다. 아이들은 그런 이야기를 들으면 미안함과 죄책감을 갖습니다. 그건 어느 누구에게도 좋지 않습니다.

공존. 함께 사는 세상에서 우리는 무엇을 해야 하는가 생각하게 됩니다. 잘잘못과 관계없이 누군가는 꿈꿀 수 있는 나라에서 태어나고, 누군가는 생존을 걱정해야 하는 나라에서 태어납니다. 주어진 환경에서 할 수 있는 것들을 하며 함께 도와야하는 이유입니다.

꿈꿀 수 있는 곳에 태어났으니, 적극적으로 꿈을 꾸고 이루라고 아이들을 격려하면 좋겠습니다. 그 꿈이 자신만을 위한 꿈이 아닌, 이 지구에서 함께 살아가는 공동체를 위한 꿈으로 자라나도록 응원하면 좋겠습니다. 마지막 페이지에서 이 아이들과 눈이 마주치지 않았더라면 제 생각이 여기에 미치지는 않았을 것 같습니다.

"사소하고도 위대한"

안녕하세요. 망고편지입니다.

'비에도 지지 않고'는 은하철도 999로 친숙한 일본 시인 미야자와 겐지의 시에 야마무라 코지의 그림이 곁들여진 시 그림책입니다. 시로서 이미 알려진 내용에 그림이 그려진 것이지요. 하여 그림작가가 이 시를 어떤 식으로 받아들이고 해석하여 서사를 더 보태었는지 궁금해집니다.

표지에도 비가 내리고 있습니다. 화려한 색채 하나 없이 한 가운데는 후지산처럼 보이는 야트막한 산이 있고요. 우리가 자연이라고 부르는 모든 요소들이 한 장면에 가득합니다. 자세히 보니 한 가운데 사람처럼 생긴 그림자가 있습니다. 하지만 크진 않아요. 오히려 고개 숙인 곡식, 납작 엎드린 두꺼비, 보호색을 띈 들짐승과 두 날개를 활짝 편 새. 그리고 '비에도 지지 않고' 당당히 열매 맺은 나무가 더 크게 그려져 있습니다. 장대같은 비. 여름 더위에도 끄떡없이 그러나 불만없이 사는 한 사람이 보입니다. 사계절의 흐름 속에. 자신과 자신이 속한 공동체에 스며들어 살아가는 한 사람입니다. 그 속에서 삶의 이치를 배우고 겸손하게 살아가는 한 사람입니다.

'모든 일에 자기 잇속을 따지지 않고, 잘 보고 듣고 알고 그래서 잊지 않고' 그림작가는 이 싯구에 두 장례 모습을 그려냈습니다. 부유하게 살다 간 사람과 그렇지 못했던 사람의 마지막 모습이지요. 이 모습을 지켜보는 나무 위 아이와 더 높은 하늘에서 이를 보는 듯한 나는 새, 그리고 잠자리의 모습. 그리고 후지산까지도 장면에 담을 만큼 축약한 그림이 여러 감정과 상념을 불러일으킵니다.

잘 보고. 듣고. 알고. 그래서 잊지 않고 살아야 할 것들이 참 많고. 그 앞에 작은 사람인 채 숙연해집니다. 그 마음은 '들판 소나무 숲 그늘 아래 작은 초가집에 살고' 이 싯구와 그림에서 더 분명해집니다. 사람은 자연 앞에 작은 점 같아요. 그렇다고 아무것도 아닌 것은 아닙니다. 왜냐하면...

동서남북에 할 일이 있기 때문입니다. 다른 사람들의 삶과 일에 관심을 갖는 이 사람. 요즘에는 오지랖이라고 합니다. 관심과 따뜻함이 선 넘음 혹은 간섭과 참견으로 여겨지지요. 그러나 모두에게는 '오지라퍼'가 필요한 순간들이 있습니다. 필요를 채워주는 일. 부족함과 없는 부분을 메꾸는 일, 의지가 되어주는 고마운 일, 보지 못한 것들을 일러두는 일들. 한 사람의 발걸음이 많은 일을 해 냅니다. 결코 아무것도 아닌 존재가 아닌 겁니다. 가뭄 들면 울 줄 알고, 자연에 반항하지 않는 순응성. 사소하고도 위대한 것이 사람 같습니다. 혼자 있으면 사소하고 공동체 안에서 대단해지는 걸까요?

이 시의 첫 번째 한국어 번역에는 이 그림책 마지막 싯구가 이렇습니다. '모두에게 얼간이라 불리고 칭찬받지 못하고 근심거리도 되지 않는 그런 사람이 나는 되고 싶네.' 수수한 자연. 그 담담함과 위엄은 인간의 욕심과 욕망을 보잘 것 없이 하는 동시에 단단하게 발을 땅에 딛게 합니다. 어떻게 살아야 하는가? 에 대한 질문과 답을 동시에 던지는 듯한 이 그림책으로 사소하고 위대한 모든 것들을 생각해보는 망고님들 되시길 소망합니다.

오늘도 마음에 잘 도착했습니다.
망고지기 드림.

글과 그림 사이

글과 그림 사이에서

그림책에서는 글에 그림이, 그림에 글이 기대어 있습니다. 본질상 글과 그림이 전하는 것이 완전히 일치하기 어렵습니다. 어느 학자의 말처럼 둘은 늘 대위적입니다. 도와 미가 만나 화음을 만들 듯이 글과 그림은 함께 새로운 소리를 냅니다.

글과 그림의 관계에 대한 용어와 견해가 그림책만큼 다양하고, 같은 의미가 다른 용어로 설명되기도 합니다. 그림책에서 글과 그림을 어떤 관계로 보아야 할 것인가 판단하는 데 명확한 기준을 갖기 어렵고 분별이 쉽지 않은 것이 사실입니다.

글과 그림의 관계를 특정한 범주에 넣어 묶으려고 하면 개별 그림책의 세밀하고 미묘한 예술성이 간과되고 무시됩니다. 애초에 그림책을 정한 용어와 틀에 담는 일은 넘칠 것을 염두에 두고 물을 붓는 일 같습니다. 여기 제시한 글과 그림의 관계에 대한 구분과 범주도 그렇습니다.

그림책이라는 이름은 그림이 이야기를 전하는 비중이 높아지면서 얻은 것입니다. 그림책이 지나온 시간의 흐름을 토대로 '그림책의 역할이 어떠한가'에 따라 글과 그림의 관계를 구분하였습니다.

글과 그림 사이에서 어떤 일이 일어나는지 몰라도 그림책을 즐기는데 아무 문제가 없습니다. 다만 읽히고 해석하는 방식이 전혀 다른 두 기호 글과 그림이 만들어 내는 것들과 우리 반응들 사이에는 비밀이 조금 감추어져 있으니 이해해 두면 유용합니다.

대응관계와 결합관계는 그림책 역사를 기준으로 한 구분이니만큼 '글만으로 이해되는 이야기인가', '글과 그림이 함께 있어야 이해되는 이야기인가' 질문해 보면 좀 쉬워집니다. 즉, 대응관계는 글만으로 이해되는 이야기입니다. 반면 결합관계는 그림 없이는 완성되지 않는 이야기입니다.

대응관계. 글만으로 되는 이야기

대응은 '어떤 두 대상이 주어진 어떤 관계에 의해 서로 짝이 되는 것'입니다. 글이 말한 주인공의 생김새, 사는 곳의 모습은 그림에 의해 창조됩니다. 그림으로 이야기는 입체적으로 살아납니다. 그림은 글이 이끄는 서사를 따라가며 이야기를 풍성하게 합니다.

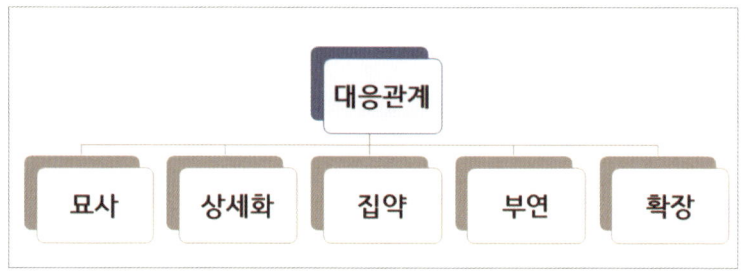

글과 그림의 대응관계

— 묘사

묘사는 있는 그대로 그려내는 것입니다. 그림책 발달 초기에 그림의 주된 역할입니다. 삽화로써 등장인물이나 공간적 배경이 책 한 켠에 그려집니다. 그림은 글이 표현한 것을 '그대로' 그립니다. 글을 읽을 줄 안다면 묘사 없이도 이야기를 이해하는 데 큰 어려움은 없을 겁니다.

「팥죽 할머니와 호랑이」에서 글이 '자라가 호랑이 손을 꽉 깨물었어요.'라고 하면, 그림은 '자라가 호랑이 손을 깨무는 모습'을 그대로 그립니다. 작가 나름의 자라 색과 크기를 창조합니다. 독자가 상상한 이미지와 다를 수 있지만 '아 자라는 이렇게 생겼어.' 하며 작가를 통과한 세련된 상상력을 볼 수 있습니다.

팥죽 할머니와 호랑이, 조대인, 최숙희, 보림, 1997

좋은 그림책은 묘사를 통해 독자의 상상력에 만족감을 줍니다. '내가 생각한 게 그려지면 이렇게 아름답구나.' 하는 상상력의 실현을 경험합니다. '자라가 호랑이 손을 꽉 깨물었어요.'라는 말을 듣고 모두 다른 그림으로 표현한다면 서로 다른 결과물을 통해 다양성을 존중하는 기회를 만들 수도 있습니다.

― 상세화

상세화는 낱낱이 자세하게 하는 것입니다. 시간적 배경은 낮과 밤, 시계를 그리지 않는 한 그림으로 표현하기 어렵지만 시간은 늘 공간에 함께 있어 오히려 풍성한 표현이 가능하기도 합니다. 「우체부 코스타스 아저씨의 이상한 편지」의 첫 대면이 그렇습니다.

'전화도 이메일도 없던 시절이었고, 모든 소식은 우체부가 터벅터벅 걸어서 전해주던 때였어요.' 이러 이러한 때에 코스타스 아저씨가 활동한 섬 전체를 그려 두었습니다. 그림의 역할이 상세화일 때 그림은 글이 말하지 않은 것들을 보여줍니다.

우체부 코스타스 아저씨의 이상한 편지
안토니스 파파테오도울로우, 이리스 사마르치, 성초림 역, 길벗어린이, 2020

그림이 없었어도 내용 이해에는 큰 지장이 없었을 테지만 그림으로 시간적-공간적-서사적 배경을 자세히 함으로써 이야기 전개에 기대감을 갖도록 합니다. 상세화 페이지에서는 그림만으로 앞으로 펼쳐질 이야기를 예측하는 대화를 할 수 있습니다.

― 집약

해님달님, 송재찬, 이종미, 국민서관, 2004

집약은 한 데 모아서 요약하는 것입니다. 그림책에서 그림이 집약하는 역할을 할 때는 핵심 이미지만 효과적으로 그려냅니다. 집약으로 이야기에 대한 집중력을 높이고 강조점을 만들 수 있습니다. 「해님달님」이 그렇습니다.

엄마와 호랑이가 처음 만나는 장면에서 글은 '떡 하나 주면 안 잡아먹지, 이젠 떡이 하나도 없어, 어흥! 떡이 없으면 널 잡아 먹을거야. 호랑이는 엄마를 꿀꺽 삼켜버렸어요'이고, 양 대면에 걸쳐 크게 벌린 호랑이 입과 이빨이 그려져 있습니다. 그림에 엄마는 없습니다.

엄마 시각에서 바라본 호랑이의 크게 벌린 입을 보면 곧 잡아먹히는 엄마의 심정을 강렬하게 공감할 수 있습니다. 집약은 간략화되어 있습니다. 다 그리지 않았기 때문에 생략된 이미지들은 상상으로 펼쳐집니다.

그림에 자신없는 한 사람으로서 집약 방식이 참 반가웠습니다. 아이디어로 포인트를 살릴 수 있으니까요. 헨젤과 그레텔에 집약을 적용한다면 단지를 가운데에 그리고, 사악하게 웃고 있는 마녀의 옆모습을 대면 위쪽에 그려 넣어 남매를 잡아먹으려는 마녀의 계획과 으스스한 분위기를 표현할 수 있습니다.

집약은 간략한 표현으로 이야기 전달이 가능해 그림과 표현에 서툰 아이들과 놀이하기 좋습니다. '삐약삐약 병아리'를 그리려면 어렵지만, "《《〈O"이렇게 표현하고 소통한다면 전체를 그리지 않아도 의미 전달이 가능하니 자신감도 생깁니다. 집약을 사용해 기호로 된 그림책을 만들어 표현의 재미와 성취감을 경험할 수 있습니다.

— 부연

부연은 알기 쉽게 덧붙여 자세히 설명하는 것입니다. 그림책에서 그림이 부연할 때는 그림이 더 자세히 설명해 보여줍니다. 특히, '어떻게'에 대한 설명입니다. 상세화가 글 밖에 있는 부분을 자세히 보여준다면 부연은 글 안에 있는 부분을 자세히 보여줍니다.

이 그림책에서 글은 '프랭크는 여기저기 찾아 다녔지만 다리를 찾을 수 없었어요!' 입니다. 그림은 프랭크가 여기저기 '어디로 어떻게' 다녔는지 점선으로 자세히 보여줍니다. 주인공의 동선이나 행동을 알고 독자 나름의 상상력을 북돋을 수 있습니다. 부연이 갖고 있는 '구체성'을 사용해 생각할 수 있는 놀이가 많습니다.

프랭크, 다리가 일곱 개인 거미, 마거얼리치, 나린글, 2017

이 그림책을 예로 들면, 놀이 1. 위 장면을 잘 관찰하고 기억만으로 그려보기. 놀이 2. 8-16개 조각 퍼즐로 만들어 프랭크가 간 길 맞추기. 놀이 3. 프랭크가 간 길을 말로 표현하기. 놀이 4. 누구를 만나 어떤 대화를 했을까? 그림책에 덧붙이는 놀이가 아닌, 그림책 안에서 발생하는 놀이를 생각해 볼 수 있습니다.

— 확장

확장은 늘려 넓히는 것입니다. 그림책에서 그림이 확장 역할을 할 때는 그림이 글보다 진전된 내용을 보여줍니다. 이야기 전개를 그림이 글보다 앞서 보여줍니다. 「바람이 불었어」(펫 허친스, 박현철 역, 시공주니어, 1997)에서 그림은 다음 장면에 날아갈 물건을 보여줍니다.

알사탕, 백희나, 책읽는곰, 2017

「알사탕」에서 처음 목소리가 들리는 장면에서 열린 문틈으로 주요 소재 소파가 흐릿하게 미리 보입니다. 해당 페이지의 이야기(글)를 확장했다는 의미로 볼 수 있습니다. 확장이 쓰이면 그림책의 '넘기는 드라마' 속성이 부각됩니다. 다음 장에서 펼쳐질 이야기가 궁금해집니다. 그림을 유심히 관찰하게 되고, 글이 있는 페이지도 복선과 암시로 풍성해집니다. 그림책 자체가 놀이감이 됩니다.

확장은 그림으로 이야기 예측이 가능해 흥미롭습니다. 아이들의 경우, 다음 장면 이야기를 먼저 하면서 이해도에 자신감을 나타내기도 합니다. 어린 아이라면 퀴즈 형식으로 대화할 수 있습니다. '다음 장면에서 어떤 물건이 날아갈까?', '다음 장면에 나타날 공간은 어디지?' 등으로 이야기 몰입도를 높일 수 있습니다.

✱ **간단하게 기억하세요.**

대응관계

묘사 : 글을 그대로 그림

상세화 : 글에 나오지 않은 것을 그림

집약 : 글의 핵심을 압축하여 그림

부연 : 글에 나온 것을 자세히 그림

확장 : 앞으로 이야기에 나올 그림을 미리 그림

결합관계 : 그림없이 안되는 이야기

글과 그림의 결합 관계를 상호의존관계로 정의한 학자들도 있습니다. 그림책에서 글과 그림은 언제나 상호의존관계입니다. 그 혼동을 피하기 위해 이 책에서는 글과 그림의 관계를 '결합'으로 정리했습니다. 결합관계에서는 글과 그림이 하나가 됩니다. 제3의 무엇으로 읽혀집니다.

결합은 '둘 이상의 사물이 관계를 맺고 합쳐서 하나가 되는 것'입니다. 글과 그림의 결합관계는 최근 그림책에 자주 나타나는 방식입니다. 결합 관계가 나타난 페이지에서는 그림이 서사의 전부 혹은 일부를 담당합니다. 글과 그림을 따로 읽어서는 이야기를 이해하기 어렵습니다.

결합방향에 따라 정적결합과 부적결합으로 나누어 볼 수 있습니다. 정적결합은 글과 그림이 같은 방향성으로, 부적결합은 글과 그림이 다른 방향성으로 이야기를 하는 경우입니다. 사실 여기서 '방향성'은 매우 다양합니다. 수학에서 말하는 정적상관, 부적상관은 아닙니다.

하나의 이야기니, 글과 그림이 당연히 같은 이야기를 해야 하지 않나? 생각이 듭니다. 글과 그림이 서로 다른 뉘앙스를 취하면서도 하나의 메시지를 전하고 시너지를 낼 수 있는 건 글과 그림의 해독 방식이 각각 다르기 때문에 가능한 일입니다.

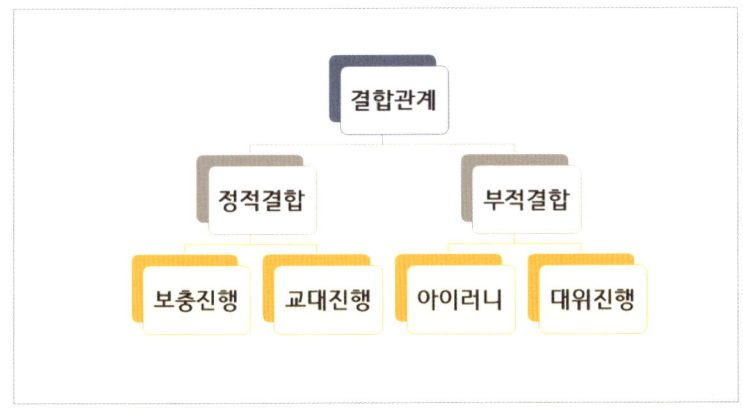

글과 그림의 결합관계

— 정적결합 : 글과 그림이 같은 방향으로 진행

보충진행

보충은 '보태어 채우는 것'입니다. 어떤 그림책은 글만으로 혹은 그림만으로는 이야기에 대한 정보가 부족합니다. 그림책에서 글과 그림이 보충진행일 때 글이 말하지 않은 것을 그림이 보여주고, 그림이 보여주지 않은 것을 글이 말해줍니다. 글과 그림의 절제된 비중에서 그림책을 보는 즐거움이 깊어질 수 있으며 그림을 자세히 관찰하고 감상하게 됩니다.

이 책 첫 대면 왼쪽 페이지 글은 '은수야, 엄마 없는 동안 아빠랑 잘 지내고 있어.'입니다. 글만 보면 엄마가 왜 없는지? 알 수 없습니다. 오른쪽 페이지 큰 가방과 아기용품들, 가방을 들여다보는 아이를 보면 엄마가 아기를 출산하러 가는 상황임을 알게 됩니다.

또 그림만 보면 글을 상상하기 어렵습니다. '가방을 보았습니다. 이 물건들은 다 뭘까?' 이렇게 시작하는 것으로 상상할 수 있으니까요. 그림은 그 외의 상상도 가능합니다. 관점도 문체도 다르게 시작될 수 있으니 결국 둘을 함께 보아야 하나의 이야기가 만들어집니다.

공원에서, 앤서니 브라운,
공경희 역, 웅진주니어, 2021

이 그림책 첫 장면 글은 '우리 집 개 빅토리아와 아들 찰스를 데리고 공원에 산책하러 갈 시간이었어.' 입니다. 글만 보면 엄마와 아들이 산책하러 가는 모습을 떠올리게 됩니다. 그런데 그림에는 대저택이 있고, 등장인물(엄마, 아들 찰스, 큰 개 빅토리아)은 상대적으로 작게 그려져 있습니다.

「공원에서」 첫 장면 그림은 엄마의 성격, 찰스의 상황 등에 대한 정보를 주고 있습니다. 엄마의 복장과 대저택 등은 이야기 이해와 해석에 중요한 부분을 차지하고 있습니다. 엄마의 복장은 완벽하게 갖추어져 있습니다. 엄마 곁 찰스의 모습은 엄마에게 가려 잘 보이지 않고요. 찰스는 공원에 가는 아이답지 않게 약간 불편한 신발을 신은 듯합니다. 엄마의 성향과 취향, 둘의 관계 등 많은 정보가 첫 장에 보입니다.

얼핏 보면, 앞에 대응관계에 있었던 상세화와 헷갈립니다. 그림책 첫 장면에 보충진행이 쓰일 때는 시공간을 보여주는 상세화의 특징이 함께 있어서입니다. 보충진행이 상세화 다른 차이점은 그림이 글 이상으로 정보를 제공하고 있어 그림이 생략되면 안 된다는 겁니다.

교대진행

교대는 '서로 번갈아 대신하는 것'입니다. 그림책에서 글과 그림이 교대관계일 때 글이 전한 이야기를 그림이 이어받고, 그림이 전한 걸 글이 이어받습니다. 꼭 릴레이 경주에서 바톤터치하는 모습입니다.

이 그림책에서 글과 그림은 거의 동률로 교대진행합니다. 엄마 마중 나온 아기가 추운 겨울 하염없이 엄마를 기다리는 이야기에서 사이 사이 글없는 대면이 나옵니다. 시간의 흐름, 기다림, 지루함, 점점 없어지는 사람들의 모습을 가만히 보면서 아이의 외로움과 안쓰러움이 깊어집니다.

엄마 마중, 이태준, 김동성, 보림, 2013

글보다 그림이 감정을 증폭시킵니다. 글 없는 장면은 읽는 사람의 마음과 감정에 작은 파도 같은 걸 일으킵니다. '아기가 엄마를 만나야 할 텐데.', '이 엄마는 언제 올까?', 안 오는 걸까?' 등 다양한 마음을 품고 결말에 다가갑니다. 코만 빨간 이 아기가 빨리 엄마 만나기를 바라게 됩니다.

그림책 마지막 장면에는 글 없이 눈 내리는 어느 산동네의 모습이 나타납니다. 여기에도 글은 없습니다. 눈발이 날리는 산동네의 모습. 마지막 장면 그림을 자세히 안 보면 아이가 엄마를 못 만난 새드 엔딩(Sad ending)이 됩니다. 자세히 보면 눈이 펑펑 쏟아지는 좁은 길 계단을 오르는 엄마와 아이를 볼 수 있습니다.

한 손에는 막대사탕을 들고 한 손은 엄마 손을 잡고 있습니다. 만약

이 장면에 '아이는 기다리던 엄마를 만났습니다. 그날은 유난히 춥고 눈이 많이 왔습니다.' 와 같은 글이 있었다면 독자는 글만으로 안도감을 느끼고 아이가 엄마와 만났다는 '사실'에만 집중하게 됩니다. 글이 없기 때문에 이 장면은 깊은 여운으로 남습니다.

이 그림책을 보면 기억나는 일이 두 가지 있습니다. 아동문학수업에서 지역 도서관에서 빌려온 그림책을 먼저 읽어봅니다. 유아교사가 된 후, 그림책을 가만히, 차분히 읽는 게 쉽지 않기에 수업에서 그림책 읽는 시간을 갖습니다.

이 그림책을 읽은 한 학생이 눈물이 글썽이며 제게 묻습니다. '교수님, 그림책이 이래도 되는 거예요?' '응? 왜?' '애기 엄마 안 왔어요!' 자기 엄마가 안 온양 속상해합니다. '정말 안 왔어? 다시 한번 봐봐.' 했습니다. 잠시 후 멋쩍게 웃으며 '교수님, 엄마 왔어요.' 합니다. 그림을 자세히 보지 않은 겁니다.

그림책놀이상담사 자격과정에 참여한 분 중에는 이 시대를 사셨던 분들도 있습니다. 집안의 장녀로 아래로 동생들이 줄줄이 다섯 명. 막내 동생을 업고 엄마 마중을 나갔답니다. 그날 따라 비가 와서 어느 집 처마 밑에 쪼로록 서 있는데, 지나가는 아주머니가 장난처럼 이렇게 말했답니다.

'너희 엄마 순사가 잡아갔다.' 장녀라고는 하나 초등학생 나이. 어린 동생들 때문에 울지는 못하고 엄마가 보고 싶어서 나온 엄마 마중인데. 속 모르는 동네 아주머니의 그 말에 내리는 비를 핑계삼아 소리 내 엉엉 울었다고 합니다. 동생들도 큰언니가 우니 따라 울었고요. 이 이야기를 듣는 수강생 모두 엉엉 울었습니다.

그림책 사이에 교대진행이 있을 때, 우선 잠깐 멈추어 그림을 살펴보기를 권합니다. 교대진행 방식은 이야기 절정에서, 잠시 생각할 여지, 마지막 페이지에서 열린 결말처럼 사용되기도 합니다.

교대진행이 글이 없는 페이지라고 해서 무조건 '이야기를 만들어 보자' 하거나, '누가 있지? 뭘 하고 있지?'하는 질문이나 제안이 그 그림책이 하려는 것과 맞지 않을 수 있습니다. 작가가 의도를 갖고 글을 넣지 않았으니까요. 때로는 그림책 분위기와 정서 혹은 함께 그림책을 보는 대상 연령에 따라 감상하는 편이, 혹은 대화를 하는 편이 나은 그림책도 있습니다.

— 부적결합 : 글과 그림이 다른 방향성으로 결합

부적결합에는 아이러니와 대위관계가 있습니다. 아이러니는 글과 그림의 내용이 '정반대'인 것, 대위는 글과 그림이 서로 '다른' 이야기를 하는 것입니다. 글과 그림이 서로 다른 이야기를 함으로써 글과 그림의 차이, 간격에서 감동, 깊은 정서, 유머가 발생합니다. 하여 아주 어린 연령에게 이런 그림책은 이해하기 어려워 덜 흥미로울 수 있습니다.

대위는 음악 용어로 '두 개 이상의 독립적인 선율을 조화롭게 배치하는 작곡 기술'을 말합니다. 즉, 글과 그림의 독립적인 표현방식이 어우러져 조화롭게 배치되었다는 넓은 의미를 적용하면 모든 그림책을 대위관계로 볼 수 있고, 글과 그림의 서로 다른 이야기라는 좁은 의미가 적용된 것이 부적결합의 대위관계입니다.

부적결합은 글과 그림이 전개하는 이야기가 다른 방향을 취합니다. 대응관계, 정적결합 관계에서 글과 그림은 일치된 이야기를 하므로 그 사이의 정서적 간격이 크지 않지만 부적결합에서는 글과 그림 사이 정서적 간격이 크게 발생합니다.

아이러니(irony)

아이러니는 글이 표현하는 바와 그림이 표현하는 바가 일치하지 않습니다. 불일치는 인지적 불균형을 일으키고 독자의 감정에 혼동을 안겨줍니다. 글과 그림이 서로 정반대로 향하는 사이에서 독자는 정서 간격을 느끼고 여러 상황을 상상하거나 깊은 슬픔, 유머 등을 경험할 수 있습니다.

알도, 존 버닝햄, 이주령 역, 시공주니어, 2017

「알도」에서 한 아이가 자기 이야기를 들려줍니다. 글은 '가끔은 엄마랑 놀이터에도 가고, 어쩌다가는 외식도 해. 그럴 때는 정말 신이 나지.'라고 합니다. 그림에서 아이는 놀이터를 보고 있지만 엄마의 손에 끌려 놀이터를 떠나고, 혼자 앉아 다른 가족이 외식하는 모습을 바라보고 있습니다.

글에서 아이는 정말 신이 난다고 했지만 그림에서 아이는 전혀 신나 보이지 않습니다. 정반대 방향을 향하는 글과 그림 사이. 그 간격이 멀어질수록 독자의 마음은 안타까워집니다. 이러한 아이러니적 배치로 인해 이야기 후반에서 아이의 삶과 성장이 더 뭉클하고 대견하게 다가옵니다.

「알사탕」에도 아이러니가 사용된 장면이 있습니다. 두 번째 대면 글은 동동이의 독백으로 '혼자 노는 것도 나쁘지 않다' 입니다. 그런데 그림은 함께 해야 재밌는 구슬놀이, 모여있는 구슬과 동떨어져 있는 구슬 등 온통 친구들과 함께 놀고 싶은 동동이의 마음을 보여줍니다. 이로써 아이의 외로움은 극대화되어 다가옵니다.

대위(conterpoint)진행

대위관계에서는 글과 그림 간 인물들이, 사건들이 서로 모른척하거나 외면합니다. 작가, 글, 주인공, 그림, 독자의 관점 등이 서로 엇갈려 표현되는 경우입니다. 글과 그림으로 모든 걸 알고 있는 독자는 유머와 긴장감, 감동을 느낍니다.

「로지의 산책」에서 글은 3인칭 관찰자 시점으로 닭 로지의 경로를 소개하고 있습니다. 여우에 대해서는 언급조차 없습니다. 하지만 그림은 전지적 시점에서 모든 것을 보여줍니다. 포식자 여우와 피식자 닭의 관계, 태연하게 산책하는 로지와 곤란을 겪는 여우의 모습 사이에 유머가 넘칩니다.

로지의 산책, 펫 허친즈, 김세실 역, 봄볕, 2020

「앵무새 열 마리」는 교수님과 앵무새 사이에 일어는 해프닝입니다. 말을 그대로 따라하는 것으로 알려진 앵무새들이 같은 일상의 반복에

지쳐 일탈행동을 하는 설정부터 유머러스 한데 글은 3인칭 관찰자 시점으로 앵무새의 행방에 대해 모른 척합니다. 앵무새 편 같습니다. 그림은 전지적 시점에서 모든 것을 보여주고 있어 똑똑할 법한 교수가 이를 모른다는 점과 교수보다 똑똑한 앵무새들의 단체행동(?)이 웃음을 자아냅니다.

앵무새 열 마리, 퀸틴 블레이크,
장혜린 역, 시공주니어, 2017

어떤 그림책에서 어른은 웃는데 아이는 웃지 않을 수 있지요. 관점과 입장 차이가 있는 아이러니나 대위법 같은 부적결합의 경우, 어른은 유머 발생을 알지만 아이는 그냥 강아지가 귀여울 수 있습니다. 또 뭔가 웃긴 데 말로 표현하기 어려울 수 있습니다.

「안돼!」에서 글은 1인칭 주인공 시점으로 '안돼!'라는 이름의 강아지 입장에서 쓰였습니다. 그림은 전지적 시점에서 주인공이 모르는 비밀을 드러냅니다. 주인공만 모르고 주변 인물들과 독자들만 아는 이야기가 만들어집니다. 주인공을 보면서 '정말 그럴 수 있겠다.' 생각하며 폭소를 터뜨리게 됩니다.

안돼!, 마르타 알테스,
이순영 역, 북극곰, 2012

✳ 간단하게 기억하세요.

> **결합관계 : 그림없이 안되는 이야기**
>
> **정적결합 : 글과 그림이 같은 방향성**
> - 보충진행 : 글과 그림이 기댐
> - 교대진행 : 그림이 서사를 이어받음
>
> **부적결합 : 글과 그림이 다른 방향성**
> - 아이러니 : 글과 그림이 정반대
> - 대위진행 : 글과 그림이 서로 모른 척

한 권의 그림책 안에는 다양한 글과 그림의 관계가 나타납니다. 처음에는 상세화, 그다음 장면은 묘사, 그다음 장면은 교대진행, 그다음 장면은 확장이. 처음부터 끝까지 인물이나 사건을 대위로 표현해 흥미를 끌어내기도 하고, 처음부터 끝까지 교대진행을 사용하여 안정감 있는 전체 구도를 만들기도 합니다.

그림책은 작가의 예술적 직감, 직관으로 혹은 글과 그림의 관계 설정으로 창작될 수 있습니다. 장면 장면마다 '글과 그림의 간격이 조정되고 있구나', '이 차이가 나에게 주는 감흥은 무얼까?' 생각해 볼 수 있습니다.

글과 그림의 관계를 명명하기 전부터 그림책은 있었습니다. 이 선후

관계를 잘 이해할 때 오해없이 글과 그림의 관계를 유연하게 바라보면서 그림책을 낯익게 혹은 낯설게 즐길 수 있습니다.

"엄마를 기다리며"

안녕하세요. 망고편지입니다.

오늘은 엄마 마중. 그 후 이야기를 해보려 합니다. 한 겨울 코가 새빨개진 아기가 엄마를 마중 나와 기다리는 이야기입니다. 전차 앞에서 하루 종일 엄마를 기다리면서 우리 엄마 언제 와요, 우리 엄마 언제 와요, 계속 물어봐요. 시대 배경이 느껴지는 이야기지요.

그림책놀이상담사 1급 수업에서 교대진행을 설명하기 위해 이 그림책을 보았습니다. 수강하시는 분 중 평생 유아교육에 헌신하고 퇴직한 아란유치원 박혜숙 원장님도 계셨어요. 원장님의 어머니는 90살이 넘으셨는데 치매 초기 증상이 있으시다 합니다. 이 그림책을 의미있게 읽으신 원장님은 한 달에 한 번 뵙는 엄마한테 이 그림책을 읽어드렸고 그 후 글을 써 제게 보내주셨습니다.

글 : 박혜숙

'아흔 세 살 친정어머니와
일주일을 같이 지내며 『엄마 마중』 그림책 같이 봤어요.
치매 초기로 단기 기억 상실로 머릿속이 안개 같다고 하셔서
먼 기억을 소환하듯이 그림책과 함께 했어요.

표지에 귀여운 아이는 여섯살 내 모습으로 그려지고
언덕길 위 옛날 집. 어릴 때 살던 동네로 돌아가서

언덕길 내려온 아이가 걷고 또 걸어서 기찻길까지 도착.
흙장난하다 전봇대에 돌며 장난.
젤 앞에 앉아 기다리다
엄마 손 잡고 가는 아이, 엄마 등에 업혀가는 아이들은
모두 집에 갔는데, 눈은 계속 내리고...
여섯살 꼬맹이는 정류장에서 엄마를 기다려요

어머니가 "엄마 만났니?" 물어봅니다.

마지막 그림을 같이 보며
"아이가 엄마를 만나 빨간 막대사탕을 들고 언덕길을 오르네요."

... 책을 덮으며
"그런데 아직도 아이는 엄마를 기다리네요."

여섯살 딸을 이웃집에 맡기고 장사 나가셨던 어머니
옆집 가 있으래도 안 가고 집안에서 엄마만 기다린 딸이
그 시절로 돌아가 시간.

그 시절로 돌아갈 수 없는 슬픔같은 게
엄마와 딸의 목을 메이게 합니다.

"그런데 아직도 아이는 엄마를 기다리네요." 이 말로 두 분이 타임머신을 타고 옛날 집 앞마당으로 간 것 같습니다. 이 글을 읽은 저도 시장 쪽 담벼락에 붙어서 골목 끝을 하염없이 보던 제 어린 시절에 다녀왔습니다. 더 가슴이 미어졌던 건, 어머님의 첫 말씀. "엄마 만났니?" 어린 아이들에게 다 말할 수 없었던 엄마 삶의 무게. 몸은 나가 일해도 종일 아기생각하고 있는 엄마. 집에 갈 땐 빈손으로 가지 말아야지 하는 엄마의 마음이 그림책에 아이가 들고 있는 빨간 막대사탕에 들어 있습니다.

"엄마 만났어요. 걱정하지 마세요."하며 엄마를 다독거리게 된 여섯 살 그 아이. 이제는 90이 넘으신 어머니가 70인 딸 옆에서 그림책 읽어주는 목소리를 여섯 살 아이처럼 듣고 계십니다. 두 분은 이 그림책을 읽고서 끌어안고 펑펑 우셨다고 합니다. 어렸을 때 그 엄마를 기다렸던 어린 날의 자신, 어린 자녀를 두고 일을 해야만 했던 엄마. 수십년 세월이 흘러 한 번도 꺼내보지 못한 응어리진 마음들을 그림책이 보듬었습니다. 그림책이 큰일 했습니다.

진실한 관계 앞에서 시간은 무색합니다. 소중한 분들과 좋은 그림책으로 만나고 연결되는 망고님들 되시길 소망합니다.

오늘도 마음에 잘 도착했습니다.
망고지기 드림.

그림책은 주로 발달과 연결지어 설명되어 왔습니다.
그림책과 사람에 대한 이야기가 욕구로 시작되는 게
의아할 수 있지만 그림책이 예술작품이라면
사람의 더 깊은 데 관여하는 게 타당합니다.
그림책은 각 사람의 욕구에 닿아 반응을 일으키며
그 때 발달은 일어나고 교육은 발현됩니다.

3부.
그림책과 사람

사람과 욕구와 발달과 그림책
✎ 망고편지 "행복한 여우를 본 적이 있나요"

좋은 그림책?!
✎ 망고편지 "할까 말까"

아이들과 그림책 읽기
✎ 망고편지 "콧물 눈물이 만드는 하루"

그림책으로 대화하고 놀이하기
✎ 망고편지 "..."

사람과 욕구와 발달과 그림책

욕구와 그림책

사람에게는 욕구(desire)가 있습니다. 욕구라고 하면 매우 원초적이어서 과하게는 동물스럽다고 생각하는 경향도 있습니다. 욕구는 목마름과 같이 생각하면 쉽습니다. 물을 마셔야 갈증이 해소되는 것처럼 욕구는 자연스러운 것이고 건강한 것입니다. 욕구는 결핍되면 건강한 발달에 유익을 주지 못합니다.

| 자아실현의 욕구 | 성장, 잠재력 달성, 자기충족성, 자신이 될 수 |
| Self-actualization | 있는 것에 되고자 하는 욕구 |

| 존경 욕구 | 자기존중, 자율성, 성취감 등 내적인 자존요인과 |
| Esteem | 지위, 인정, 관심과 같은 외부적인 존경요인 |

| 사랑, 사회 소속감 추구 욕구 | 애정, 소속감, 받아들여짐, 우정 |
| Love and belonging | |

| 안전의 욕구 | 안전과 육체적 및 감정적인 해로움으로부터의 |
| Safety | 보호욕구 |

| 생리적 욕구 | 먹을 것, 마실 것, 쉴 곳, 성적 만족, 그리고 |
| Physiological | 다른 신체적인 욕구 |

매슬로우의 욕구 5단계 (Hierarchy of Needs)

매슬로우 욕구위계이론은 욕구에 대한 기본적인 틀을 제공합니다. 1단계는 생리적 욕구, 2단계는 안전의 욕구, 3단계는 사랑과 소속감의 욕구, 4단계는 자기 존경의 욕구, 5단계는 자아실현의 욕구입니다. 후에 자기 존경의 욕구 상위에 앎의 욕구, 심미적 욕구 등도 추가되어 정리되었습니다.

이 이론은 생리적 욕구부터 계층화되어 있어서 하위욕구가 충족되면 다음 욕구를 추구한다고 보았습니다. 생리적 욕구는 인간 생존의 가장 기본적인 식욕, 수면욕 등이니 정상적 신체적 활동을 위해 우선적으로 충족되어야 합니다. 특히 어린 아기들은 이 욕구를 혼자 힘으로 충족하기 어려우니 어른의 도움이 필요하지요.

안전의 욕구도 생존에 중요한 욕구입니다. 생리적 욕구와 구분되어 있지만, 서로 스며들어 있습니다. 외부환경으로부터 안전하길 바랄 뿐 아니라, 신체적, 심리적, 정신적 안정감을 추구하는 욕구입니다.

이 욕구 또한 어린아이들의 경우 혼자 힘으로 충족하기 어렵습니다.

사랑과 소속감의 욕구는 애정과 공감의 욕구라고도 표현합니다. 생리적 욕구와 안전의 욕구보다 사회적 관계 안에서 채워질 수 있는 욕구입니다. 사람은 혼자 살아갈 수 없는 존재입니다. 생리적 욕구와 안전의 욕구가 채워지는 것만으로는 결핍을 느낄 수 밖에 없습니다.

자기 존경의 욕구는 자기 가치를 인정받고자 하는 욕구입니다. 자존감이라고도 합니다. 사랑을 주고 받는 차원에서 더 나아가 자기 자신만의 유일함과 특별함, 다른 사람들과 다름에 중요도를 둡니다. 이로써 더 가치로운 개인으로, 사회에 기여하는 공동체의 일원으로 서고 싶어 합니다.

앎의 욕구, 심미적 욕구 또한 중요한 욕구입니다. 새로운 것을 알고자 하는 욕구, 배우고자 하는 욕구, 아름다움에 대한 욕구는 자아실현의 욕구와도 밀접합니다. 자아실현의 욕구는 더욱 만족스러운 자기 자신이 되고자 하는 최상위 단계의 욕구입니다. 여기에는 나은 방향으로의 변화에 대한 갈망도 포함됩니다

기본욕구는 더 안정된 개인, 더 바람직한 공동체 일원에게 필요한 것입니다. 욕구단계로 사람에 대한 설명은 모두 끝난 걸까요? 다시 말해, 욕구가 채워지기만 하면 사람에게 다른 선택과 결정은 없는 걸까요. 사람은 기계도 아니지만, 욕구가 채워졌다고 만족하는 존재도 아니라는 점에서 다양한 변수가 생깁니다.

사람은 설명하기 어렵고, 참 이상한데, 매력적인 존재입니다. 밀

(John Stuart Mill, 1806~1873)이 '배부른 돼지보다 불만족한 사람이 되는 것이 낫고, 만족하는 바보가 되기보다는 불만족한 소크라테스가 되는 게 낫다.'라고 한 말에 무게를 둔다면 욕구이론은 틀렸습니다.

적어도 배는 안 고프고 잠 잘 자고 살면서 다음 것을 추구해야 하는데, 다락방에서 새우잠을 자도 달을 보며 꿈을 키우고, 온갖 고문 앞에서도 애국심을 지키며 나라를 팔지 않는 역사들은 모든 나라에 있습니다. 욕구 이론으로 사람 존재를 다 설명하기 어려우니 사람의 독특함과 특별함에 대해 몇 가지만 더 이야기 해 보겠습니다.

전에 모 대통령 탄핵 때 광화문 광장에 유모차 부대가 출동했습니다. 시위현장이 안전하다고는 하나 어머니들이 자기 목숨보다 소중한 내 아이를 데리고 나가기에는 고민되는 장소입니다. 이곳에 가면 곧바로 안전의 욕구가 위협 받습니다. 그런데 눈에 보이지도 않는 사회정의 구현을 외치기 위해 그곳에 갔습니다. 사람이 그렇습니다.

죽음의 수용소에서 매일 매일 동족이 죽어 나가는 상황. 그 극한 상황에서 유대인들을 견디게 해 준 것은 빵이 아니었습니다. 지친 몸을 이끌고 들어와 힘겹게 침대를 한쪽 벽에 붙이고 이를 무대삼아 누군가는 고향 노래를 부르고, 누군가는 춤을 추고, 이를 보며 옅게 웃는. 예술과 향수가 그들을 하루하루 살게 했습니다.

C.S.루이스는 「영광의 무게」 중 '전시의 학문' 한 문단에서 사람이 곤충과는 다르다며 이렇게 말했습니다.

> "사람들은 포위된 도시에서도 수학공리를 내놓고, 사형수 감방에서 형이상 항적 논증을 펴고, 교수대를 두고 농담하고, 퀘벡 성채로 진군하면서 새로 지은 시를 토론하고, 테르모필레에서도 머리를 빗었습니다. 이것은 허세가 아니라 우리 인간의 본성입니다."

사람은 욕구에서 나아가 진·선·미. 참된 것, 선한 것, 아름다운 것을 추구합니다. 결핍이 있는 존재로서 욕구도 채워야 하지만 거기서 만족하는 존재가 아닙니다. 절대적으로 진·선·미를 성취할 수 없지만 끝없이 이를 갈망합니다. 이 모든 것이 사람을 더 사람되게 합니다.

각 사람이 갖고 있는 욕구의 량과 반응성이 높은 욕구의 종류도 다릅니다. 어떤 사람은 다른 사람들보다 안전의 욕구가 강합니다. 이 부분이 잘 채워져야 안정감을 느낍니다. 어떤 사람은 앎의 욕구가 강합니다. 같은 조건에서도 어떤 사람은 더 많이 호기심을 갖고 알려고 합니다. 그림책 내용은 이런 각 사람의 욕구에 가 닿게 됩니다.

자녀들을 보아도 알 수 있습니다. 똑같이 사랑을 주어도 어떤 자녀는 더 달라고 합니다. 어떤 자녀는 더 안 줘도 만족스러워합니다. 욕구는 기질, 성향, 환경 등과 통합되고 사람마다 다르게 표현됩니다. <u>같은 그림책이 다른 반응을 일으키는 건 그림책이 각 사람의 필요 욕구에 가장 먼저 가닿기 때문입니다.</u>

「작은 눈덩이의 꿈」(이재경, 시공주니어, 2016)은 작은 눈덩이가 구르고 굴러 꿈에 그리던 큰 눈덩이가 되는 이야기입니다. 어떤 사람은 작은 눈덩이의 대견함에서 자기 존중이나 자아 실현욕구가 반응합니다.

어떤 사람은 함께 동행한 까마귀의 고마움으로 사랑과 소속감의 욕구에 반응합니다.

그림책의 글과 그림, 이야기, 어떤 한 장면들은 내용과 관계없이 욕구를 충족시킵니다. 안정감있는 결말에서 안전의 욕구가, 주인공의 변화와 성장을 보면서 자아 실현의 욕구가, 몰랐던 것을 배우면서 앎의 욕구가, 그림책으로 삶을 나누면서 애정과 공감의 욕구가 충족되기도 합니다.

욕구와 발달과 그림책

그림책을 보면서 욕구가 채워지면 발달이 일어나고 교육은 발현됩니다. 세상의 비정형적 형태가 동그라미, 세모, 네모로 평정된 것처럼 사람의 성장도 신체발달, 정서발달, 사회성발달, 언어발달, 인지발달 등으로 규정되고, 사회적 이슈로 떠오르는 역량이 발달의 중요 범위가 되고 있습니다.

이러한 분류가 이해에는 좋은 틀이나 발달과 발달 사이 틈에도 무언가가 있다는 점들을 간과하도록 합니다. 사람이란 냉동고 얼음틀에 들어가 얼려진 얼음이 아니니까요. 물론 이 발달들의 전제는 모두 통합되어 있다는 것이지만, 용어구분만 암기하면 서로 스며있는 발달 현상들은 점점 잊게 됩니다.

연령과 시기에 따른 일반적인 발달상이 있습니다. 이 발달들을 이해하는 이유는 '이 때 이 정도는 되어야 한다'는 도달 수준으로 끌어올리기 위함이 아닌, 일반적 발달상을 이해하고, 각 개인의 발달 속도와 특성에 따라 필요를 지원하기 위해서 입니다. .

지식-기술-태도를 기르는 것을 교육목표로 삼다 보니 태도는 세 번째로 중요한 것처럼 여겨집니다. 태도는 단번에 길러지지 않기에 장기적인 관점에서 마지막에 배치된 것일 수 있으나, 태도-지식-능력이 맞는 순서라 생각됩니다. 태도는 차곡차곡 길러져 습관이 되고 인격이 됩니다. 점차 만들어지는 이 그릇에 지식과 능력이 담길 때 사람다움이 유지됩니다.

생리적 욕구에 닿는 그림책을 통해 기본적인 생존에 필요한 수면욕, 배변욕구가 충족됩니다. 그림책에서 신체에 대한 지식, 여행, 친구와 신나게 놀이한 내용 등을 접한다면 놀이나 활동, 일상 경험에서 신체 움직임, 신체인식, 신체조절력 등을 기르는 데 도움이 됩니다.

안전의 욕구에 닿는 그림책들로 안정감 있는 정서만 얻는 것이 아닙니다. 안전을 위협받는 주인공에게서 당황, 불안도 봅니다. 두려움을 극복하는 용기, 도전하는 마음 등 이 모든 것을 통해 정서를 튼튼히 하게 됩니다. 대부분 결말이 안정감있게 마쳐지니 모든 그림책은 안전의 욕구를 한 번씩은 충족시켜줍니다.

정서는 다양한 감정, 생각, 행동과 관련된 정신적·생리적 상태입니다. 감정과 생각은 번호표 뽑고 순서대로 다가오지 않는 것들입니다. 그림책은 하나의 에피소드에 담긴 위협과 겁, 불안, 두려움, 회피, 방황, 용기, 도전, 선택 등을 함께 다루고 있어 정서나 감정을 배워나가기 좋습니다.

자기 존중의 욕구, 자아실현의 욕구에 닿는 그림책도 마찬가지입니다. 사랑과 소속감을 주된 욕구로 다룬 그림책이라 해도 누군가는 그 그림책에서 자기존중의 욕구를 충족시킬 수 있습니다. 자기 존중의 욕구를 다룬 그림책에서 안전의 욕구마저 충족될 수 있는 것이 그림책입니다.

아동문학교과에서 도서관 놀이를 합니다. 지역 도서관에서 그림책 세 권을 대여하고 교실에 모여 그 책이 어떤 욕구나 발달에 도움이 될지 책장에 두는 겁니다. 이렇게 해보면 대부분의 그림책들이 어떤 욕구와 발달에 닿는지 볼 수 있습니다. 약 3년간 진행해 본 결과는 동일했습니다.

사랑과 소속감의 욕구, 사회성 발달에 닿는 그림책 비중이 60% 이상이었습니다. 이는 그림책이 담는 이야기가 관계적·공동체적이라는 걸 알게 합니다. 즉 그림책이 사회 속 개인으로 성장하는데 중요하고 필요한 것들을 인상으로 가슴에 남겨두는데 효과적인 매체임을 보여줍니다.

생리적 욕구와 안전의 욕구가 서로 스며있듯, 사랑과 소속감의 욕구는 안전의 욕구와 밀접하게 연결되어 있습니다. 사랑받지 못한다고 느끼면 심리적 안전이 위협을 받습니다. 이는 불안한 정서를 유발하고 사회적으로 바람직하지 않은 행동으로 나타나기도 합니다.

사랑과 소속감의 욕구에 닿는 그림책. 거기에 그림책을 함께 보는, 나를 사랑하는 사람들이 있다면 이 욕구는 채워지고 넘쳐흐를 겁니다. 사람은 내게 결핍된 것을 나누기 어렵습니다. 욕구만큼은 욕심이 아니니 이를 부정적으로 여기거나 회피하지 말고 기본적인 욕구충족이 건강한 개인, 더 나은 공동체 일원을 만들게 됨을 기억해야 합니다.

교사일 때 우리 반에 정서적으로 심히 불안한 아이가 있었습니다. 당연히 사회적 관계에도 어려움을 겪었습니다. 잘해보고 싶은데, 잘 지내고 싶은데 그게 잘 안 되는 아이입니다. 충동 조절이 어렵고, 결과를 예견하지 못한 채 좋지 않은 행동부터 합니다. 일부러 그러는 게 아닌 데 악순환이 반복됩니다.

이를 지켜보는 마음도 편치 않습니다. 교실에는 이 아이만 있는 것이 아니니까요. 안타까운 마음에 지켜보면 인지적 어려움이 아닙니다. 안전의 욕구가 채워지지 않아 불안감이 크고, 사랑받지 못하는 상황의 반복이 공동체에 소속되어 있다는 확신을 주지 못합니다.

그림책은 만병통치약이 아닙니다. 그림책으로 모든 걸 할 수 있는 것이 아닙니다. 하지만 그림책이 채워줄 수 있는 욕구로 건강한 개인의 성장과 행복한 사회관계를 지원할 수 있습니다. 그림책을 읽어주거나 함께 보는 친밀하고 따뜻한 관계 안에서 그림책은 자기 역할을 다 할 수 있습니다.

그림책을 선정할 때 지양하길 권하는 부분이 있습니다. 그림책과 욕구를 일대일 대응하거나, 그림책과 발달을 일대일 대응하는 데 그치는 일입니다. '생리적 욕구-그림책' '만4세〈사회관계발달〈우리동네' 이렇게 표기된 전제는 그림책을 보는 목적과 의도를 발달과 교육에 둔 것이라고 보입니다.

앞서 밝혔듯이 이러한 분류가 도움이 될 수는 있으나, 그림책이 우리에게 주려고 하는 것들은 한정됩니다. '인성>경청 그림책', '감정>화 그림책' 이렇게 제시될 때 그림책은 잘려집니다. 우리에게도 유익이 적습니다. <u>그림책에서 욕구가 충족되고 발달이 일어나면 교육은 발현됩니다.</u>

아이들의 책 중에는 이런 그림책이 적지 않고, 부모도 그림책 선정에 어려움이 있으니 이 문구에 의존합니다. 그림책에 담긴, 예술작품이 각자의 심상 닿는 자유가 침해됩니다. 특히, 인성이나 감정이 이렇게 배워지는 속성이 아님에도 불구하고 이런 방식으로 배울 수 있는 것처럼 여겨지는 풍토는 바람직하지 않습니다.

그러면 어떻게 해야 할까요. 그렇게 명시된 그림책들은 분명 인성 발달에 좋을 겁니다. 사회성 발달에 유익할 겁니다. 단, 그것만 보고 판단하지 말자는 것입니다. 그것에 의존하여 어딘가에 좋다는 그림책을 읽어주는 건, 소화가 되지도 않았는데 음식을 계속 밀어넣는 것과 같습니다.

그림책이 예술작품임을 잊지 말고 대해야 합니다. 그렇게 대하면 그림책은 알아서 각자의 마음에, 심상에, 머리에 흘러 들어가서 자기 일을 합니다. 그림책을 함께 보는 대상이 아이든 어른이든 각자의 그릇으로 그림책을 받아들일 겁니다. <u>그림책을 믿고, 대상을 믿고, 그림책이 일하도록 하십시오.</u>

"행복한 여우를 본 적이 있나요"

안녕하세요. 마음으로 가는 그림책 편지입니다.

삶의 목적이 무엇인가? 인생에서 무엇이 중요한가? 이런 질문에 답으로 빠지지 않는 단어가 '행복'일 겁니다. 모두 행복을 원하지만 모든 사람이 행복하다고 느끼지는 않습니다. 과연 행복의 이유와 조건은 무엇일까요?

'이 숲에 나만큼 아름다운 여우는 없을 거야' 꼬리를 부둥켜안은 여우의 표정이 아주 만족스럽습니다. 붉은 털을 가진 그 자체가 여우의 행복입니다. 붉은 털이 행복감을 줍니다. 마음이 흡족합니다. 주변의 꽃도 샘도 나를 위해 존재하는 순간입니다. 그런데 여우에게 하얀 털이 하나둘씩 나기 시작합니다. 여우가 가진 아름다움을 빼앗아 가는 하얀 털. 흡족한 마음이 사라지고 있습니다.

여우는 하얀 털을 뽑고, 물들이고, 가리고. 갖은 노력과 방법을 동원해 붉은 털을 지키려고 합니다. 여우가 붙들고 있는 이 아름다움. 지키는 일이 잘 되지 않았습니다. 지쳤습니다. 이제 더 이상 아름답지 않다고 여긴 여우는 동굴 속으로 들어가 버렸습니다. 절대 밖으로 나오지 않겠다고 다짐하면서...

고통의 시간은 길기만 합니다. 슬픔에 일어나고 눈물에 잠을 잡니다. 모든 것을 잃어버린 것만 같은 절망의 시간이 흐르고 있습니다. 그 겨울은 참 길기도 춥기도 매정하기도 합니다. 여우는 동굴 속에 앉아 어떤 생각을 하고 있을까요?

어느 날, 여우는 하얀 나비를 따라 밖으로 나갑니다. 이제 하얗게 빛나는 여우가 눈부신 모습으로 서 있습니다. 여우는 정작 자신이 얼마나 아름다운지 모릅니다. 물에 비친 자기 모습을 한참 동안 바라봅니다. 네, 한참 동안 바라보았습니다. 동굴에서 나온 여우가 흡족해하는 까닭이 전과 달라졌습니다.

'이 숲에 나만큼 꽃과 나무를 잘 가꾸는 여우는 없을 거야.' 이제 전처럼 '붉은 털을 가진 아름다운 여우'는 없지만, 따스한 봄햇살이 내리쬐는 숲속에 '행복한 여우'가 살고 있습니다. 숲속 구석구석이 여우에게 모두 소중한 '의미'가 되었습니다. 하얀 털을 가다듬으며 뽐내기보다 산새들에게 빛나는 하얀 등을 내어줍니다. 꼬리를 부둥켜안기보다 우거진 숲과 따사로운 햇살을 올려다봅니다. 여우를 감싸고 있던 붉은 털의 아름다움이 행복 그 자체는 아니었나 봅니다.

자기 기준을 내려놓기가 어렵습니다. 그러나 힘을 빼고 내려놓을 수만 있다면 편안해집니다. 변화의 시간이 올 때는 두렵습니다. 하지만 받아들이고 나면 다시 새로운 시작점을 만나게 됩니다. 행복은 무엇이고, 어디 있을까요? 내가 큼직하게 부각되고 다른 것은 별로 안 중요한 흑백 세상, 동굴 속, 다채로운 세상 속 작지만 한 부분으로 살아가는 시간. 우리는 모두 이 어디 쯤에 있을 겁니다. 그리고 그 자체가 삶의 아름다움인 듯도 합니다.

이 편지를 읽는 망고님들. 언제 어디든 이 모든 살아가는 시간과 사건 속에서 누구보다 행복해서. 그래서 아름다우시길 소망합니다. 아우~~~~~(feat. 행복한 여우의 노래)

오늘도 마음에 잘 도착했습니다.
망고지기 드림.

좋은 그림책?!

좋은 것이란.

좋은 그림책은 마음에 울림을 주는 책
좋은 그림책은 내가 좋아하는 책
좋은 그림책은 그림을 보면 내용을 알 수 있는 책
좋은 그림책은 오랫동안 기억 남는 책
좋은 그림책은…

'좋은 그림책이란?' 이라는 질문에 '툭' 나온 대답은 주관적이고 솔직한 표현들입니다. 학자들은 아이들이 반복해서 읽는 책(Holdaway), 유아들이 즐길 수 있는 문학적 경험을 가진 책(Butler), 내용이 쉽고, 유아의 정서적 반응을 쉽게 끌어내며 상상의 여지가 풍부하고 세상과 자신을 돌아볼 수 있는 책(Jalongo) 등으로 말했습니다. 좋은 그림책은 정말 따로 있는 걸까요?

'좋은'이라는 단어에 비밀이 있습니다. '좋은 그림책 선정해 주세요.', '좋은 그림책을 어떻게 고르나요?' 질문에 한마디로 답하기 어렵고도 쉬운 이유이기도 합니다. 과연 좋은 것이 무엇이냐는 것입니다. 마쓰이 다다시(어린이와 그림책, 이상금 편역, 샘터, 2012)는 좋은 것에 대해 이렇게 표현했습니다.

> "좋은 것이란, 참다운 것, 믿을 만한 것, 마음을 움직이는 것, 볼수록 빨려드는 것, 아무리 보아도 싫증나지 않는 것, 품위있는 것, 자기 세계가 열려진 듯 느끼게 하는 것 등등 여러 가지로 표현할 수 있겠지만, 오감만이 아니라 예리하게 사물의 본질을 파악하는 마음의 표현인 육감에 작용하는 것이라고 말할 수 밖에 없을 것 같다. 인상은 인식보다 먼저 와 닿기 때문이다"

그의 말처럼 좋은 것은 참 많습니다. 우리는 맑은 하늘을 보고도 '좋다', 연인과 손을 잡고도 '좋다', 맛있는 음식을 먹을 때도 '좋다', 행복한 감정이 복합적으로 몰려올 때도 한마디로 '좋다'고 합니다. 그러니 그것은 우리의 이성보다 인상과 육감에 작용하는 것이 맞습니다.

이것으로 독자의 해석과 의미 부여가 그림책을 더 좋은 그림책으로 만들어 감이 설명됩니다. 어떤 독자에게는 자기 이야기 같아서, 어떤 독자는 타인의 마음을 알게 되어서, 어떤 독자에게는 통찰력을 주어서 그 그림책은 좋은 그림책이 됩니다. 그림책은 인식이 아닌 인상으로 남기에 보고 난 직후 언어로 정리되기 어렵습니다. 음... 뭐랄까? 등 정도의 말로 표현될 때도 많습니다.

'좋은 그림책' 외에 적당한 다른 용어가 없을까? 하고 곰곰이 생각해 보았습니다. 그런데 찾기 어려웠습니다. '좋은' 것에 대한 광범위하고 주관적인 의미를 담기에는 '좋은 그림책'이라는 용어가 제격입니다. 그림책을 만드는 사람에게도, 그림책을 읽는 사람에게도 '좋은 그림책'이 정확한 표현입니다.

그림책이 예술작품이라는 면에서 세 네 가지 정의로 좋은 그림책을 설명하는 것 자체가 어색합니다. 좋다!라고 느끼는 순간 좋은 그림책임이 증명되기 때문입니다. 그럼에도 대상을 위해 좋은 그림책의 기준을 정하는 건 필요한데, 이는 틀(그릇에 담는 행위)이 아닌 기준을 가지고 생각해 보는 일입니다.

동심과 그림책

— 동심. 아이 같은 마음

동화는 어린이를 위하여 동심(童心)을 바탕으로 지은 이야기라고 합니다(표준국어대사전). '어린이를 위한'이라고 했는데, 왜 어른들도 동화를 보면서 감동할까요. C.S.루이스는 「책 읽는 삶」에서 동화는 '모든 사람'의 마음속에 있는 '동심'을 위한 이야기라고 했습니다. 구전된 동화의 역사를 생각하면 C.S.루이스의 정의가 사전의 의미보다 설득력 있습니다.

동심이 있나요? 하는 질문에 선뜻 네! 하고 답하기 어렵지요. 우리는 어른이 되었고, 제법 세상 때가 묻었으니 동심이 있었을 것이나 그 마음을 잃은 것 같아서 확신할 수 없습니다. 연령도 취향도 생각도 다르지만 우리에겐 동심이 있습니다. 우리 모두 아이였으니까요.

동심은 아이 '같은' 마음입니다. 아이는 천진하고, 티없고, 맑고, 순수합니다. 잘 놀라고, 잘 감탄합니다. 궁금한 게 많아 탐구적입니다. 호기심도 많고 새로운 걸 기대합니다. 그래서 눈이 반짝거립니다. 동공이 확장되어 있고 힘 있습니다. 투명하게 마음을 보여주고, 크게 웃습니다.

내 안에 동심이 있는지 없는지 간단하게 알 수 있습니다. 아침에 일어났을 때, '오늘은 어떤 하루일까?' 하나요. '오늘도 어제와 같은 하루구나' 하나요. 전자라면 나이가 많아도 동심이 있는 것이고, 후자라면 나이가 적어도 동심을 잃은 것입니다.

마음은 눈에 보이지 않지만 분명히 있고, 모든 말과 행동의 근본입니다. 나이가 들수록 서로 다른 생각과 많은 경험이 철옹성처럼 각자를 지키고 있습니다. 서로를 밀고 당기며 이를 지혜라고 속이기도 합니다. 그 성은 잘 무너지지 않습니다.

그런데 그림책이 그들 사이에 있을 때는 조금 달라집니다. 동심이 서로 만나기 시작합니다. 그림책으로 마음과 생각을 나누면서 견고했던 생각에 유연함이 더해지고 눈은 빛나며 미소는 더 우아합니다. 자신이 머물던 세계는 더 확장됩니다.

— **아이와 그림책을 보는 일**

그림책은 글이 적고 그림이 있어 영아, 유아들이 즐길 수 있는 유일한 서적류라는 데는 이견이 없습니다. 아이와 그림책을 보려고 할 때 등장하는 세 가지 질문. '어떤 그림책이 좋아요?', '어떻게 읽어줘요?',

'뭐 하고 놀아요?'에서 채워야 할 첫 번째 단추가 '동심'입니다.

어른과 아이는 그냥 대화보다 늘 목적있는 '상호작용'을 합니다. 어른은 아이를 가르치는 입장, 아이는 배우는 입장에 자주 섭니다. 입장이 다르다 보니 진실로 만나는 일이 쉽지 않습니다. 생각해 보면 모두에게 '오늘'은 가장 오래 산 날이고 가장 지혜로운 날이며 가장 진지하다는 면에서 어른이나 아이나 같은데 말입니다.

그림책이든 교육이든 놀이든, 어른이 아이를 진짜로 만나는 유일한 방법은 "아이 마음"이 되는 겁니다. 아이는 어른 마음이 될 수 없지만 어른은 가능합니다. 우리도 한때는 아이였으니까요. 세상에 대한 호기심으로 가득 차 있었고, 알고 싶어 했습니다. 어린 날에는 모두 과학자 같았고 예술가 같았답니다.

동심이 되면, 아이와 대화'해' 주거나 놀아'주는' 건 줄어듭니다. 그냥 대화하고 놀게 됩니다. 아이와 잘 소통하고 싶다면 '방법'이 아니라 '마음'에 집중해야 합니다. 아이들은 '있는 그대로' 보아주는 사람에게 자기를 보여줍니다. 둘의 마음이 연결되면 소통은 절로 일어납니다.

그림책을 보는 시간은 어른의 허울을 벗고 동심으로 동심을 만나는 시간입니다. 이런 시간에 담겼다 나오면, 깨끗한 물로 샤워한 듯이 영혼이 씻긴 기분마저 듭니다. 좋은 그림책에는 아이와 어른의 동심이 잘 만날 수 있는 글과 그림, 이야기가 조화롭게 담겨있습니다.

— 아이들이 좋아하는 책

동심이 중요한 키워드라면, 아이들이 좋아하는 그림책에 뭔가 있다는 생각을 떨칠 수가 없습니다. 좋은 그림책의 정의 중에는 '아이들이 반복해서 읽는 책'이 있습니다. 동화를 아이들의 책이라고 한정해 두고 생겨난 정의일지 모르나, 이는 '아이들과 그림책 보는 일'에 관련되어 있습니다.

아이들은 읽은 책을 또 읽습니다. 본 그림책을 또 가지고 옵니다. 상담 중 이 부분이 고민인 부모님도 적지 않습니다. 백여분 부모님 대상으로 강의할 때 이 이야기를 하면 전원이 고개를 끄덕입니다. 모든 집 아이들이 그렇고, 그렇다면 우리 아이는 정상이니 걱정하지 마시라고 하면 그제서야 웃습니다.

'저 책 언제 다 읽을래.'. 사달라고 그럴 땐 언제고 사면 읽지 않습니다. 오히려 그다지 재밌어 보이지 않는 간단하고 단순한 책을 너덜너덜해질 때까지 읽습니다. 아이 몰래 숨기고 버리는 일들도 있습니다. 부모 편에서는 다양한 책을 읽히고 싶고 여러 책을 보는 게 더 좋게 여겨지기 때문입니다.

재미있었던 부분을 찾아서 보는 아이는 흥미가 있는 부분을 다시 보면서 한 번 더 재미를 느낍니다. 계속 책장만 넘기는 아이도 있습니다. 책이 넘어가는 자체가 놀이인 모습입니다. 오래 여기저기 다니고 탐색하다가 겨우 한 권 보는 아이도 있습니다. 그것도 끝까지 안 볼 때가 많습니다.

계속 질문하면서 그림책 보는 아이. 앎의 욕구가 높거나, 부모님과 주고받는 대화를 즐기는 거겠지요. 어떤 아이들은 부모님을 붙잡아 두고 싶은 마음에 궁금하지 않은 것도 계속 질문합니다. 자기가 책 볼 때 부모님이 가장 친절했다고 말했던 아이가 그랬습니다. 그래야 부모님이 자기 옆에 있는다고요.

아이들이 읽은 그림책을 또 읽는 이유는 '안정감' 때문입니다. 그림책을 보는 건 미지의 세계로 들어가는 일입니다. 낯선 것을 탐색할 때 재미있고 신기하고 두근거립니다. 그러나 긴장감이 동반됩니다. 모르는 세계에 첫 발을 딛고 있기에 어떤 아이들은 두려워 하기도 합니다. 한 권을 다 읽고 나면 비로소 '휴… 다 알았다. 이 세계.'하는 거지요. 익숙함이 주는 안정감입니다.

'나 이거 한 장 넘기면 뭐 나오는지 알아', '나 그다음에 어떻게 하는지 알아.' 글을 모르는데 이야기를 알죠. 다 외우죠. 책장을 넘기기도 전에 신나게 이야기해 줍니다. 봤던 그림책을 한 번 더 보는 건 아이 입장에서 어제 한 번 다녀온 세계에 다시 방문하는 겁니다.

그러면 '이거 다 아는데 왜 또 봐' 하며 타박 비슷한 걸 합니다. 그런데 이 말에 비밀이 있죠. 우리의 관심은 '다 아는데'에 아이의 관심은 '또 봐'에 있는 거랍니다. 아이들은 만만하고 알만한 세계에서 아는 것들을 확인하고 긴장하지 않으며 편안함을 느낍니다.

아이들이 읽은 그림책을 또 읽는 다른 이유는 자신감과 연결되어 있습니다. 한 번 본 그림책에서는 익숙한 것들이 나를 반겨줍니다. 아이들은 그걸 기억하고 있는 자신을 꽤 괜찮은 사람으로 여깁니다. 이렇게 두세 번 반복하면서 자기 신뢰까지 경험합니다. 조금 더 유능하게, 능숙하게 잘한다고 느낄 때 아이들의 자존감이 올라갑니다.

자존감은 큰 대회 나가서 1등 해야만 생기는 게 아닙니다. 내가 오늘 하려고 결정했던 거 하나를 잘 완수하면 자존감을 느낍니다. 어제는 밥을 남겼는데 오늘 다 먹으면 자존감이 생깁니다. 더 나은 내가 되었음을 확인하는 의미 있는 일이 됩니다. 그림책 경험도 같습니다.

아이의 자존감과 성취감이 활활 타오르도록 기름을 뿌려주는 것이 부모와 선생님의 일입니다. '어제는 다 못 먹었는데 오늘은 먹었네.', '다 했네!', '와! 기억하고 있네?', '재밌게 보고 있네.', '이 그림책 정말 좋아하는 구나.' 이렇게 진심으로 이야기해 주면 됩니다. 훌륭하다고 과장하지 않아도 됩니다.

이런 말들. 아주 사소한 진심에 아이들의 자존감은 1mm 자랍니다. 아이들은 매일매일 내가 얼마큼 할 수 있는 사람인지 테스트하고 있습니다. 내가 뭔가에 도전했을 때, 성공할 수 있는 사람인지 아닌지를 작은 일들로 실험하고 있습니다.

2004년 만1세 담임을 한 적이 있습니다. 아직 대소변을 가리지 못하는 아이들입니다. 우리 반 정연(가명)이는 다른 아이들에 비해 3개월 정도 발달이 느린 아이였습니다. 언어 표현도 또래보다 적었고, 행동도 빠르지 않았습니다.

어느 날, 정연이가 자기 몸만한 종이 벽돌 블럭을 교실 이 끝에서 저 끝으로 옮깁니다. 자유 선택 놀이시간 삼사십분동안 그것도 하나씩. 걸리적거리는 기저귀에 다리 짧은 아이가 벽돌 옮기느라 땀을 뻘뻘 흘립니다. 사이사이 저를 의식하면서 혀를 조금 내밀고 웃었습니다.

눈이 마주치면 좀 수줍어합니다. 저는 웃으면서 고개를 끄덕입니다. 그러면 '계속 해도 되는 거구나' 생각하면서 더 힘을 내는 것 같습니다. 정연이의 돌 옮기기는 이삼일 계속되었습니다. 이 모습을 보면서 사실 속이 편치 않았습니다. 제가 배운 교사론에 의하면 아이들에게 다양한 경험을 시켜주어야 좋은 교사였으니까요.

달려가서 집 짓자고 해야 하나, 친절하고 상냥하게 할 수 있는 말이 많았습니다. 좀 더 지켜봐야겠다고 생각한 건 큰 용기였습니다. 배운 지식을 배신하기로 한 건, 정연이가 보여주는 의지와 끈기와 열정 때문이었습니다. 이 아이는 뭘 이렇게 열심히 하고 있을까.

사일째가 되었습니다. 오늘도 돌만 옮기면 벽돌을 치우던지, 뭔가 조치가 필요하다 생각했습니다. 그날도 변함없이 기저귀로 묵직한 엉덩이를 해서는 벽돌을 나르기 시작했습니다. 제 얼굴 한번 보고 벽돌을 집습니다. '이거 해도 되죠?' 같은 표정입니다. 마지못해 고개를 끄덕이고 지켜봅니다.

정연이가 다른 행동을 시작했습니다. 한꺼번에 벽돌 두 개를 들어올린 겁니다! 미숙한 손놀림, 달달 떨리는 팔뚝으로 벽돌 두 개를 들어올리고 제가 앉아 있는 중간 지점 즈음까지 걸어 왔습니다. 저도 하려던 행동은 잊고 혹시 방해라도 될까봐 흥분하지 않은 척하며 속으로 응원했습니다. 조금만 더!!! 힘내!!!

그 때 벽돌 하나가 뚝. 바닥에 떨어졌습니다. 가까스로 들고 온 벽돌이 작은 팔뚝에서 벗어난 겁니다. 못 봤어야 했는데. 못 본 척이 조금 늦어 정연이와 눈이 마주쳤습니다. 어른과 아이의 눈 맞춤이 아니라,

사람과 사람의 눈 맞춤에 정연이는 멋쩍은 듯 머리를 긁적이더니, 하나를 들어 제자리에 갖다 두었습니다.

다시 중간 지점으로 돌아온 정연이는 빠른 걸음으로 벽돌 하나를 도착 지점(본인이 정한)에 옮겨두고 웃었습니다. 저는 정연이에게 엄지척을 해 보였습니다. 살짝 존경의 마음을 실어 그렇게 한 것 같습니다. 그 후에도 저는 정연이에게 많은 걸 배웠습니다.

정연이는 만1세, 20개월 전후였습니다. 이 어린아이가 뭘 한 걸까요? 자명합니다. 자기 능력을 실험 중이었습니다. 정연이는 그 날 배웠습니다. 언젠가는 두 개를 옮길 수 있지만, 지금은 한 개까지가 자기 능력이라는 것을요. 이 어려운 걸 이 작은 아이가 배웠습니다.

비밀이지만, 그 다음부터 저는 학교에서 배운대로 하지 않았습니다. 보았으니까요. 아이들의 사소함과 위대함을. 다양한 걸 경험시켜 준답시고 매우 친절하고 상냥하게 다가가 아이가 스스로 배우고 뿌듯할 기회를 빼앗을 뻔 했습니다. 다른 것이 아니라 아이들에게 시간을 주어야 할 이유입니다. 매 순간 시도되는 이런 테스트가 아이를 진짜 자라게 합니다.

아이의 말과 행동에는 이유가 있습니다. 본 그림책을 계속 가지고 오는데도 당연히 이유가 있겠지요. 그럴 땐 '너 이 책 진짜 좋아하는구나. 하면 됩니다. 공감받은 아이는 '나 이거 좋아해!' 혹은 다른 표현으로 대화에 응할 겁니다. 그러면 '어디가 그렇게 재밌는지 얘기해 줄래?' 하면 됩니다.

같은 말이라도 '이게 뭐가 재미있어?' 이렇게 물어보면 말 뉘앙스에서 일단 '나는 재밌는지 모르겠는데' 스러움이 느껴집니다. 아이가 '내가 좋아하는 거 어떻게 알았지?' 하며 마음을 열고 자기 흥미가 어디에 있는지 말할 수 있도록 친절하게 대화하면 좋습니다.

아이들이 자라는 동안 선호와 취향을 나타냅니다. 그 선호가 집착이나 고집처럼 여겨질 수 있습니다. 기질과 흥미에 따라 한 가지에 오랫동안 머무는 아이, 다른 책이나 활동을 권하면 쉽게 전이되는 아이들도 있습니다. 선호도가 존중받을 때 다른 관심과 흥미에 대한 문이 열린다는 점을 믿고 서두르지 않아야 합니다.

판타지. 적나라한 리얼리티

판타지 이야기는 실제로 일어날 수 없는 일이니 실재하지 않는 등장인물들로 꾸며진 이야기입니다. 비현실적인 이야기지만 '나름의 질서' 안에서 '믿을 수 있는 내용'으로 전개됩니다. 아이러니한 건 환상적 혹은 사실적 허구들이 오히려 '복잡한 현실과 뒤엉킨 사실들을 투명하게 바라보도록' 하는 힘이 있다는 점입니다.

일례로, 여우와 두루미는 우화입니다. 동물이 말을 하고 식사 대접하는 모든 게 판타지입니다. 입장바꿔 생각하기, 배려, 우정 등에 대해 명쾌한 교훈을 줍니다. 그런데 이 이야기가 옆집에 사는 아주머니를 초대하는 실제 이야기가 되면 많은 '사실'들이 개입되어 오히려 명쾌하지 않습니다.

판타지. 환상성이야말로 그림책을 문학작품으로 볼 수 있는 중요한 부분입니다.

> "동화나라는 손닿지 않은 무언가가 있으리라는 아련한 의식을 자극하면서 아이를 동요시키며(평생 풍요롭게 해 준다) 현실 세계에 무디어지거나 눈감게 하기는 커녕 오히려 현실세계에 새로운 차원의 깊이를 더 해 준다. 아이가 마법의 숲 이야기를 읽었다 해서 진짜 숲을 멸시하지는 않는다. 오히려 독서 덕분에 모든 진짜 숲에 약간의 마법이 걸린다. …(중략)… 동화를 읽는 아이는 갈망한다는 사실 자체로 행복하다."

C.S.루이스, 책읽는 삶 _ Of Other Worlds, 어린이를 위한 글을 쓰는 세 가지 방법 중 p.44

어릴 때 창문에 비친 그림자가 무서울 때가 있었습니다. 그림자는 어떤 형상으로 보였습니다. 이 그림자를 신문에 난 도둑이나 낮에 만난 무서운 할머니로 상상하는 것보다는 그림책에서 봤던 큰 날개 달린 사자나 내 수호천사 쯤으로 생각하면 행복하게 잠들 수 있습니다. 저는 귀신도 생각했습니다만.

언젠가 가족에게 아프다고 했더니, '약 지어 먹었어?' '병원 다녀왔어?' '자기 몸은 스스로 챙겨야지.' 합니다(극T인가요?). 다시 어린 딸에게 엄마 아프다고 했더니, 호~~~ 쎄~~~ 하며 불어줍니다. 전혀 현실적이지 않은 처방이에요. 그런데 오히려 그 순간 낫는 것 같았습니다. 약간의 마법에 걸린 거지요?

판타지는 '나름의 질서'를 갖추어야 합니다. 괴물들이 사는 나라에서 자기 방에 있다가 괴물 나라에 다녀온 아이는 다시 자기 방으로 돌아와야 합니다. 작가가 정해놓은 환상과 현실의 고리와 법칙들 안에서 논리와 질서를 따라 이야기가 전개되어야 좋은 판타지입니다.

역설적으로 판타지는 실제로 일어날 수 없는 일이기 때문에 '믿을 수 있는 내용'이어야 합니다. 믿을 수 있어야 한다는 건, 판타지 세계에 대한 상세 정보가 글과 그림으로 탄탄하게 제공되어 독자 입장에서 우주 어딘가에는 꼭 이런 곳이 있거나 이런 일이 있을 수도 있다는 식으로 믿어져야 한다는 뜻입니다.

'복잡한 현실과 뒤엉킨 사실들을 투명하게 바라보도록' 한다는 건 판타지가 현실세계에 닻을 내리고 있다는 의미입니다. 등장인물, 환경, 소재 모두 환상성이 짙어도 하고자 하는 이야기는 삶의 공감을 살만합니다. 주인공의 결핍, 관계적 갈등, 진짜 우정과 사랑 등의 주제가 나름의 질서 안에서 개연성 있는 믿을만한 이야기가 됩니다.

영속성. 변치않는 가치

영속성은 무언가가 시간이 지나도 오래 계속되고 지속되는 성질입니다. 그림책도 문화의 산물이라 유행에 민감하게 반응합니다. 그러나 영속성이 있는 그림책들은 변함없는 가치를 지닙니다. 영속성있는 작품들은 지금 보아도 전혀 촌스럽지도, 유행을 타지도, 오래되어 보이지도 않습니다.

「피터의 의자」에서 피터는 어느 날, 아빠가 자기 물건에 온통 분홍칠 하는 모습을 봅니다. 여동생이 곧 태어나거든요. 화가 난 피터는 자기

의자와 몇 가지를 챙겨 강아지와 집을 나갑니다. 큰 결심하고 엄청난 짓을 하는가 싶었는데 그냥 창문 밑에 있습니다. 그리고 집을 나갔지만 결국 엄마가 불러 못이긴 척 집에 들어옵니다.

집에 들어오기 전 피터는 자신의 파란 의자에 앉아 봅니다. 그리고 의자에 못 앉을 만큼 자기가 자랐다는 걸 알게 됩니다. 피터는 아빠와 함께 흔쾌히 파란 의자에 분홍칠을 하게 되고, 이 이야기는 끝이 납니다. 자기 의사와 관계없이 생긴 경쟁 상대 동생. 그리고 이를 받아들이는 모습이 잘 그려졌습니다.

피터의 의자에 나오는 상황들은 지금의 아이들도, 부모들도 겪고 있어 공감을 불러 일으킵니다. 예전만큼 형제자매가 많지 않지만 아니, 오히려 형제자매가 적어서 아이들은 최초의 경쟁상대인 형제자매와 갈등을 경험합니다. 부모는 누구 하나 서운하지 않게 사랑을 나누어주느라 힘이 듭니다.

피터의 의자, 에즈라 잭 키츠, 시공주니어, 1963

동생을 예뻐해야 하는데 사실 미워하는 마음도 있어 혼란합니다. 자기도 아직 아가티를 못 벗었는데, 동생에게 윗사람 역할을 해야 합니다. 자기 욕구가 채워져야 하는 나이인데 내 동생이니 버릇처럼 동생 것부터 만들고 챙기는 아이들도 있습니다. 말로는 동생을 예쁘다고 했는데, 손은 동생을 꼬집고 있습니다.

그런 힘듦을 겪는 아이에게 이 그림책을 읽어주었습니다. '동생 좋아?'. '네'. '동생이 좋은데, 미울 때도 있어. 선생님은 그랬어.' ('분이의 운동화' 구연한 그 동생입니다) 눈이 동그래져 저를 안아줍니다.

'말을 안 들어요. 동생은. 그래도 예뻐요.'. 저도 아이를 꼭 안아줬습니다. '맞아. 그래. 미운데 예뻐.'

간단한 구조의 짧은 이야기지만 동생이 태어났을 때 동생이 100% 예쁜데, 100% 미운 양가(兩加) 감정과 사건을 잘 다룬 명작입니다. 1963년 작품이지만 동생이 생긴 아이의 마음을 읽어주고 대화 나누는 데 이만한 책이 없는 것 같습니다. 좋은 그림책들은 '클래식은 영원하다'는 말을 증명하고 있습니다.

처음 보는 그림책은 모두 신간입니다. 영속성있는 그림책을 찾아보세요.

개인적인 호소력

개인에게 호소력 있는 그림책은 모호하고 애매해서인지 좋은 그림책 기준에 자주 거론되지 않지만 그림책은 다양해지고, 개인들에게 각각 알 수 없는, 그러나 이유 있는 매력으로 가닿으니 '개인적인 호소력'도 좋은 그림책의 기준과 요건이 될 수 있습니다. 그림책 강의에서 마지막에 살짝 보여준 그림책을 인생 그림책으로 꼽는 경우도 있습니다. 마지막에 그 그림책을 소개하지 않았더라면 그분의 그 생생하고 촉촉한 눈망울을 못 보았을 겁니다.

제게도 개인적인 호소력 면에서 좋은 그림책이 있습니다. 이 그림책이 제게 좋은 그림책이 된 데는 개인적인 사연이 있습니다. 「나는 오늘 그림책을 읽었다」(미간행) 내용 중 2020년 5월 4일에 쓴 그림책 일기가 있어 함께 소개합니다.

2020년 5월 4일 날씨 맑음

나는 오늘 "고래수프"를 읽었다.
수업 준비로 여러 그림책을 보던 중 한솔수북「고래수프」를 만났다.
고래수프? 고래로 수프를 끓였나?(상상력이 너~무없다 ㅋ) 하면서
무방비 상태로 책장을 넘겼는데, 그만. 당하고 말았다!

난 조금 울었다. 그리고 내 눈물에 공감할 만한
우리 언니에게 이 책을 보여주었다. '언니, 이거 봐라, 되게 신기하다.'

언니도 "고래수프"를 읽었다. 그리고는 언니도 울었다.

이 그림책 내용은 이렇다. 엄마 고래가 자전거를 타고 시장에 간다.

아기 고래들도 엄마 고래 뒤를 따라 시장에 간다. 시장은 구경할 게 참 많은 곳이다. 엄마는 시장에서 항상 맛없는 파를 산다(파는 아이들이 싫어하는 것 중에 하나다. 웩!!!).

엄마는 파로 수프를 끓여 주고 아기 고래들은 '파 수프'를 맛있게 먹고 잔다.
어른이 되어 엄마 곁을 떠난 아기 고래들에게도 아가들이 생겼다.
엄마가 된 아기 고래들은 엄마 수프가 왜 그렇게 맛있었는지 생각한다.

슬픈 구석이 하나도 없는 이야기이다. 그런데 난 '파' 때문에 울었다.
고등학교 때 우리 엄마가 파만 넣고 된장국을 끓여줬다.
그 때 된장국에 파가 동동 떠 있는 모습도 기억이 난다.
아빠 사업이 망~해서 돈이 없었던 것 같다.
파만 들어간 된장국이 진짜 맛있었다.
파만 넣었는데 어떻게 이렇게 맛있지? 하면서 먹었던 기억 때문에
결혼 후, 친정 식구들을 만나서도 '파 된장국 맛있었다'는 이야기를 하곤 했다.
맛있게 먹어서인지 나에겐 슬픈 기억이 아니다.

아이 셋을 둔 엄마가 되어 이 이야기를 읽으니,
엄마가 파 된장국을 끓일 때 어땠을지가 짐작되었다.
돈이 얼마나 있는지, 뭘 먹어야 할지,
우리 엄마가 고래 어머니처럼 즐겁게 시장가서 파를 샀을 수는 없었으리라...

잔잔한 수채화 같은 그림과 엄마가 끓여주는 고래 수프를 먹는 아기 고래들의 천진한 모습에 내 어릴 적 모습이 교차했다. 그렇게나 철이 없었나. 차라리 철이

없어서 다행이었다. 우리 삼남매는 파 된장국을 잘 먹고, 아기 고래들처럼 잘 컸다. 지금 나도, 언니도 엄마가 되었다. 남동생은 아빠가 되었다 그림책이 나를 그 시절로 데려가 우리 가족을 다시 보여주었다.
마음 한 켠이 아련했다. 언니도 그랬나보다.

세상에...
고래 엄마가 파 수프를 끓이는 이야기일 줄 이야...

나는 오늘 "고래수프"를 읽었다. 참 재미있었다.
내일 또 그림책을 읽어야겠다. 오늘 일기 끝~~^^

고래수프, 야나, 한솔수북, 2019

'아무리 파라고 해도 엄마의 음식은 그립고 맛있다'가 작가의 메시지 같은데, 보편적인 주제 '엄마의 정성'보다 우리 가족이 겪은 특수한 상황이 더 강렬하게 다가와 이 맑은 그림책을 잡고 울었습니다.

한편 남동생 처는 이 그림책의 고래들을 귀여워하면서 보았습니다. "이 고래 어머니 왜 그래요. 왜 아기들한테 파를..." 하면서 웃습니다. '우린 울었어. 엄마가 정말 파 된장국을 끓여줬거든.' 하니 그제서야 고개를 끄덕입니다. 나에게 관련된 그 무엇이 강한 호소력이 되어 누가 뭐래도 내게 좋은 그림책이 될 수 있습니다.

좋은 그림책 기준 하나. 작품성

'작품성 있다'는 말은 예술적 산물의 특별함에 대한 인상과 칭찬입니다. 영화를 좋아하는 친구가 있습니다. 좋은 영화 추천해달라고 하면 이 영화는 이래서 좋고, 저래서 좋고, 작품성은 어떻다고 말합니다. 영화 평론을 배워서가 아니라 많이 봤기 때문에 나름의 기준을 갖고 객관적이고 예리하게 설명합니다. 신뢰가 갑니다.

그림책을 보는 눈도 마찬가지입니다. 그림책에 '대한' 공부를 한다고 안목이 순식간에 생기진 않습니다. 앞서 살펴본 글의 문학성, 그림의 미술성, 이야기 요소들, 좋은 그림책의 정의들이 도움은 되겠지만 그림책'을' 지속적으로 볼 때, 그림책의 작품성을 보는 눈을 갖게 됩니다.

좋은 그림책을 고르는 일은 대상이 있을 때 더 중요해집니다. 상담이나 교육목적이 있는 경우 '왜 이 그림책을 골랐는지'에 대한 확신이 있을 때 편안한 마음으로 그림책을 보고, 의미 있는 대화와 놀이를 할 수 있으며, 대상의 반응에도 유연할 수 있습니다.

좋은 그림책이라고 해서 글, 그림, 이야기 모든 면이 완벽한 것은 아닙니다. 개인적 호소력이 있는 그림책이라도 대상이 공감할 수 있으면 충분합니다. 작품성 있는 그림책은 문학적으로 미술적으로 아름다운데 좋은 그림책을 고를 때 글의 문학성, 그림의 미술성 면에서 몇 가지를 생각해 볼 수 있습니다.

— **문학성있는 그림책**

글의 문학성 면에서 주제, 소재, 등장인물, 배경, 관점, 문체가 조화로운지, 글의 구성이 생동감 있고 안정되어 있는지, 언어의 아름다움을 느낄 수 있는지, 소리내어 읽을 때 불편감이 없는지, 원작이 외국의 것이면 원작 의도에 맞게 자연스러운 뉘앙스와 언어로 번역되었는지를 생각해 볼 수 있습니다.

「가만히 들어주었어」(도리 코어펠드, 신혜은 역, 북뱅크, 2019)는 번역된 그림책입니다. 새들이 주인공 테일러가 만든 '뭔가 놀라운 거'를 습격하면서 일어나는 에피소드입니다. 이 그림책에는 '난데없이', '그러다 결국', '그러는 동안 내내', '이윽고', '때가 되자' 등 때에 대한 단어가 많이 나옵니다. 그래서, 하지만 등 접속사들도 나옵니다.

특히 '난데없이'를 읽을 때 외국에도 이런 말이 있을까? 생각했습니다. '갑자기'와는 다른 '난, 데가 없다'... 어디에서 발생했는지 모르겠다는 이 표현이 맥락상 매우 적절해 보입니다. 전체적인 이야기로 볼 때 외국언어가 한국어로 표현된 과정이 참 잘된 그림책입니다.

시간의 흐름과 맥락을 표현하는 '때'에 대한 언어들. '이윽고'를 맥락 없이 설명하려면 어렵습니다. '얼마 있다가, 얼마쯤 시간이 흐른 후에'라는 뜻은 단어만으로 확 와닿지 않습니다. 주인공 상황에 따라 나오는 '이윽고'이기 때문에 이 단어에 대한 감과 의미가 명확해집니다.

전후 상황을 연결하는 접속사도 마찬가지입니다. '그래서'는 원인과 결과를 잇는 접속사입니다. '그래서'는 앞 뒤 상황 사이에 놓여 맥락과 흐름을 알게 합니다. 이렇게 풍부한 언어와 이야기 감각을 낱장 단어로 구성된 플래쉬 카드로 배울 수 있을까요. '그러는 동안 내내' 라는 말은 앞의 상황에 대해 잘 알때 이해가는 표현입니다.

그림책을 소리내어 읽어보세요. 좋은 언어로 된 그림책은 읽을 때도 편안합니다. 번역이 잘된 그림책, 정련된 언어로 가득한 좋은 그림책은 감상하는 것만으로도 언어 감각을 풍요롭게 합니다. 소리내어 읽을 때 국어의 아름다움을 더 잘 느낄 수 있습니다.

할머니의 지청구, 공광규, 연수, 바우솔, 2020

시는 글의 아름다움을 느낄 수 있는 최고의 장르입니다. 「할머니의 지청구」는 공광규 시인의 시에 연수 작가의 그림이 곁들여진 그림책입니다. 할머니가 밥그릇에 밥알 남기지 말라고 지청구 하는 시에 농사짓는 과정이 그림으로 표현되어 있습니다.

어린아이들에게 별다른 설명 없이 그냥 들려주면 더 좋은 교육이 됩니다. '지청구'는 꾸지람, 혹은 잔소리 같은 뜻입니다. '지청구라는 말을 알까'에 생각을 머무르면 이 그림책을 확신 있게 못 고릅니다. 뜻을 몰라도 맥락에서 해석할 수 있기 때문에 자연스럽게 들려주어도 됩니다.

지청구에 대한 설명이 없는데 맥락 안에서 슬쩍 배워집니다. '이거 듣기 싫은데 나 잘 되라고 하는 그런 소리'. 그림으로 표현된 할머니와 손녀의 표정. 농사짓는 농부들의 동작과 표정이 지청구의 의미와 잘 어우러졌습니다.

언어와 소통에는 뉘앙스가 중요합니다. 반복해서 듣다 보면 자연스럽게 이해하고 표현하는 게 모국어입니다. 이야기에서 새로운 언어를 접하면 그 느낌, 뉘앙스를 비슷한 상황에서 사용합니다. 이런 경험이 문학적 소양이 됩니다.

이 그림책을 보고 나면 밥을 남길 수 없습니다. '건강을 위해 습관을 위해 음식을 잘 먹어야겠구나.', '내 몸에 좋은 것이니 먹어야겠구나.' 보다, '모든 수고로움에 감사함으로 먹어야겠구나.', '쌀을 남기고 버리는 건, 수고와 정성을 무시하는 일이 되는구나'라는 생각이 듭니다.

시인이 사라지고 있는 세대입니다. 시는 그냥 짧은 글 정도로 여겨지고 무가치한 일로 치부됩니다. 시를 감탄이 아닌 문법으로 배워 시를 쓰는 일은 어렵다고 생각합니다. 국어의 아름다움, 언어의 리듬감, 함축된 말에 담긴 깊은 뜻. 시를 쓰고 시를 읽는 것은 아름다움에 머무는 일입니다. 시에 그림이 더해진 아름다운 시 그림책이 많이 읽히면 좋겠습니다.

— 심미감있는 그림책

백지혜 작가의 「꽃이 핀다」는 그림 표현의 아름다움을 보여줍니다. 삼베 여러 조각을 누른 위에 자연에서 추출한 색으로 꽃들을 표현했습니다. 거칠지만 동시에 고운 색감을 느낄 수 있습니다. 내가 아는 빨간색이랑 조금 다른데? 빨간색이 이렇게 예뻤나? 하고 손가락으로 지면을 만지게 됩니다.

꽃이 핀다, 백지혜, 보림, 2007

이 책 양쪽 페이지는 처음부터 끝까지 미술관 갤러리처럼 되어 있습니다. 자연염료의 따뜻함이 있는 형형색색의 꽃들 옆에 작품 소개도 있습니다. 글자 크기는 5-7포인트 정도로 작아서 잘 안 보입니다.

글씨를 반드시 읽어야 한다고 생각하면 어린아이들에게 거의 금지해야 하는 그림책일 겁니다. 그러나 심미감 있는 작품이라는 점에서 이 책을 아이들에게 보여줄 수 있습니다. 다른 그림책에서 볼 수 없는 자연 그대로의 색감, 미술관을 담아 놓은 듯한 이 그림책만의 특별함이 있어서입니다.

어린 시절에 좋은 그림책을 권하는 이유가 여기 있습니다. 심미안이 길러지는 시기여서 아름다움에 대한 높은 기준과 감수성을 기를 수 있습니다. 하지만 작품성만 있고 내용이 수준에 맞지 않아 매번 이해하기가 어렵다면 흥미가 뚝 떨어질 겁니다.

글과 그림의 조화가 만든 이야기의 즐거움은 그림책만의 심미적인 특성입니다. 이야기 완성도 면에서 글과 그림이 조화롭고 자연스러운지, 형식상 안정적인지, 내용상 개연성 있는 전개인지 생각해 보면 좋은 그림책을 분별할 수 있습니다.

좋은 그림책 기준 두울. 대상성

그림책은 발달적으로 가치롭습니다. 발달적으로 가치로운 그림책은 교육성과 놀이성을 발현합니다. 그림책은 교육용 도서는 아니지만 교육적입니다. 또한 놀잇감이 아닌데 놀이성이 가득합니다. 좋은 그림책이 대상에 적합하게 선정되면 좋은 그림책은 교육이 되고 놀이가 됩니다.

대상에 적합한 그림책을 고르려면 대상을 잘 알아야 합니다. 잘 안다는 건 특정 연령의 일반적인 발달, 주요 과업, 개인의 사전 경험, 성향, 기질, 흥미 등에 관심을 갖는 일에서 출발합니다. 그림책을 고르거나 대화를 주고받는 범위와 깊이를 가늠하는 중요한 기초입니다.

— 교육성을 발현하는 그림책

세 살 이하 아이들의 눈은 분명하고 명확한 그림에 머뭅니다. 사물, 숫자, 글자, 개념을 가르쳐 주는 그림책 대부분이 그렇습니다. 이때 아이들에게는 은유나 비유, 상징보다 이야기가 없어도 글과 그림이 일대일 대응된 개념 책, 사물 책, 숫자 책이 흥미에 적합합니다.

교육 하겠다!는 의도를 분명히 하는 '그림 있는 책'들이 있습니다. 이러한 책이 나쁘거나 비교육적인 것은 아니지만 세 네살 이후에도 가르치려는 목적으로 쓰인 그림책을 지속적으로 본다면 그림책을 예술 작품으로 감상하고 즐길 기회는 줄고 교육용도의 그림책을 접하는 수준에 머물게 됩니다.

줄 설 필요가 있는 장소와 방법을 알고자 할 때, 줄 서는 방법과 장소를 나열하고 그림을 곁들인 그림책이 있고 버스 정류장을 배경으로 줄 서야 하는 상황에서 사건이 펼쳐지는 그림책이 있다면. 어떤 그림책을 읽어주고 싶은가요. 필요하고 중요한 교육을 하려는 매체가 그림책이라면 어떤 방식이어야 대상에 적합할까요?

고구마 구마, 반달, 사이다, 2017

「고구마 구마」는 '구마'로 언어유희가 펼쳐집니다. '아름답구마', '달리기를 잘 하구마', '노래도 잘 하는구마' 등으로 확장할 수 있는 이야기는 언어의 즐거움과 재미를 만듭니다. 그 재미에 언어적 배움은 덤으로 따라온다고 볼 수 있습니다.

그림책을 예술작품으로 경험하기를 원한다면, 작품성을 토대로 대상에 적합한지 고려하면 좋습니다. 대상에게 공감대를 불러일으키는지, 발달과 경험 수준에 적합한지, 흥미와 관심을 끌 만한지, 바람직한 가치관 형성과 긍정적인 발달에 적합한지 생각하면서 말이지요.

그림책이 교육적으로 바람직한지 판단하는 건 어른의 역할입니다. 작가에게는 창작의 자유, 출판사에는 언론의 자유가 있습니다. 그림책은 작가와 출판사의 세계관과 가치관을 담고 있습니다. 따라서 그림책은 함께 그림책을 볼 대상을 생각하는 마음, 분별있는 시각으로 건강한 체에 걸러져야 합니다.

영유아, 학령기 아이들은 그림책의 독자면서 동시에 교육받는 적기에 있습니다. 어떤 방향의 교육을 할 것이냐에 따라 그림책 선정은 매우 다양해집니다. 그림책은 읽어주자마자 곧바로 아이들에게 배움이 되고 가치관에 영향을 줄 수 있습니다. 그 영향에는 다소간의 책임이 따릅니다.

거짓말! 하면 가장 먼저 생각나는 이야기가 있습니다. 바로 피노키오지요. 거짓말하면 코가 길어진다니 … 어릴 때 이 이야기를 읽고 가장 많이 생각했던 건 '거짓말하면 안 되겠다'가 아니라 '코가 길어질 때 얼마나 아플까.'였습니다. 그리고 제 코를 만지면서 '이 작은 코가 얼만큼 길어질 수 있을까' 생각했지요.

저처럼 거짓말한 다음 자기 코를 만져본 아이들도 적지 않을 것 같습니다. 피노키오 이야기가 거짓말을 하면 벌 받는다는 걸 가르치기 위함은 아니지만, 대부분 제페토 할아버지의 사랑과 둘의 재회보다는 거짓말하면 코가 길어질 수도 있다는 데 강한 자극과 인상을 받았을 겁니다.

피노키오는 신문에 연재된 이야기가 각색된 동화입니다. 거짓말에 대한 강한 교훈이 담긴 피노키오 이야기의 가치를 폄하하는 것은 아닙니다. 문학작품으로서의 가치와 이야기가 발현하는 교육성, 대상에게 미치는 영향은 또 다른 차원입니다.

'거짓말하면 나쁜 아이야', '거짓말하면 혼나', '거짓말하면 친구들이 너 싫어해'. 이 말들은 거짓말에 따르는 결과입니다. '코가 길어진다'와 같이 외부에서 가해지는 평가나 벌이라는 점에서는 매한가지입니다. 거짓말을 한 번이라도 해본 아이라면 이 공포와 두려움에서 자유로울 수 없었을 겁니다.

이 이야기가 의도했든 의도하지 않았든 피노키오를 읽자마자 우리는 배웠습니다. '거짓말 하면 벌 받는다.' 잘못된 행동을 벌로 다루는 교육철학이 반영된 이야기입니다. 상냥하고 실감나게 구연하면 할수록 거짓말에 뒤따르는 결과를 더 선명하게 각인시켜 벌을 피하기 위한, 두려움으로 거짓말 중단을 실현합니다. 허나 이것이 곧 정직이 되는 건 아닙니다.

그림책이 발현하는 교육성은 그림책 '을' 배우는 것, 그림책 '내용'을 배우는 것으로 나누어 생각해 보았습니다. 포스트모더니즘 문화는 '모든 것이 상대적이고 절대적인 것이 없다'는 논리에 절대성을 부여합니다. 그러나 절대선과 절대악은 있습니다. 사람은 영원히 진·선·미를 갈망하며, 살인은 절대악으로서 그 어디서도 환영받지 못합니다.

아이들에게 판단과 선택을 맡기면 안 되는 것들도 많습니다. 서서히 알아가도 되는 지식도 있습니다. 아이들을 존중한다는 것은 모든 것을 허용하는 것도, 모든 일에 가능성을 열어두는 일도 아닙니다. 아이들에게 가르쳐야 할 것에 대한 바른 판단은 어른들의 몫입니다.

— **놀이성을 발현하는 그림책**

공부하려고 그림책 보는 사람들은 별로 없을 겁니다. 그림책은 놀이적이고 놀이성을 발현합니다. 놀이의 가장 중요한 속성은 자발성과 즐거움입니다. 그림책은 적극적으로 페이지를 넘겨야 볼 수 있는, 내 눈과 내 손을 사용해야 하는 매체이니만큼 자발성을 요합니다.

그림책의 글과 그림, 그림책의 구조, 이야기에서 만들어지는 놀이들, 그림책 내용이 담고 있는 다양한 주제, 소재, 등장인물에는 놀이성이 가득합니다. 놀이가 발견되고 놀이가 확장됩니다. 그림책은 자발적으로 보는 동안 즐거움과 기쁨이 생겨납니다.

재미있어서 그림책을 골랐다면, 어쩌면 좋은 그림책의 본질에 가장 가까운 선택입니다. 「커다란 방귀」는 코끼리가 방귀 뀌어서 가벼운 동물들은 멀리 날아가고 무거운 동물들은 가까이 날아가는 내용입니다. 방귀, 엉덩이, 코딱지만 나오면 좋아하는 게 아이들이니 이 그림책을 좋아하겠지요.

커다란 방귀, 강경수, 시공주니어, 2014

그냥 방귀 얘기입니다. 방귀 이야기지만 색감은 깔끔합니다. 웃게 하는 자체만으로도 좋은 그림책이 될 수 있습니다. 가벼운 동물들은 멀리 떨어지고, 무거운 동물들은 가까이에 떨어지니 무게와 거리에 대해 가르칠 수 있는 기회가 될 수 있습니다. 하지만 아이는 별로 안 좋아할 겁니다. 재미없어 질 거예요.

그림책 본 후 대화하다가 이런 대화 정도는 할 수 있습니다. '코끼리가 방귀 뀌면 엄마가 멀리 날아갈까? 정아가 멀리 날아갈까?' 아이는 생각해 보고 말할 것입니다. 무게와 거리에 대해 개념화하지 않아도 이야기에서 감각적으로 안 겁니다. 의도하지 않았어도 수학적·과학적 감각이 발현된 겁니다.

그림책이 이렇게 웃고 끝나면 어떤 경우에는 싱거워합니다. 다시 말해, 아무 내용도 없네! 무슨 얘기 하는 거지? 이렇게 반응합니다. 그러나 웃게 하는 그림책을 고르고 누군가가 '왜 이 그림책이 좋은 그림책인지' 물을 때 '재밌잖아요.' 라고 답할 수 있다면 그것만으로도 그림책의 가치는 충분합니다.

— 좋은 그림책에 대해 내 언어로 말하기

근데 그 얘기 들었어?, 땡고, 바둑이하우스, 2018

「근데 그 얘기 들었어?」는 어떤 상을 받은 흔적도 없지만 개인적으로 참 좋은 그림책이라고 생각합니다. 마을에 누군가 이사를 오고, 그 누군가에 대한 소문은 점점 와전되는 에피소드가 담겨 있습니다. 누군가 '왜 좋은 그림책인지' 물어보면 제 언어로 이렇게 답할까 합니다.

이 그림책은 소문이 주제예요. 이야기가 단순한데 점층되는 구조가 긴장감을 줍니다. 콜라주로 표현되었는데, 덕지덕지 붙어 불어나는 소문의 이미지와 잘 맞아서 이야기에 더 몰입했어요. 이 소문이 또 누구에게 전해질까? 궁금해하면서 책장을 넘겼습니다. 끝까지 재밌게 봤어요.

아이도 어른도 모두 재밌게 볼 수 있어요. 아이들은 간단한 글과 그림으로 이야기를 이해할 수 있고, 동물들이 소문을 퍼뜨리는 모습이 재밌습니다. 어른들은 이야기 재미에서 나아가 공동체, 타인의 감정, 섣부른 정보 전달 등에 대해서 생각하고 대화해 보게 됩니다.

이 그림책을 보면 곧바로 생각나는 놀이가 있어요. 귓속말로 말 전하기 게임이예요. 준비물 없이도 할 수 있는 간단한 놀이지만 그림책과 아주 밀접하고 재밌어요. 말만 듣고 그림으로 표현하기, 그림을 보고 말로 표현하기 놀이, 나만의 근데 그 얘기 들었어 책 만들기 등을 할 수 있습니다.

소문의 속성을 잘 표현한 이야기 구조와 표현방법, 몰입해서 끝까지 보도록 하는 넘기는 드라마로서의 그림책을 칭찬했습니다. 대상 적합성과 개인의 판단과 행동, 공동체의 문화에 대해 생각해 보도록 하는 내용도 칭찬했습니다. 쉬운 놀이 연결과 발견 또한 칭찬했습니다. 좋은 그림책에 대해 말하는 건 이렇게 그림책을 칭찬하는 겁니다.

길게 설명하지 않아도 괜찮습니다. '이 글 표현은 이 그림책 아니면 못 만나잖아요.', '이 색감은 다른 그림책에 없잖아요.' 등 좋은 그림책에 대한 틀이 아닌 기준을 갖고 '내가 왜 그 책을 골랐는지' 내 언어로 말할 수 있으면 더 즐겁게 그림책을 고르고 더 편안하게 그림책을 볼 수 있습니다.

"할까 말까"

안녕하세요. 망고편지입니다.

'거짓말'이라는 제목과 그 단어의 어두침침함과 달리 화사한 표지. 그리고 두 마리의 귀여운 생쥐가 조화를 이룹니다.

누구나 거짓말을 합니다. 왜 거짓말을 할까요? 피아제와 콜버그와 같은 인지학자들은 거짓말을 전략적인 사고의 출현으로 설명합니다. 그러나 거짓말은 인지적 전략만으로 완성되지 않습니다. 거짓말을 더 합리화하고 더 정교화 하는데는 그것이 쓰일지 모르나 애초에 거짓말을 왜 하는지는 설명하지 못합니다.

치치는 숲에서 빨간 자동차를 발견하고, 여러 가지 이유로(?) 집에 가져다 둡니다. 빨간 자동차는 토비 것입니다. 토비가 자동차 못 봤는지 묻자, 자기도 모르게 그만 '못 봤다'고 합니다. 토비에게 사실대로 털어놓으려고 하지만 그 때마다 왠지 말하기가 어렵습니다. 가슴이 따끔따끔 아파옵니다.

거짓말은 처음부터 다른 사람을 속일 생각으로 시작되지 않습니다. 예를 들어, '니가 먹었지?' 그러면. '응 내가 먹었어.' 하면 되는데 이를 묻는 사람의 눈빛, 상황, 분위기에 따라 자기를 보호하고자 하는 방어기제 같은 것이 발동됩니다. 치치처럼 '못 봤어.' 라고 발뺌하듯이 거짓말이 나타나는 겁니다.

가장 친한 친구 토비와 못 놀 지경으로 아픕니다. 치치는 토비의 눈을 똑바로 보기 힘들었습니다. 관계에 문제가 생긴 겁니다. 거짓말은 가장 먼저 스스로를 찌르고 괴롭힙니다. 숨겨야 하니 피하게 되고 결국 스스로를 고립시킵니다. 거짓말의 가장 큰 해악은 거짓말 그 자체가 아니라 고립과 관계 파괴에 있습니다.

토비가 찾아와 가시를 빼주겠다고 합니다. 치치는 그런 친구를 향해 용기를 내 봅니다. 토비가 순수하게 자기를 찾아왔고 자신을 걱정해 주고 있습니다. '도저히' 이 친구에게 사실을 숨길 수 없었습니다. 용기를 낸 치치 가슴에 박힌 가시가 빠집니다. 다시 토비 눈을 바로 바라볼 수 있습니다, 관계가 회복된 것입니다. 크던 작던 모든 것을 되돌려 제 자리에 놓는 데는 용기가 필요합니다.

거짓말에 관하여

상대방이 모르고 넘어갔다고 해서 거짓말로부터 자유로워지는 것이 아닙니다. 거짓말은 인지적 사회적 차원의 일이기보다 바른 마음, 양심, 관계적 차원의 일이기 때문에 상대방이 모른다고 해서 자유로워지는 것이 아닙니다. 그러므로 선한 마음, 관계를 배워나가는 어린 아이 시절 거짓말을 벌로 다루거나 행동에만 초점을 두어서는 안 됩니다.

많은 가르침들은 거짓말하는 행동을 중점적으로 다룹니다. 교정해야 할 행동이기 때문입니다. 거짓말에는 앞서 말한 해악이 있기때문에 하면 안되는 것이 맞습니다. 장차. 궁극적으로. 정녕 거짓말을 하지 않도록 가르치고 싶다면 거짓말 그 자체보다 '왜 거짓말을 하는지'에 관심을 가져야 합니다.

거짓말이 출현하고 발전할 가능성이 있다면 이 때 가르침의 방향성을 잘 잡아야 합니다. 전략적, 논리적 사고가 발달할수록 거짓말은 정교해지고, 그 논리 안에서 그 자신도 거짓말을 믿는 수준까지 나아갑니다. 다른 사람을 속일 의도로 거짓말을 완성합니다.

대개 대여섯 살 정도부터 거짓말이 나타납니다. 툭 거짓말을 했는데, 거짓말이 성공해 자기 보호의 결과를 가져오면, 자기 보호가 필요할 때 거짓말을 하게 되고 이 방법을 계속 사용하게 됩니다. 하여 거짓말이 자기 보호의 방법으로 채택되지 않도록 주의를 기울여 보살펴야 합니다.

어린 시절 초기 거짓말은 아이 입장에서 생각해 보아야 합니다. 캐묻는 눈빛과 말투, 사실을 털어놓으면 몰려올 더 큰 두려움이 솔직하게 말할 용기를 가로막는 경우가 많습니다. '솔직히 말하면 용서해 줄 거예요?' 하는 아이에게 '들어보고 생각해 볼 거야'. 라고 말하는 건 안 혼날 만큼으로 거짓말 하라는 말과 같습니다.

'솔직히 말하면 용서해 줄게' 라고 하는 건 아이 입장에서는 약속입니다. 침 한 번 꿀꺽 삼키고 말하는 건 신뢰의 다리를 건너야 할 수 있는 일입니다. 솔직히 말했더니, 더 많이 혼나거나 두려운 상황을 맞이한다면 어른에 대한 신뢰는

깨집니다. 그리고 그 위험(?)을 감수하면서 솔직해지기는 어렵습니다.

물론 거짓말의 결과에는 책임이 따릅니다. 그러나 아이의 자기 보호적 즉, 속일 의도로 시작되지 않은 거짓말을 무조건 나쁜 행동이다. 나쁜 아이다 하고 낙인찍으면 용기를 내 털어놓으려는 마음은 책임의 무게에 짓눌리게 됩니다.

신뢰가 중요합니다. 이미 거짓말이 문제행동으로 발전한 아이에게 훈육을 목적으로 이 그림책을 친절하게 읽어준다면 아이는 어떻게 반응할까요? 자기방어를 위해 시작된 게 거짓말인데 가르칠 목적으로 진행되는 이 친절한 과정은 아이로 하여금 더 마음의 문을 닫도록 만들 수 있습니다.

자기 보호가 필요한 순간, 안전의 욕구가 위협받습니다. 그러니 '안전해' '털어놓아도 괜찮아' '용기가 필요한 일인데 용기 냈구나' '솔직히 말하는 건 쉽지 않은 일인데 대견하다' 와 같은 격려가 필요합니다. 아이 생각에 '나를 보호하려고 애쓰지 않아도 괜찮겠구나' 하는 편안한 신뢰가 쌓여갈 때 거짓말은 서서히 사라집니다.

한 사람의 존재가 투명해지고 왜곡으로부터 자신을 보호하는 방법이 정직입니다. 거짓말은 나 자신부터 힘들게 한다는 건 후에 가르쳐도 괜찮습니다. 솔직했을 때의 편안함과 거짓말의 불편을 스스로 대비해 느낄수 있도록 돕는데 이 그림책은 탁월한 지혜와 가르침을 주고 있습니다.

정직에 관하여

정직은 매우 고리타분한 말이자 행동이 된 것 같습니다. '정직은 최선의 방책'임에도 '사람이 너무 정직해서 탈이야' 와 같이 '유연성없고 융통성없다'. '곧이곧대로다'라는 뜻을 담아 부정적인 뉘앙스로 사용되기도 합니다.

정직은 한자로 '正直'입니다. 직선에도 直(옳다. 바르다)을 사용합니다. 산을 구비구비 돌아가면 나름의 장점도 있고 힘들이지 않고

망고편지 "할까 말까"

올라갈 수 있지만, 직선이 산 정상이라는 목표지점에 이르는 가장 최단거리이며 빠른 길입니다. 정직은 불편한 옷이지만 입다보면 내 몸에 가장 잘 맞는 옷과도 같습니다. 나중에는 이 옷을 입지 않으면 불편해 질 겁니다.

영어 정직(honesty)에는 '명예가 있다'는 의미가 있습니다. 그리고 우연의 일치 같지만 이 단어에는 꿀(honey)도 감추어져 있습니다. 한번 먹으면 다시 맛보고 싶은 꿀처럼 진실이라는 참맛과 자유라는 달콤한 결과. 그리고 명예를 지켜주는 것이 정직이라는 덕목입니다.

2015년 인성교육진흥법이 나온 이후 J대학교에서 인성관련 교과목을 담당한 적이 있습니다. 대학입시제도가 모든 교육 중심인 우리나라 대입에서 인성을 본다고 하니 인성학원도 등장했습니다. '인성을 과연 어떻게 평가할 것이며, 인성학원은 과연 뭘 하는 곳 일까' 싶어 씁쓸했습니다.

대학에 인성좋게 평가받도록 컨설팅할 텐데, 이런 방식을 취하는 어른들의 모습을 보여주는 것이 곧바로 아이들에게 이미 나쁜 교육을 하고 있는 것이기 때문이었습니다. 좋은 인성 운운하면서 왜 인성 형성에 위배되는 방식으로, 부끄러운 방식으로 교육하려는지. 할 말을 잃었습니다.

이 때 교육열 높은 우리나라 유아교육시장은 습관처럼 인성교육이라는 이름의 교재교구들을 내놓았고 '인성'이라는 말이 들어가야 앞서가는 트렌디한 교육상품이 되었습니다. 유아교육현장에 어떤 교육이 펼쳐질지는 자명했습니다. 인성을 구성하는 요소들을 개념으로 가르치고, 관련된 활동을 하지요.

예컨대, 배려라는 단어를 챈트에 맞추어 앵무새처럼 즐겁게 따라 부르고, 잘 부르면 배려를 잘 아는 것처럼 끝납니다. 바르게 인사하는 그림카드를 가져오는 게임에서 경쟁적으로 카드를 가져오느라 질서는 없습니다. 이런 활동으로 아이들이 인성을 배웠다고 생각할까 봐 우려되었습니다. 현장 선생님들이 이렇게 하는 것을 인성교육 방법으로 여길까 봐 걱정되었습니다.

교과목을 담당하면서 교재와 현장을 보니, 인성을 이루는 덕목들을 하나씩 클리어해야 하는 풍선 터뜨리기처럼 취급하고 있었습니다. 정직, 경청, 배려, 예의 간의 관계성. 인성이 지식과 기술로 어느 만큼 가르쳐질지, 아이들의 인성은 어떻게 형성되는지에 대한 깊은 고민이 가르침과 연결되어야 했습니다.

인성의 가장 중요한 기초는 정직이라는 결론에 이르렀습니다. 정직해 지는데는 용기가 필요합니다. 자신에게 정직한 사람은 자기 소리에 귀를 기울입니다. 경청합니다. 자신의 소리만큼 타인에게도 귀를 기울이고 공감합니다. 타인의 입장에 공감하면 배려하게 되고, 타인을 배려하다보면 공동체를 생각하게 됩니다.

용기를 갖춘 정직한 사람에게는 책임지는 자세가 있습니다. 맡은 일에 대해서도 소속된 공동체에서도 강한 책임감과 주인의식을 갖습니다. 투명한 눈으로 바라보고 직시합니다. 숨거나 피하지 않는 태도를 훈련합니다. 이런 사람은 본인이 원하지 않아도 리더가 될 가능성이 높습니다.

모두 아이들을 리더로 기르고 싶어 합니다. 하지만 정작 리더가 갖추어야 할 가장 기본적인 덕목인 정직은 소홀히 대합니다. 정직은 지금이 아니어도 배울 수 있는 것으로 나중에 배워도 되는 것으로 여깁니다. 리더는 먼저 자신을 들여다볼 줄 알아야 합니다. 자신을 잘 들여다볼 수 있는 힘은 자기에게 솔직할 수 있는, 진실을 외면하지 않는 정직에서 시작됩니다.

그림책이 보여주는 거짓말과 용기

이 그림책은 거짓말의 행동보다 거짓말의 불편을 보여줍니다. 그림책 표지에 둘이 탄 그네는 털어놓을까 말까하며 거짓말과 용기 사이를 왔다 갔다하는 둘의 마음처럼 보입니다. 빨갛고 파란 열매는 요정도는 괜찮을 거야 하며 따 먹고 싶은 선악과 같기도 하고, 거짓말에는 결과가 있음을 열매로 상징하는 것 같기도 합니다.

치치가 '못 봤어'라고 말하는 장면에 가시로 덮인 밤은 진실을 숨긴 채 따끔따끔 찔리는 마음을, 반쯤 벌어진 틈으로 보이는 알밤은 가시를 벗겨냈을 때 먹을 수 있는 열매. 진실의 맛을 생각하게 합니다. 토비에게 거짓말한 뒤로는 볼 수 없는 치치의 앞모습. 많은 여

망고편지 "할까 말까"

책은 거짓말이라는 주제를 깊이 생각하도록 합니다.

한 번 쯤 거짓말 해 본 아이들. '거짓말 해 본 적 있느냐'는 질문에도 자기방어가 나타납니다. 거짓말이 뭔지 아는 아이들은 거짓말이 나만의 비밀스러운 이야기라는 식의 느낌을 가지니까요. 그럴 때 이 그림책은 우리의 거짓말이 아닌 치치와 토비로 들려 줄 수 있어 좋습니다.

'치치가 침대에 엎드려 있다. 왜 그러는 거지?'
'치치는 어떤 마음일까?'
'가슴이 따끔따끔하데. 너희도 이렇게 따끔따끔 한 적 있어?'
'치치가 솔직하게 말하고 싶어하는 것 같아. 그런데 잘 안되나 보다.'

이런 이야기를 하면서 이 그림책을 볼 수 있습니다. 이야기 하는 중에 아이들의 반응을 보면서 제 이야기를 한 적도 있습니다. '선생님도 어렸을 때 거짓말 한 적 있어.' 눈이 동그래지는 아이들. '선생님이 그럴 줄은 몰랐다.' 는 표정. 그리고 '선생님도 거짓말을 하는구나' 하는 묘한 안도감이 스칩니다.

'선생님도 그랬던 것 같아. 따끔따끔. 나를 아프고 힘들게 하는 것 같아.'
'거짓말을 하고 다시 솔직하게 말하는 건 어려운 일 같아.'
'그런데 치치가 용기를 냈어. 그건 멋진 일이야.'

편안한 분위기에서 이렇게 대화하면 '나도 거짓말 한 적 있어요.' 고백(?)하는 아이들도 있습니다. 이 그림책의 메시지처럼 거짓말하는 행위보다 제자리로 되돌려 놓는 용기에 방점을 두고 보면 아이들의 자기방어는 스르 풀립니다. 말해도 괜찮을 것 같다는 마음이 생겨나는 겁니다.

한번은 대학생들 그림책 자격과정에서 이 그림책을 읽어주었을 때, 중학 시절 거짓말했던 자신의 상황과 모습이 떠오른다는 학생이 있었습니다. 자기 자신을 보호하기 위한 거짓말이었고, 남에게 피해를 주진 않았지만 지금도 아무도 모르고 있으며 마음 한 켠이 항상 묵직하다 했습니다.

그 학생에게, 오늘 밤 잠자리에서 중학생이었던 그 때의 너에게 이렇게 말해

주라고 했습니다. '**야. 너 그 때 무서워서 그랬지? 그래서 거짓말 했잖아. 나 오늘 그거 알았는데, 너 정말 힘들었겠다. 이제 괜찮아. 내가 알았어. 넌 안전해.' 그 학생은 그렇게 해 보았다 합니다. 그리고 실제로 마음이 편해졌다 합니다.

이 학생도 거짓말 했다는 자체에만 집중하면서 죄책감을 느껴 왔습니다. 대학생이 된 자신이 어른처럼 다가가 중학시절 자신에게 말을 걸어주었을 때, 지난 시간의 올무에서 벗어날 수 있었습니다. 거짓말을 해도 괜찮은 건 아닙니다. 그러나 거짓말의 올무에 걸려 앞으로도 뒤로도 가지 못하는 상태 또한 바람직하지 않지요.

부모가 되어보니 자녀에게 가장 속상할 때는 자녀가 나에게 거짓말 할 때입니다. 속임. 이지요. 화가 나지요. 그러나 화내기 전에, 속일 수밖에 없었던 이유가 있나 한번은 생각해 보고, 아이가 거짓말의 올무에 갇히지 않고 크던 작던 스스로 정직의 맛을 보도록 해야 합니다.

정직은 마음에서 시작됩니다. 마음의 창은 잘 안 보이고, 마음의 소리는 세미하여 잘 안 들립니다. 마음을 들여다 볼 만큼 한가하지 않고, 마음의 소리를 들을만큼 고요하지 않지만 아이들은 정직하거나 부정직한 어른들을 거울보듯 바라보며 세상을 배우고 있습니다.

오늘도 아이들이 부모님, 선생님이라는 거울에 자신을 비춰 보고 있습니다. 정직이 지루한 말이 아닌, 진짜 달콤한 삶의 방식, 나 자신과 타인에 대한 존중, 그리고 투명하고 아름다운 것임을 알고 그렇게 사는 모두가 되면 좋겠습니다.

오늘도 마음에 잘 도착했습니다.
망고지기 드림.

망고편지 "할까 말까"

거짓말, 가사이마리,
손정원 역, 한솔수북, 2005

아이들과 그림책 읽기

사람의 일생 중 영아기가 가장 '타고남'에 가깝고, 개인 특성이 가장 도드라지게 나타납니다. 그러다가 유아기가 되면 지·정·의 여러 발달 면에서 개인차가 줄고 동일 연령 월령 아이들은 대부분의 발달 수준에서 비슷해집니다. 따라서 촘촘하고 민감한 발달이 진행되는 영아기를 조금 더 세분해서 살펴보면 그림책 경험을 이해하는 좋은 뿌리를 만들 수 있습니다. 사람과 그림책 경험을 이해하는 좋은 시작이 됩니다.

한 가지 더 고려해야 할 것이 있습니다. 지금 아이들은 디지털 네이티브입니다. 태어날 때부터 디지털 환경이라는 물이 가득한 욕조에 몸을 담그고 있어 디지털 매체와 친숙합니다. 자신의 의지로 경험하고 안하고 할 수 있는 차원을 넘어선 디지털 전환 시대에 살고 있습니다.

이 아이들은 아날로그와 디지털의 경계가 없습니다. 이 모습이 삶의 흐름과 시대에는 자연스럽고 적합할수 있으나 건강한 사람다움을 생각할 때 발달적으로는 아날로그적 경험과 디지털 경험에 대한 고민이 필요합니다.

영아기 아기들과 그림책 읽기

영아기는 태어나서부터 36개월 경까지입니다. 이 때를 지내는 아이의 삶은 어떤 것들로 채워져 있나요? 깜깜한 엄마 뱃 속에 있다가 어느 날 전력을 다해 세상 밖으로 나왔습니다. 나갈 때를 알고 나오는게 아무리 생각해도 신기합니다. 이 날은 엄마도 힘들었지만 아기도 힘든 날입니다.

사람의 감각 중 가장 먼저 발달하고 가장 나중에 사그라드는 게 청각입니다. 뱃속에서 아가는 세상의 소리를 들었습니다. 엄마의 심장소리, 아빠의 목소리를 듣다가 세상에 나와 '그 사람이 이 사람이구나.' 청각으로 알게 됩니다.

아기 입장에서 생각해보면 그림책이 아니라도 지금 눈 앞에 아른거리는 모든 것들은 새롭고 충격적입니다. 한 번도 느껴본 적 없는 빛, 형태, 색 등 수많은 감각적 정보들이 갓 태어난 아기를 매우 피곤하게 합니다. 하여 친숙하고 따뜻한 엄마와 아빠의 목소리만으로도 가장 중요한 안정감을 줄 수 있습니다. 즉 대부분의 영아기 아이들과 세상의 좋은 연결고리는 목소리입니다.

─ 0~12개월 영아기 아기들과 그림책

영아기 아기들의 일반적인 발달을 알면 그림책 보기와 연결할 수 있습니다. 우선 영아기 아기는 시력이 좋지 않습니다. 색이나 명암보다는 형태를 선호합니다. 흑백보다 컬러를 좋아하지만 단색보다는 여러 색 패턴에 반응합니다. 천장에 달린 흑백 모빌을 좋아하는데 사실, 색보다 형태 가진 무언가의 움직임에 대한 반응으로 보입니다.

누워서 생활하는 영아기 아기들은 2~3개월경 자기 이름을 알아듣고 원하는 방향으로 고개를 돌리고, 4-5개월경에는 어른이 안아주면 무릎에 앉아 목적성 있게 물건을 잡을 수 있습니다. 뒤집기 전까지 생활 반경이 매우 작습니다. 울음-미소-사회적 미소를 짓기 시작하고 주변 사람들과 사회적 반응을 주고받습니다.

6개월경 낯가림이 시작되고, 12개월경 걷기 전까지 기어다니고, 앉고, 붙잡고 서고, 걸음을 떼어 보면서 자기의 몸을 인식하고 신체 움직임과 조절하는 힘들을 테스트합니다. 물건을 집고, 밀고, 던지면서 작은 근육들을 움직여 보고 자신의 힘과 사물의 움직임의 관계도 배워 나갑니다.

그 사이, 8개월경에는 정서 표현과 조절에 관련된 뇌 발달도 활성화

됩니다. 옹알이 이후, 수많은 수용언어들 가운데 한 단어 말도 시작이 됩니다. 양육자와 애착이 형성되는 순간에 신경세포 간 연결 회로가 두껍고 정교하게 발달합니다. 이 시기 영아기 아기에게는 '함께'하는 모든 경험이 중요합니다.

영아기 아기들에게 그림책은 놀잇감입니다. 아이들이 그림책을 읽어주는 부모 옆에서 목소리를 듣고 그림을 봅니다. 놀잇감인데 기차나 인형하고는 달라 엄마, 아빠, 선생님이 펼치고 넘기면서 뭐라고 말을 합니다. 매번 이런 일이 반복되면서 아기들은 책에 대한 감각과 인식이 생깁니다.

4~5개월 경 영아기 아기들은 형태와 색채 인식을 할 수 있으니 목욕책이나 소리나는 책 등 책의 형태로 된 놀잇감으로 놀 수 있습니다. 12개월 전 아이들은 모든 사물을 맛부터 봅니다. 프로이드가 말한 구강기에 해당하는 시기로 모든 만족과 욕구가 입에 집중됩니다. 그러니 이를 고려해서 책놀잇감을 정해야겠지요.

12개월 전 영아기 아기들에게는 무독성인 책, 세척 가능한 책, 헝겊책이 좋습니다. 부드러운 비닐 책도 촉감적 흥미로움을 주니 어른이 함께 있는 안전한 상황에서는 좋습니다. 사람 얼굴과 친숙한 사물이 등장하는 책을 좋아하고 단순하며 형태가 뚜렷한 큰 그림에 잘 집중합니다.

모빌책, 병풍책, 계단식책, 촉감책, 퍼즐책, 음률책 등 다양한 놀잇감 형태는 모두 좋습니다. 보드북은 날카롭지 않고, 몇 장 되지 않으며, 영아기 아기 힘으로도 한 장 넘겨볼 수 있기 때문에 좋습니다. 이렇게 하면 영아기 아기도 자기 힘으로 넘겨 다음 장을 볼 수 있으니 적극적인 독자의 경험을 갖게 됩니다.

― 13~24개월 영아기 아기들과 그림책

직립보행이 최초의 자존감을 경험하는 순간이라고 합니다. 아이들이 처음 걸을 때, 걷는다! 걷는다! 하며 박수 치고 기뻐했던 순간이 모든 부모의 마음에 생생합니다. 모든 사람이 이때를 기억하지는 못하지만, 스스로 발을 딛고 서서 앞을 향해 걷는 건 환희와 기쁨 그 자체입니다.

두 발로 걷게 되니 이 시기 아기들은 너무 바쁩니다. 그동안 가보지 못했던 주방도, 화장실도 가봐야 합니다. 궁금한 것이 천지에 있으니 아파서 열이 나도 끝없이 놉니다. 호기심 따라 여기저기 탐색하는데 마음대로 몸이 안 따라주니 잘 안되어서 넘어지거나 잘 다칩니다.

세상을 탐험하면서 자신의 능력과 수준에 대해 끊임없이 확인하는 이 아이들에게는 주 양육자의 돌봄과 보호가 필요합니다. 부모나 선생님에게 단어로 간단한 요구를 할 수 있습니다. 점차 한 단어에서 두 단어를 연결해 말하고 의성어, 감탄사를 사용하며 운율이 있는 노래를 따라 할 만큼 표현언어도 느는 시기입니다.

타고난 기질과 발달 수준에서 자기의 기분이나 감정, 원하는 것도 표현합니다. 어떤 아이는 조금만 불만족스러워도 얼른 자기표현을 합니다. 어떤 아이는 분명히 불만족스러운 상황인데도 표현하지 않습니다. '말을 해야 알지'라고 아이에게 교육하지만, 표현이 적은 아이는 관심있게 보며 필요를 확인해야 합니다.

아직 한두 단어 표현만 하는 아이들이지만 어른보다 이 부분에 더 민감합니다. 아이들에게 상대방의 반응성은 자신의 생존과 관련되어 있기 때문입니다. 아이들만 아니라 어른도 마찬가지일 겁니다. 자신을 대하는 사람의 반응에 따라 더 자신 있게 자기를 표현하기도 하고 움츠러들기도 합니다. 반응성으로 관계에 대한 확신 혹은 불안을 갖게 됩니다.

주 양육자와의 애착관계를 기반으로 신뢰감과 안정감 안에서 모든 걸 배워나가는 시기이므로 말을 가르치려고 하기보다는 아이의 표현에 관심을 갖고 눈빛으로, 미소로, 언어로 반응을 보여주는 게 중요합니다. 이러한 반응이 아이로 하여금 더 표현하고 발화하고 싶도록 하는 격려가 됩니다.

먹고, 자고, 배변하는 매일 반복되는 일상 패턴이 큰 무리 없이 규칙적으로 흘러가는 것 자체가 안정감과 신뢰감에 중요한 기초입니다. 그 위에 기본생활습관과 자조 능력을 배워나가게 됩니다. 이 과정으로 생리적 욕구, 안전의 욕구, 사랑과 소속의 욕구가 충족됩니다.

이때 아이들은 전에 보던 책을 좋아합니다. 익숙하고 편안한 책에 애착을 갖습니다. 생리적 욕구, 안전의 욕구, 애정의 욕구를 스스로 충족시키기 어렵기에 일상에서 보고 듣는 것들과 관련된 내용의 그림책을 다정한 어른이 읽어줄 때 안정감 안에서 욕구가 충족됩니다.

간단한 단어와 문장, 반복되는 운율감 및 리듬감이 있어 어른을 따라

하거나 대화를 주고받을 수 있는 그림책, 일상생활에서 볼 수 있는 사람과 사물, 습관과 자조능력을 담은 그림책은 정서, 인지, 언어, 사회성, 발달 등을 지원할 수 있어 함께 보면 좋습니다.

영아기 아이들은 표현언어보다 수용언어가 더 많은 시기입니다. 들어서 아는 언어들은 많지만 표현할 수 있는 언어가 적습니다. 어떤 생각이 나면 행동부터 하고 행동으로 자기 생각을 표현합니다. 의도와 결과를 연결지을 수 없어 자기 행동에 대해 설명할 수 없는 때입니다.

15개월 정도 되는 준영이(가명)와 그림책을 볼 때 있었던 일입니다. 장난감, 옷, 치약 등 일상 물건들이 있는 사물책을 보고 있었는데, 갑자기 일어나서 교실에서 나가는 겁니다. '아. 집중력이 다했나'보다 하면서 책꽂이에 그림책을 꽂아두었습니다. 잠시 후 헐레벌떡 달려와 제 앞에 나타난 준영이 얼굴은 상기되어 있었습니다.

준영이 손에는 양말 한 짝이 들려있었습니다! 순간, 아. 아까 그림책에 있는 그 양말. 비슷한 무늬 양말 찾아왔구나! 제 손에 그림책이 없는 걸 본 준영이의 동공이 살짝 흔들렸습니다. '어? 양말이네?' 하면서 재빨리 그림책을 찾아 열어 확인해 주었습니다. 준영이는 양말을 옆에 두고 다시 그림책을 봤습니다. 휴...

'선생님 저 비슷한 양말이 있어요. 가지고 올게요.' 하면 참 좋았을 텐데. 마음만 굴뚝같고 표현을 아직 못하는 것입니다. 다시 앉아 집중하는 아이의 등과 뒷모습이 기억납니다. 그 자리에서 아이를 기다리지 않았다면, 아이는 양말을 가지고 와서 어떻게 했을지 조금 궁금합니다.

― 24개월 후 영아기 아기들의 발달상

24개월경 아이들에게 가장 중요한 키워드는 '자아' 입니다. 이때 아이들이 가장 많이 하는 말은 '내꺼야.', '내가 할거야.', '싫어.'입니다. 내 것을 고집하고 못된 마음이 생겼기보다 '나'를 인식해서 '남'도 인식할 수 있게 되었다는 표시입니다. 자기 의사 표현이 이전보다 확실해진 것입니다.

되고 안되고, 맞고 틀리고 보다 스스로 해보려고 시도하는 것들이 많아지는 시기입니다. 전보다는 더 많이 성공하고 성취감을 맛보면서 자기에 대한 애정과 확신을 갖게 됩니다. 미숙해도 어설퍼도 자주 시간과 기회를 줘야하는 이유입니다. 호불호 표현이 가능하다는 것은 좋아하는 그림책에 대한 애착을 강하게 표현할 수 있다는 의미입니다.

눈앞에 없지만 있다는 걸 아는 놀라운 능력. 대상 영속성이 생기기도 하고, 이로 인해 상징 놀이도 가능해집니다. 마우스를 전화인 척 받고, 또 그 마우스로 자동차 놀이도 합니다. '뭐 뭐인 척하는' 상징 놀이가 가능해졌다는 것은 그림책과 관련해서 이야기의 환상성에 작은 감각을 가지게 되었으며, 타인인 이야기 주인공에 조금은 공감할 수 있게 되었다는 말도 됩니다.

이 시기 아이들 또한 이전에 보았던 책들을 좋아합니다. 거의 모든 말을 알아들을 수 있어 문장 표현이 있는 그림책도 잘 볼 수 있습니다. 그림은 그린 것이고 어른이 소리 내 읽어주는 건 그림이 아니라는 걸 인식하기 시작합니다. '이거 뭐야?' 라는 질문을 하면서 그림이 아닌 글자를 짚으며 묻기도 합니다.

글씨 비슷한 끄적거리는 행동으로 자기만의 흔적을 나타내기도 합니다. 만2세 담임 교사였을 때 우리 반 아이 권성현(가명)이 기억납니다. 동그라미를 여러 개 겹쳐 끄적거린 종이를 제게 수줍게 내밀었습니다. '이거 뭐야?' 하면, '권성현'이라고 합니다. 물론 그 끄적임들은 전혀 권성현이 아닙니다.

다음 날도 또 다른 동글뱅이들을 그려서 갖고 옵니다. '이거 뭐야?' 하면 '권성현'이라고 합니다. '이거 성현이 이름이구나.' 하면 웃고 가서 또 비슷한 걸 하나 더 만들어 옵니다. '이건 뭐야?' 하면 '스샌님.' 합니다. 전혀 제 이름이 아닙니다. 매일 이런 반복이 계속되었습니다.

자아. 나에 대해 알아가는 시기에 글자인지 그림인지 모르는 흔적들을 만드는 만2세 아이의 모습입니다. '성현아, 이름은 이렇게 쓰는 거야.' 하면서 가르쳐 줬어도 순순히 즐겁게 배울 아이이긴 했으나, 만2세 성현이의 흔적을 인정해 주었을 때 그 수줍은 콧구멍 벌렁거림을 직관하는 특권을 누릴 수 있었습니다.

또래에 대해 관심을 갖고 친구 옆에서 친구의 놀이를 보거나, 놀이감을 탐내기도 합니다. 자기와는 다른 타인을 인식하면서 서로 다른 감정에 대한 이해도도 생깁니다. 친구와 같은 그림책을 함께 보면서 다투는 일보다는 자기가 보고 싶은 그림책에 대한 관심과 경험이 더 많은 시기입니다.

영아에서 유아로 가는 시기에 모든 발달이 연장선상에서 이루어집니다. 그에 따라 볼 수 있고 즐길 수 있는 그림책도 많아집니다. 보드북만 넘기던 손가락은 좀 더 얇은 책장을 넘길 수 있게 되고, 부모님이나 선생님처럼 글자 읽는 시늉을 하며 그림책 한 장 한 장을 즐겁게 넘깁니다.

영아 아기들이 아무것도 모르는 것처럼 보이지만 다 아는 것 같기도 합니다. 제게는 세 아이가 있습니다. 스무 살에 결혼해 일찍 부모가 되어서 어설프고 부족함이 많았어서 미안한 엄마입니다. 제가 엄마가 뭐 하는 사람인지 알았을 때는 이미 아이들이 좀 자라있었고 이제 알았으니 앞으로 잘 해나가자 하고 마음을 다잡아야 했습니다.

누가 아이들 몇 살 때로 가서 다시 키우고 싶은지 물어보면 저는 3개월경이라고 할 겁니다. 눈만 떴지 아무 것도 할 줄 아는 게 없는 그 아가에게로 주저없이 갈 겁니다. 그 때로 가서 더 많은 신뢰와 안정을 쌓아주고 싶습니다. 사람은 참 멋진 존재로 창조되었고 세상에 네가 해야할 일이 있고 세상은 살만하다고 안내하고 싶습니다.

영아시기에는 그림책으로 더 많이 눈 맞추고 미소지을 수 있습니다. 아이의 자람을 그림책과 함께 경험할 수 있습니다. 한 권의 그림책. 같은 세계로 들어가 함께 있다는 즐거움으로 서로의 마음이 채워지는 것을 느낄 수 있습니다. <u>아이의 머리가 아닌 몸과 마음이 모든 것을 기억할 것입니다.</u>

유아기 아이들과 그림책 읽기

다섯 살 아이들은 처음에 네 살 같은 다섯 살이었다가, 여섯 살 같은 다섯 살로 큽니다. 그만큼 다섯 살 시기는 '우리 아이가 이렇게 컸나?' 하게 되는 격변과 격동의 시기입니다. 대개 유아기 아이들은 자신의 신체를 잘 가누고 조절할 수 있는 만큼 자랍니다. 달리다가 멈출 수 있고 멈추었다가 달릴 수 있고 이 사이에서 유머와 스릴을 즐길 수도 있습니다.

위험한 상황이 아니라면 자연적인 결과를 경험하도록 하는 것도 좋습니다. 이로써 자신의 행동반경을 정하고 힘을 조절하는 능력을 키울 수 있습니다. 자발성을 존중하되 한계를 정해 줄 필요도 있습니다. 타인에게 피해를 주거나, 돌이킬 수 없는 상황을 발생시키는 일들에 대해서는 단호하고 일관성 있는 훈육이 필요한 때입니다.

유아기 아이들은 꿈과 현실을 혼돈하기도 하고, 원하는 일을 사실처럼 말하기도 합니다. 알게 되는 것이 많을수록 호기심과 탐구심이 이전보다 많아지고 여전히 자기 능력을 실험합니다. 이 때 아이들이 하는 행동 중에는 고의보다는 실수가 많다는 점도 인식해야 합니다. 하여 행동 결과보다는 의도나 동기를 파악하면서 대화를 나누는 것이 좋습니다.

궁금한 것도 많은 시기라 질문이 많습니다. 질문의 의도도 다양합니다. 정말 궁금해서, 아는 것을 확인하려고, 또는 부모님과 말을 주고받음으로 곁에 있도록 붙잡아두기 위한 이유도 있습니다. 아이의 질문에 설명적이고 논리적인 답도 좋지만 아이가 하는 질문의 의도를 알고 그 마음을 읽어줄 필요도 있습니다.

'아이가 죽음에 대한 책을 읽고 엄마도 죽느냐며 계속 우는데 어떻게 하면 좋은지' 질문을 받은 적이 있습니다. 아이의 이런 행동에 엄마는 어떻게 반응했는지 물었습니다. '죽는 건 사실이다, 엄마는 아직 안 죽는다, 아직 멀었다' 등 이야기하며 진땀을 뺐다고 합니다. 일반적으로 할 수 있는 반응입니다.

아이가 책읽기를 좋아하고 앎의 욕구가 높지만 마음은 아직 일곱살입니다. 물론 엄마의 말이 틀린 건 아닙니다. 사람은 누구나 죽고, 엄마도 언젠간 죽을 테니까요. 아이도 잘 알고 있는 사실입니다. 아이는 그걸 부정하고 싶고, 부정하고 싶은 이유는 엄마가 좋은데, 그런 날이 올까봐 무섭고 두려워서입니다. 아이에게 이 이야기를 먼저 하고 안아주셨다면 아이가 계속 울지는 않았을 겁니다.

'엄마가 좋은데, 엄마가 옆에서 없어질까봐 무서웠구나.'
'엄마 많이 사랑하는구나. 엄마도 정환이 사랑해.'

어른들은 매우 친절하고 상냥하게 논리적으로 설명합니다. 그런데 어떤 상황에서는 이 말들이 아이에게 도움이 안 됩니다. 하여 아이 말의 의도나 정서 등을 살펴보는 게 중요합니다. 세상에는 설명하기 어려운 사실들, 받아들여야 하는 진실들이 있습니다. <u>아이들은 세상을 배우기 전에 신뢰롭고 안전한 관계에서 자기 마음이 헤아려지길 원합니다.</u>

유아기는 성격이 형성되는 시기로 사람과 세상에 대한 안정감과 신뢰감, 자율성과 주도성을 확대하고 심화하면서 자기 삶의 반경을 가늠해 봅니다. 부모님과 선생님의 역할은 사람과 세상에 대한 안내자가 되어 아이가 호기심을 유지하며 세상을 탐구하고 자신의 세계를 만들어 나가도록 돕는 것 입니다.

기본생활에 필요한 신변처리 능력이 점점 안정됩니다. 할 줄 아는 말이 많아 지지만 맥락에 맞게 말하기보다는 자신이 하는 말을 상대방이 이해하든 못하든 전하는 식입니다. 자기중심적 사고의 특징으로 볼 수 있습니다. 다섯 살은 시제를 이해하지 못하지만, 여섯, 일곱 살 아이들은 과거-현재-미래를 알고 인과관계도 이해합니다.

시간의 흐름에 대한 인식은 그림책에 담긴 이야기 이해에 유용합니다. 모든 사건은 시공간에서 이루어지기 때문에 시간 감각이 있다면 지난 시간과 지금의 시간, 다가올 시간 등을 상상하면서 그림책을 더 즐겁게 볼 수 있습니다. 이 때 아이들은 거의 모든 그림책을 즐겁게 볼 수 있습니다.

글자에 대한 관심이 커지고 읽고 싶어하며 쓰고 싶어하기도 합니다. 단, 이 과정이 즐거워야 겠지요. 어린 아이들이지만 글을 몰라도 이야기를 듣고 이해할 수 있습니다. 문해력이 있는 것입니다. 나아가 다른 사람과 대화 맥락에서 상황에 맞는 말을 주고받을 수 있다면 공감문해력을 갖춘 것입니다.

만약 초등학생이 되어 글을 빠르게 읽고 쓸 줄 알지만 정작 어떤 내용인지 이해하고 해독하지 못한다면 문해력은 덜 발달된 것이고, 상대방과 대화 맥락에서 하고 싶은 말만 하고 타인과 의사소통이 잘 이루어지지 않는다면 공감 문해력이 없는 것입니다.

사람이 세상을 알아가기 위해서는 말과 글, 문자 이해가 중요합니다. 그러나 더 중요한 것은 이 책 서두에 밝혔듯이 표현 본능에서 시작되는 모든 표현들은 자기와 세계를 연결하기 위한 것들이기 때문에 여러 권의 그림책을 빠르게 많이 보는 것보다 한 권의 그림책이라도 소통하며 보는 것이 좋습니다.

자기 능력에 도전하고 실험하면서 여전히 실수와 훈계를 경험하는 아이들이 자기 존재를 부정적이고 비관적으로 여기지 않도록 사랑스럽고 귀한 존재라는 것을 알려줄 수 있는 따뜻한 이야기를 들려주는 것이 좋습니다. 이러한 이야기는 안전, 사랑과 소속감, 자기 존중 등의 욕구를 충족하고 건강한 발달을 지원합니다.

프로이드나 뇌 연구 학자들에 의하면 인간의 뇌는 일곱 살 정도가 되면 90% 발달된다고 합니다. 이 내용을 오해하여 지식을 주입하는 데 그림책을 활용하면 안 됩니다. 책육아를 시작했다가 아이가 정서와 인지의 부조화를 경험하는 사례가 적지 않습니다. 균형을 잃은 모든 것은 해로울 수 있음을 염두에 두어야 합니다.

그림책에 대해 잘 알고 있는 어머님은 책육아로 아이를 양육했습니다. 다섯 살 때 까지는 그림책 읽기를 좋아하고 언어발달도 다른 아이들보다 확연히 빨랐다고 합니다. 현재는 일곱 살인데 공격성이 나타나 걱정이 큰 상태였습니다. 그리고 지금은 그림책을 싫어한다고 했습니다.

또래보다 아는 것이 많고 언어발달도 빠르면 상대적으로 또래가 답답하게 느껴질 수 있습니다. 알게 된 것은 많으나 이 아이도 아직 일곱 살이지요. 하고 싶고 할 수 있는 말이 많은데 얼른 인출되지 않으니 답답합니다. 분명한 뜻을 갖고 말했는데 친구가 못 알아들으니 자기도 모르게 공격성이 나오게 되고, 그런 자신을 인지적으로 금방 파악할 줄 아니 이중으로 자괴감만 커진 상황이었습니다.

또래보다 인지적으로 뛰어나다고 해서 늘상 이런 것은 아니지만 어른의 분별은 필요합니다. 상담 후 어머님은 '아이에게 이제 그림책을 읽어주지 말아야 하나요.'라고 물으셨습니다. 중요한 건 그림책을 읽어줄지 말지가 아니라 '아이와 그림책을 어떻게 볼지'이며, 아이가 지금 원하지 않으면 그림책은 안 봐도 괜찮다고 이야기했습니다. 중요한 건 그림책보다 아이니까요.

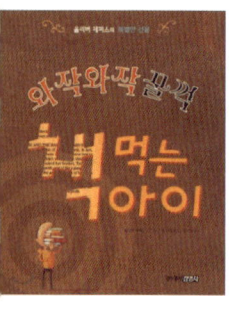

와작와작꿀꺽 책먹는 아이, 올리비에 체포스, 유경희 역, 주니어김영사, 2007

「와작와작꿀꺽 책먹는 아이」에 비슷한 이야기가 담겨 있습니다. 예사롭지 않게 이러한 사례들을 만납니다. 처음에는 좋은 출발이었을 겁니다. 아이가 잘 받아들이고 좋아하니 모든 과정이 자연스러웠을 겁니다. 그런데 예상치 못하게 부모도 아이도 힘든 상황을 맞이합니다.

책 육아는 반드시 아이 곁에서 함께 진행해야 합니다. 아이들은 정말 스펀지 같아서 얼른 모방하고 잘 배운 듯 보입니다. 그러나 진짜 아는 것은 아닙니다. 아이가 어떻게 받아들이고 있는지, 부모에게 잘 보이기 위해서, 좋은 관계를 유지하기 위해서 순하게 잘 따라오는 시늉을 하고 있는 건 아닌지 살펴보아야 합니다.

또래와 공동체에 대한 관심이 많아지는 시기여서 관계 이야기, 소속감을 주는 이야기를 흥미로워합니다. 좋은 행동을 배울 수 있는 그림책 내용이 좋은 영향을 줄 수 있는 연령대입니다. 잘 된 글과 그림, 이야기가 있는 그림책으로 인성의 토대를 지원할 수 있습니다.

유아기 아이들에게 여러 그림책을 읽어주어도 됩니다. 단 어른들이 먼저 읽어보고 분별한 후 그다음에 읽어주세요. 유아기 발달과 관련된 그림책, 유아가 읽으면 좋은 그림책들은 이미 수만 권입니다. 하나하나 나열할 수 없을 만큼 인터넷에도 많은 자료와 선정도서들이 있습니다. 만약 하나씩 정리하자면 이런 책을 열 권 정도 써야 할 겁니다.

디지털 전환 시대와 그림책 읽기

유아부 예배 후, 한 아이가 남아 있어 그 아이가 있는 휴대폰 사진을 보여줬습니다. 그러자 아이는 작고 통통한 손가락으로 휴대폰 화면을 '촤라락' 넘기더니 친구가 함께 있는 사진을 '탁' 터치하고 확대까지 합니다. 아이의 손목 스냅은 세련되었고, 손놀림은 저의 조작보다 더 능숙하고 자연스러웠습니다.

지금 아이들은 디지털 환경에 익숙합니다. 이는 거스를 수 없는 물결입니다. 생활 곳곳에 디지털 시스템이 자연스럽고 당연하게 펼쳐져 있으니 지식과 이야기들을 종이책보다 디지털로 더 많이 접합니다. 시대가 변했으니 디지털 매체로 더 많이 더 빨리 정보를 얻으면 되는데 그게 왜 문제가 될까요?

아날로그와 디지털은 세상을 표현하는 방식으로 표현 방식이 서로 다릅니다. 표현방식의 연속선상에서 이 둘은 균형 있게 바라보지 않으면 이들을 양극단으로 생각하게 되고 하나는 해야 하는 것, 하나는 하지 말아야 하는 것으로 여기며 금지·통제식 교육을 하게 됩니다.

아날로그는 모든 흐름을 경험하는 방식입니다. 디지털은 모든 흐름의 요약체입니다. 사람 존재는 물리적으로 아날로그입니다. 사람은 평생 연속적으로 발달합니다. 어린 날에는 모든 게 더 세밀하게 연결되어 발달합니다. 자기 자신과 세상을 더욱 실제적으로 만납니다. 오감으로 느끼는 세상에서 더 민감해지고 유연해지며 분별력도 자라나지요.

디지털은 간단한 조작만으로 원하는 것을 화면에 빠르게 출력해 줍니다. 교실에서 벽돌 블럭을 하나씩 옮겨 쌓아서 집을 만드는 것보다, 게임 화면에서 버튼 몇 개 누르면 힘 하나 들이지 않고 벽돌집을 지을 수 있는데 이 쉬운 성취를 경험한 후에 내 몸과 손으로 옮기는 벽돌에 관심을 가질까요? 버튼을 누르는 이 경험과 결과는 어린아이들에게 아직 배움보다 자극에 가깝습니다. 디지털이 발달할수록 아날로그를 돌아보는 노력이 필요합니다. 사람은 분명히 아날로그이기 때문입니다.

<u>과정에 대한 경험이 발달적으로 선행되어야 합니다.</u> 종이책의 즐거움을 먼저 맛보아야 하는 이유가 여기 있습니다. 내 손으로 종이 질감을 만지고 한 장 넘길 때 사각거리는 종이 소리를 듣고 두 장을 넘겼다면 다시 한 장 앞으로 돌아가는 이 과정은 별것 아닌 듯 보여도 중요한 일입니다. 어떤 것이 선 경험으로 이루어져야 하는지 숙고해야 합니다.

종이책에서는 손가락의 감각과 더 보고 싶은 의지를 가지고 책장을 넘깁니다. 자기 에너지를 쓰는 몰입과 집중력이 자라는 시간입니다. 최근 식당에서 아이패드를 뚫어지게 보고있는 세 살 된 아이를 보았습니다. 재밌는 영상 같은데 아이는 화면을 보고 있을 뿐 큰 흥미가 없어 보였습니다. 아이는 빛의 자극에서 눈을 못 떼고 있을 뿐이었습니다. 어른들은 가끔 이것 조차 집중력이라고 부릅니다.

자발적으로 그림책을 선택하고 책장을 넘겼던 기억은 결코 잃어버리지 않는 자산입니다. 대부분의 그림책 주제와 내용을 이해할 수 있는 유아 시기 아이들에게 그림책에 관련된 좋은 기억과 추억이 있다면 아이는 책을 좋아하게 됩니다. 자아가 형성되는 시기. 이 경험은 자기 안에 분명히 남아 고향과 같은 향수를 불러일으키는 귀한 소양이 될 겁니다.

2025학년도 유아교육과정에서도 인공지능과 디지털 교육이 본격화됩니다. 어떤 상품들이 어떤 논리로 아이들에게 다가올지 겁(?)나는 게 사실입니다. 아이들에게는 큰 자극이 될 테니까요. 아날로그든 디지털이든 어느 세계에서든 같은 사람으로 살고 이 모두를 쓰며 아날로그 원주민들도 끌어안는 마음을 가진 멋진 세대가 되길 응원합니다.

수명은 길어졌는데 아이들이 자기를 탐색할 시간은 더 줄어들었습니다. 더 많이, 더 빨리 배우고, 더 크게 자라기를 요구받습니다. 그림책이 사람과 세상에 기여하도록 활용의 방향을 고민하는 것과 마찬가지로, 디지털 환경도 더 나은 삶에 기여하도록 고민해야 합니다.

지금을 디지털 전환시대라고 부릅니다. AI를 포함한 디지털 기술은 더욱 발달할 전망입니다. '종이책은 되고, 전자책은 안 된다'는 흑백 논리에서 벗어나 선 경험과 후 경험의 이유를 알고 사람의 성장에 적절하게 사용할 수 있는 지혜가 필요합니다. 어린 날 아이들이 아날로그를 느끼고 만지는 이런 시간 많이 가지면 좋겠습니다. <u>아이들에게 시간을 주면 좋겠습니다.</u>

학령기 아이들과 그림책 읽기

학령기는 초등학교 다니는 시기입니다. 일곱 살에서 여덟 살이 되었을 뿐인데, 환경도 크게 바뀌고 초등학교에 들어갔다는 이유로 세상의 요구가 많아집니다. 활동성이 많은 아이일 뿐인데, 갑작스레 앉아 있어야 하는 교실에서는 산만하다는 평가를 받기도 합니다. 부모도 직장을 잠시 쉬어야 할 만큼 돌볼 거리들이 생깁니다.

초등 1학년 시기 안정감과 자신감을 갖는 게 아이에게도 부모님에게도 중요한 과제입니다. 해내야 하고 극복해야 할 과업으로 아이도 부모도 스트레스가 많고, 좋았던 부모-자녀 관계에 어려움이 생기기도 합니다. 이때 그림책은 관계와 마음을 연결하는 역할을 할 수 있습니다. 학습과 의무에서 벗어나, 변함없이 '만남'을 가질 수 있는 세계가 그림책이기 때문입니다.

부모만 알고, 부모에게만 의존하던 아이들에게 또래가 중요해집니다. 자기 주관보다 또래가 맞다고 하면 맞는 것이고, 좋은 것이다 하면 좋은 것이 되는 게 이때 아이들의 모습입니다. 요즘에는 스마트폰이라는 또래까지 등장해 강한 자극으로 아이들을 끌어당기고 있으니 그림책을 좋아하던 아이들도 이 때 잠시 책에서 멀어지기도 합니다.

다양한 학습, 관계와 상황, 사건들을 경험하면서 논리적 사고와 비판적 시각이 발달합니다. 흥부와 놀부, 토끼와 거북이에 대해서도 의문을 품고 철학적으로 사고할 수 있는 때입니다. 과연 흥부는 착한가? 즉, 초등기 아이들에게는 늘 그런 줄 알고 있었던 것들에 의문을 제기하고 자기만의 결론을 도출하는 사고체계가 발달합니다.

유아적인 자기중심적 사고에서 점차 벗어나 다양한 관점으로 세계를 조망할 수 있습니다. 직접 경험하지 않아도 책으로 배우고 알 수 있는 것이 많아집니다. 특히 더 어린 시절 감각적 경험과 안정적인 소통이 많은 경우 간접경험을 자신의 것으로 잘 받아들이게 됩니다. 속한 공동체에 대한 관심도 깊어지며 흠모할 만한 대상을 찾고 동경하기도 합니다.

각 가정마다 아이가 글을 좀 읽을 줄 알게 되면 그림책을 처분하고 위인 전집, 역사책 등 전집이 진열되기도 합니다. 글을 읽고 해독하는 속도도 빨라지고 책으로 세상을 알아가는 것 자체에 흥미를 가질 수 있지만 이렇게 되는 과정이 어떠하냐에 따라 이 상황은 아이에게 스트레스가 될 수도, 성장의 발판이 될 수도 있습니다.

어떤 아이들은 다른 아이들보다 언어적 민감성, 앎에 대한 욕구 등이 높습니다. 상대적으로 책과 친해질 수 있는 기질과 성향을 가졌습니다. 그러나 대부분은 환경 요인들에 의해 책을 좋아하게 되고 책보는 습관을 갖게 됩니다. 초등학령기를 습관 형성기라고 하는데, 이 습관의 기저는 영유아기에 만들어집니다.

책을 좋아하고 자신과 책 보기를 좋아하는 부모님과 함께 인 것이 가장 강력한 외부 환경입니다. 책을 보는 가정의 분위기는 책을 좋아하는 데 유익한 환경입니다. 아이가 볼 때만 책 보는 척 하는 건 어려운 일입니다. 부모가 책을 좋아하면 아이들은 자연스레 책을 삶의 일부로 받아들입니다.

하지만 삶에는 규정할 수 없는 영향 요인들이 많습니다. 어릴 때 책을 좋아하지 않았던 아이들도 책 맛을 알게 되면 읽지 말라고 해도 읽습니다. 갑자기 습관을 만들겠다고 무조건 아이를 오래 앉혀 놓는다거나 수준 이상의 읽을 거리로 습관을 만들려는 태도를 경계하면서 아이와 속도를 맞추어 나간다면 책을 좋아하는 아이로 자랄 겁니다.

사람의 발달과 성장, 변화는 예단하면 안 됩니다. 사람이 그렇게 간단한 존재가 아니기 때문입니다. 발달 이론에 따라 적기를 놓쳤다고 회생이 불가한가 하면 그렇지 않고, 발달 이론에 충실하게 자랐다고 밝은 미래가 보장되는 것도 아닙니다. 어릴 때 애착 대상이 없었어도 학령기나 청소년기 의미있는 어른이나 책으로 결핍이 보충되기도 합니다.

이 책에서 발달과 성장에 대한 내용들은 위 내용을 염두에 두면서 보면 좋겠습니다. 섣불리 '이렇게 하면 이렇게 자랍니다.', '혹은 이렇게 하면 절대로 안 됩니다.' 라고 할 수 없어서입니다. 단, 경향성은 있기에 그럴 수 있다라는 정도에서 판단하면서 케이스 바이 케이스 안에 진실이 있다는 걸 기억하고 대입하여 적용하기 바랍니다.

그림책으로 격려하기

그림책 내용이 아이들에게 격려가 될 수 있습니다. 용기와 도전을 북돋는 주제들이 있습니다. 그러나 그림책을 함께 읽는 과정, 그림책을 읽어주는 부모나 교사의 태도가 격려적이지 않으면 내용은 효과를 발휘하기 어렵습니다.

'언제까지 그림책을 읽어주어야 할까요.'라는 질문에는 두 가지 정도의 마음이 들어있습니다. '이제 다른 책을 읽어야 하지 않을까.', 혹은 '글을 아는데 읽어주어야 할까' 입니다. 글밥이 많은 책으로 점차 옮겨갔으면 하는 부모의 바람과는 달리 아이가 그림책을 좋아하는 이유가 글밥의 많고 적음이 아니기에 아이가 원하면 읽어주길 권합니다.

또한 그림책이 글을 배우는 수단이 아니라면 글을 알고 모르고의 여부가 읽어줄지 말지를 정하는 기준이 되지 못합니다. 아이들은 대개 그림책을 함께 읽으며 느꼈던 정서들을 그리워하며 읽어달라 청하기도 합니다. 그림책 자체가 아닌 다른 목적 때문에 같은 시간에 머무르고 싶은지도 모릅니다.

그림책이 집에 도착하면 중학생 딸아이에게 읽어줬습니다. 저만큼 좋아하진 않지만 여러 권 중에 '이거 재밌다' 하면서 그림책을 함께 봅니다. 어느 날 친구가 집에 놀러 왔는데 그림책을 조용히 가져갑니다. '왜?' 하고 물으니, '친구 읽어주려고'라고 합니다. '이거 재밌다. 너도 같이 보자.' 했던 제 정서가 그대로 딸에게 전이되고, 친구에게도 전이되었습니다.

초등 아이들에게 사춘기가 옵니다. 예전보다 신체발달이 빠릅니다. 생각과 마음은 아직 아이인데 몸이 빨리 자라 혼란스럽기도 합니다. 너무 빨리 와버린 사춘기가 부모 입장에서도 막막합니다. 가장 많이 하는 말씀은 '안 그러던 아이'입니다. 내가 아는 낯선 아이가 자기 방문을 닫고 들어가 버리니, 화를 내보고 달래도 보고 부모는 속이 탑니다.

많은 가정의 풍경입니다. 그림책 한 권 사서 책상 위에 두어 보시길 권했습니다. 여느 때와 같이 아이는 자기 방으로 들어갔습니다. 잠시 후 아이가 방에서 나와 '이 책 엄마가 사왔어?' 하더랍니다. 얼마 만에 대화인가 혹시라도 망칠세라 긴 말 못하고 '응.' 하니, '옛날에 엄마랑 그림책 많이 봤는데, 나 또 사줘라.' 했답니다.

전 같으면 어떤 부분이 재밌었어? 생각했어? 했을 텐데, 이젠 그보다 중요한 것이 아이의 자람과 아이의 속도와 상황에 맞추어 가는 것이라는 점을 깊이 인식한 엄마는 아이의 말에 담담히 '그래~!' 쿨하게 답하고는 안방에서 펑펑 울었다고 합니다. 아무것도 하지 않았는데 나타난 큰 변화입니다. 사연들은 다양하지만 모두 좋은 변화입니다.

초등 1학년부터 6학년 아이들은 유아기와 사춘기 특성을 연속적으로 경험하니 자신을 믿어주고 격려해 주는 누군가가 필요합니다. 긍정적인 자아상을 가질 수 있도록, 실수를 실패로 여기지 않도록, 넘어져도 다시 일어날 수 있도록 돕는 어른들이 필요합니다. 여러모로 위축되고 자기 자신을 문제 삼기 좋은 때이니 현재가 과정임을 인식하는 내적인 힘을 기르도록 도와야 합니다.

성인들과 그림책 읽기

중고등학교 시기. 학교에서 그림책과 관련된 활동을 하는 경우를 제외하면 거의 그림책을 볼 기회가 없습니다. 그림책에 대한 특정된 분야가 아닌 이상 사회인이 되거나 대학생이 되어도 마찬가지입니다. 아이를 낳고 아이에게 그림책을 읽어주어야 해서 다시 그림책에 관심을 갖는 경우가 대부분입니다.

현재 많은 부모님들은 1940년대-1970년대를 살아온 부모님들의 영향을 받았고, 1980년대-2000년대 교육과정으로 교육받는 분들입니다. 그림책으로 교육하려는 생각을 가진 분들이 많습니다. 그래서 다시 그림책을 만나면서 새로움과 큰 회복을 경험합니다.

부모 세대는 부모 된 자신, 자녀, 자녀였던 자신, 나의 부모님을 생각합니다. 옛 시절로 돌아가 눈물짓기도 하고 현재 위치에서 서로의 삶을 돌아보며 성숙하기도 합니다. 오전 시간 그림책으로 부모님을 만날 때 방과 후 선생님들이 함께 한 적이 있습니다. 선생님 대 부모로 늘 만나다가, '우리 선생님도 집에서는 엄마구나'. '저 어머니는 이런 삶을 사신 분이구나'하고 삶과 생각을 서로 나누면서 존중감을 키워가는 모습을 보았습니다.

부모님과 선생님들의 그림책을 대하는 태도와 방식이 변화되면서 아이들의 생활에도 생기가 불어넣어짐을 봅니다. 이렇게 만난 그림책이 제2의 비전이 되어 다시 앞으로 나아가는 추진력이 되기도 합니다. 나아가 '그림책 다시 만나기'는 삶의 모든 부분을 바라보는 방식에도 좋은 자양분이 되고 있습니다.

안도현 시인의 시 그림책 '연탄'을 어르신과 본 적이 있습니다. '내가 애긴가? 그림책을 보게.' 하던 어르신이 '연탄' 표지를 보자마자 연탄가스 마시고 죽다 살아난 이야기, 가족들을 구원한 영웅담에 목소리가 커지고 움츠렸던 어깨가 펴졌습니다. 저는 책을 한 장도 못 넘기고 어르신 이야기를 들었습니다. 후문에 의하면 '그 선생님 또 오냐.' 하셨다 합니다.

노년기에는 자신의 힘을 다시 확인하고 살아온 시간들을 격려받기 원합니다. 이 시기 '이만하면 그래도 잘 살았지.' 느끼는 경험은 긍정적인 자아감으로 삶에 감사하는 힘이 됩니다. <u>신체기능은 어찌할 수 없이 연약해져 가지만 존재감을 느낄 때 살아있음을 실감합니다.</u> 아무것도 안 했는데 적절한 그림책이 그 어르신에게 큰 일을 했습니다.

어린아이들은 아이들대로 어른들은 어른들대로 정답없이. 아니 모두가 정답이 되는 그림책을 즐길 수 있습니다. 그 어떤 것을 느껴도 생각해도 괜찮습니다. 그림책은 예술작품이니까요. 그림책을 통해 사람과 세상에, 자신에게 더 잘 연결되는 힘을 얻을 수 있습니다. 이에 그림책을 함께 보는 사람의 태도와 방식이 더 중요해집니다.

아이들과 그림책 읽기

"콧물 눈물이 만드는 하루하루"

안녕하세요. 망고 편지입니다.

표지 아이는 웃는 걸까요? 우는 걸까요? 고개를 들고 콧물 눈물을 흘리는 아이가 마냥 슬퍼 보이지는 않습니다. 눈가를 보면 운 것 같은데 입은 웃고 있습니다. 방금은 울었지만 누군가를 보고 울음을 멈춘 것 같아요. 누구를 본 걸까요?

아이의 움직임을 잘 관찰하지 않고서는 그릴 수 없는 그림체가 시선을 사로잡습니다. 아이가 막 잠에서 깬 모습, 손수건을 어설프게 쥐고 코를 닦는 모습, 넘어지거나, 모래 장난을 하는 모습들까지. 우리는 이 그림들 덕분에 아이와 부모의 시간과 공간에 스며들게 됩니다.

눈도 덜 뜬 채로 '나를 사랑할 거예요?' 묻는 아이. 그 질문은 잠드는 순간까지 계속됩니다. '백 번'. 아이가 말하는 백번은 아마 세상에서 가장 큰 수일 겁니다. 의미로는 무한대에 가깝겠죠. 어떤 일이 있어도 나를 사랑할 거냐는 물음은 사실. 사랑스럽지 않은 순간에도 변함없이 나를 사랑할 건지? 묻고 있지요. 사랑을 확인하고 싶은 마음. 자신의 존재와 모든 순간이 부모의 사랑에 소속되어 있음을 알고 안정감을 갖는 모든 아이들의 목소리 일 겁니다.

엄마 아빠의 얼굴은 보이지 않아요.. 아이가 떨어뜨리는 숟가락, 젓가락, 아이가 어질러놓은 장난감, 모래놀이 후 뒤처리는 모두 부모의 몫입니다. 피로도를 따지면 '나를 사랑할 거냐?'는 물음에 얼른 '물론이지~'가 나오지 않는 날도 있습니다. 어쩌면 그림에 표현되지 않은 실제 표정은 인상을 찌푸렸거나, 눈을 흘기고 있을지도 모릅니다.

여기서 '물론이지~'는 아이의 겉모습과 행동. 순간순간 일어나는 부모의 감정을 이야기하는 게 아닌 듯합니다. 부모의 수고로운 몸짓, 아침부터 저녁까지 계속되는 돌봄의 반복에도 지루해하지 않는 지치지 않는 사랑, 어설프고 배울 게 많지만 현재 있는 그대로 받아들여주고 품는 사랑, 언제나 함께하고 기다리는 인내로운 사랑, 폭포수처럼 넘치는 사랑, 잘못된 건 가르치고 끝까지 포기하지 않으며 놓지 않는 책임있는 사랑, 그 끝없는 '백 번'의 사랑. '물론이지'는 부모의 사랑이 담긴이 담긴 러브레터인 듯 합니다.

아직 콧물 눈물 범벅인 세 살 아이지만 귤, 물컵, 심지어 벽에 붙은 숫자로 변해도, 설상 거품공주가 되어 부모를 못 본 척 해도 끝까지 사랑하겠노라고 말합니다. 세 살바기 아이만 콧물 눈물을 흘릴까요? 콧물 눈물은 아이의 삶, 어른이 된 우리 삶, 성장하는 모든 사람의 삶에 있습니다. 그리고 앞으로 흘릴지 모를 콧물 눈물도 있을 겁니다.

'어제 네가 꾸었던 꿈도 사랑하고,
오늘 네가 꾸는 꿈도 사랑해.
내일 네가 흘릴 콧물과 눈물도 미리 사랑해'

모두가 부모에게서 나와 이 세상을 살아갑니다. 사랑이 사람을 자라게 합니다. 사랑은 든든한 울타리가 되어 콧물 눈물을 닦아줍니다. 내일 흘릴 콧물과 눈물 속에서도 부모-자녀 관계, 여러 관계 속에서 풍성히 주고받는 사랑을 경험하는 망고님들 되시길 축복합니다.

오늘도 마음에 잘 도착했습니다.
망고지기 드림.

그림책으로 대화하고 놀이하기

그림책으로 대화하고 놀이하기는 그림책을 볼 때 나타나는 흐름을 말합니다. 우선 그림책 중에는 감상만으로도 충분한 그림책이 있습니다. 그 과정이 자발적이었고 즐거웠으며 이로 인해 몰입되었다면 이것 자체가 좋은 놀이입니다. 보편적으로 이 과정을 그림책 감상이라고 하는데, 대개 감상의 의미는 음미하는 선에서 그칩니다.

이 책에서는 기존에 그림책 감상이라고 말하는 부분도 그림책 놀이에 포함하여 생각합니다. 그림책을 읽을 때 나타나는 역동적이고 적극적인 내적 반응을 반영하기 위해 그림책 감상도 놀이로 보고 있습니다. 이 범위를 적용하면 그림책을 본 후 아무것도 안했다고 해서 불안해하거나 뭔가를 덜 한 느낌을 받지 않아도 됩니다.

이로 볼 때, 그림책으로 대화하고 놀이하기는 하나. 그림책을 감상하고(그림책 보는 자체로 놀이하고), 둘, 그림책의 메시지나 내용으로 대화하고, 셋, 그림책 대화에서 놀이발견이나 놀이제안으로 놀이가 이루어지고, 넷, 그림책을 감상한 후 거기에 곧바로 소재나 내용을 착안한 여타의 놀이가 연결됩니다.

그림책놀이상담이라는 용어는 근거있게 연결된 하나의 개념입니다. 위 설명에 맞추자면 그림책상담놀이가 되어야겠으나, 상담과 놀이라는 용어에 대한 학문과 이론이 정립된 상태에서 그림책상담놀이는 자칫 그림책상담으로 하는 놀이로 오인될 수 있어 그림책놀이와 상담적 대화 차원으로 그림책놀이상담의 개념을 정리하였습니다.

그림책의 놀이성

하위징아는 인간을 놀이하는 인간, 호모루덴스(Homo Ludens)라 했습니다. 그는 놀이가 인간의 본능이며 문화 전반과 밀접하게 관련되어 있다고 보았습니다. 놀이에는 갈증(라틴어, plaga)이라는 의미도 있습니다. 놀이는 물을 찾듯 불가항력적으로 발생했고 언어, 경기, 법률, 전쟁, 지식 습득, 시, 예술 등 모든 분야에서 발달했습니다.

그럼에도 놀이를 상대적으로 무가치한 것으로 여기거나 비생산적이고 쓸모없는 것으로 치부하는 경향성은 사회 곳곳에 있습니다. 놀이를 통해 배움과 사람됨이 가능하다는 주장과 이론에 동의하면서도 놀음을 변형하여 도박을 '노름'으로 표현했고, 마음 한 켠에 '놀기만' 해서는 안 된다는 부정적인 인식과 불안감을 갖고 있습니다.

놀이는 능동적이고 자발적입니다. 놀이는 목표보다는 과정을 중요시하며, 중간에 그만둘 수도 있습니다. 놀이에서 현실에 필요한 지식과 기술을 배울 수 있는 것처럼 그림책을 보는 과정에서 현실을 초월하거나 현실을 직시하는 경험이 덤으로 찾아오기도 합니다. 놀이 자체가 목적이 되므로 그림책을 보는 행위 자체를 놀이라고 할 수 있습니다.

모든 놀이 전에는 탐색의 과정이 있습니다. 그림책을 볼 때도 탐색이 있습니다. 탐색은 낯선 사물이나 상황에 대해 감각적으로 반응하는 전형적인 행동입니다. 성향과 기질에 따른 반응성 차이는 있으나 그림책을 볼 때도 탐색이 나타납니다. 이때 그림책을 대하는 사람들의 태도는 약간은 긴장하며, 진지하고, 감정적 인지적으로 중립적일 수 있습니다.

그림책에는 놀이성이 있습니다. 그림책은 재미있습니다. 놀이도 재미있습니다. 놀이에 즐거움이 없다면 놀이가 아닙니다. 그림책을 세 네 페이지 넘겼을 때 재미도 없고 즐겁지도 않으면 쉽게 그림책을 덮게 될 겁니다. 재미와 즐거움의 핵심은 호기심인데, 호기심은 그림책에 지속적으로 관심을 갖도록 이끕니다.

<u>그림책을 보는 과정과 놀이가 자발적·능동적으로 일어나는 몰입이라는 점에서 그림책과 놀이의 속성은 유사합니다.</u> 따라서 그림책을 보는 자체도 놀이이고 그림책을 보면서 대화하는 것도 놀이, 놀이하다가 다시 대화하는 것도 모두 놀이입니다.

그림책의 상담적 속성

상담은 전문적인 훈련을 받은 상담자가 도움을 필요로 하는 내담자와 수용적이며 구조화된 관계를 형성하고 이 관계 속에서 내담자로 하여금 자기 자신과 자기를 둘러싼 주위 환경에 대한 의미있는 이해를 촉진시킴으로써 태도와 행동의 변화, 그리고 한층 높은 수준의 성장을 하도록 하는 심리적 조력 과정입니다.

상담이라는 용어가 이해를 돕기에는 좋으나, 그림책 상담이라고 칭할 때는 상담을 목적으로 그림책을 활용하는 의미가 강합니다. 그림책을 상담을 위한 목적으로 사용할 때 그림책의 부분적인 사용이 우려되고 내담자의 자유로운 의미해석에도 제한이 있을 수 있습니다.

최근에는 상담을 목적으로 하는 그림책들도 출판되고 있습니다. 이 책에서 말하는 '그림책의 상담적 속성'은 그림책 자체의 상담적 속성과 그림책으로 대화할 때 나타나는 상담적 효과를 말합니다.

그림책에는 상담적 속성이 있습니다. 그림책의 보편적 정서와 동의할만한 가치들에 대한 내용은 독자에게 닿아 의미와 깨달음을 만들고 삶을 조망하도록 합니다. 메시지나 내용에서 자신의 상황이나 감정을 대입하여 명확하게 바라볼 수 있고 관점을 확장할 수 있습니다.

두 사람 이상이 그림책으로 대화할 때 인격적 만남과 교류가 발생합니다. 하나의 이야기에 대한 서로 다른 사전경험이나 시선은 자신의 세계 밖에 있는 것들에 대해 생각할 기회를 제공합니다. 타인에게 자신의 생각을 표현하면서 의견을 더욱 명료화하거나 객관화할 수 있는 힘도 얻게 됩니다.

그림책의 상담적 속성이 작동하기 위해서는 진솔한 대화와 따뜻한 관계가 우선 되어야 합니다. 그림책 내용도, 구조화된 대화과정도 중요하지만 여기서 대화는 단지 말을 주고받는 차원 이상 사람에 대한 애정과 관심이 흐르는 인격적 만남에서 이루어져야 합니다. 그럴 때 그림책의 상담적 효과는 극대화 됩니다.

놀이와 상담

그림책놀이와 상담적 대화는 관계를 토대로 합니다. 그림책놀이상담사의 역할과 위치는 여기에서 정해집니다. 그림책놀이상담에는 그림책 놀이에 '대한' 상담과 그림책놀이'적'상담이 있습니다.

그림책 놀이에 '대한' 상담에서 그림책놀이상담사는 그림책놀이를 더 알고 있는 사람으로서 덜 알고 있는 대상에게 조언을 하거나 방향을 제시하니 그 역할은 그림책 선정부터 마침까지를 주도적으로 실행하는데 가깝습니다.

그림책놀이에 '대한' 상담은 대부분 교육의 주된 방식이었습니다. 사실, 지금도 그렇습니다. 그림책놀이상담사가 그림책에 대해 많이 알고 있고, 교육적 목표가 분명하니 바라는 교육효과와 결과를 도출하는데 중점을 둡니다. 자연히 많은 부분에서 그림책은 재단 될 수 있고 대상의 반응과 활동은 통제하고 관리하게 됩니다.

이 책에서 말하는 그림책놀이상담은 그림책놀이적 상담에 가깝습니다. 그림책놀이상담사와 대상이 동등한 지위를 갖습니다. 그림책을 선정하고 대화하고 놀이하는 과정 전체가 놀이가 됩니다. 대상이 그림책놀이상담사에게 질문하고 함께 답을 찾거나 놀이를 만들어가고 때로는 그림책놀이상담사가 대상에게 질문하고 놀이를 제안하기도 합니다.

그림책놀이적 상담에서 그림책놀이상담사와 대상이 동등한 위치를 갖고 있지만 전반적 과정 운영의 키는 그림책놀이상담사에게 있습니다. 우리가 그림책을 보고 나름대로 해석하지만 작가가 만든 이야기 세계 범주 안에서 그 과정이 일어나는 것과 비슷합니다. 계획보다는 대상의 반응성에 더 귀를 기울이고 실행 여부보다는 실제적인 만남과 의미에 초점을 둡니다.

대상의 대화와 놀이발견을 지지하고 맥락을 존중하면서 대상이 미처 생각하지 못하는 부분에서는 적극적인 역할로 더 깊은 대화나 준비한 놀이를 제안하여 풍성한 그림책놀이상담을 만들어 갈 수 있습니다. 수용적이고 반응적인 태도는 대상으로 하여금 주도적으로 그림책으로 대화하고 놀이하도록 합니다. 그런 차원에서 이는 좋은 그림책 놀이상담을 위한 그림책놀이상담사의 선한 전략이 됩니다.

이에 그림책놀이상담에서는 관계성이 중요합니다. 정서적 안정감과 신뢰감을 기반으로 할 때 인지적 가르침이나 지식획득 또한 효과적으로 일어납니다. 특히 그림책은 감동과 깨달음이라고 하는 정의적 차원에 가 닿으므로 그림책놀이상담은 친밀하고 신뢰감있는 관계에서 점진적으로 진행됩니다.

그림책 읽어주기

그림책을 어떻게 읽어주어야 할까요? 그림책을 '잘' 읽어주고 싶은 마음에 다양한 목소리를 내보려고 하지만 생각보다 잘 안 됩니다. 내 목소리는 한정되어 있고, 잘 안되는 연기를 하는 것 같아 어색하고 부끄럽기도 합니다. 곧 '나는 목소리도 별로고, 잘 못 읽어줘'라고 생각하면서 소리 내 읽기를 멈추게 됩니다.

모두가 다양한 목소리로 연기자처럼 할 수 있으면 좋으련만 실제는 그렇지 않습니다. 왜 다양한 목소리로 연기자처럼 읽어주고 싶어 했을까요. '실감'나게 읽어 대상에게도 '실감'나게 전달하고 싶어서지요. 그럼 실감을 어떻게 낼 수 있는지, 또 무엇을 위한 '실감'인지 생각해보아야 합니다.

과거 전국적으로 동화구연대회가 열렸던 시절에는 많은 사람들 앞에서 잘 들리게, 몰입할 수 있도록 읽는게 중요했습니다. 은쟁반에 옥구슬 굴러가는 목소리와 정확한 발음 등으로 귀를 시원하게 하고 좋은 목소리를 타고난 사람들이나 재능이 있는 경우 마이크 앞에 설 기회도 많았지요.

요즘은 대중이나 이십여명 아이들 앞보다 그림책에 관심있는 세 네 명과 읽습니다. 가정에서는 자녀 한두 명과 읽게 됩니다. 그림책을 읽어주는 사람의 자리가 대상과 마주보는 앞이 아닌 대상의 옆으로 옮겨졌습니다. 대중앞에서 그림책을 읽어야 하거나 웅변하듯이 그림책을 읽는 경우가 줄었습니다.

바로 옆에. 대상과의 거리가 가까운 상황에서, 게다가 한 두 명과 있는데, 동화구연과 같이 과장된 목소리와 표현으로 다가간다면 오히려 부자연스러운 상황, 부담스러운 광경이 될 수 있습니다. 대상이 느끼는 정서도 그다지 편안하지 않을 수 있고 보여주기 위한 쇼처럼 진행될 수 있습니다.

대상의 자발성과 즐거움이 중요한 그림책놀이상담과정에서 서로의 정서감이 충돌하거나 한쪽이 훨씬 우세해진다면 그림책의 메시지, 흐르는 정서나 분위기보다 그림책을 읽어주는 그림책놀이상담사의 존재감과 에너지가 더 크게 부각되어 재미있게 보여주고 박수받으면서 맺음할 수 있습니다.

그림책에 나오는 '여러 등장인물'은 '다양한 사건 속에서 여러 감정'을 경험합니다. 대부분 여러 등장인물에 방점을 찍고 다양한 목소리 구사를 추구합니다. 그림책은 이야기이거나 이야기가 아니라도 특정한 정서감과 분위기를 갖고 있습니다. 그러면 방점을 두어야 할 부분은 '다양한 사건 속에서 여러 감정'입니다.

이 부분에 집중하면 모든 사람이 그림책을 잘 읽을 수 있습니다. 그림책놀이상담사가 먼저 그림책의 글과 그림, 이야기를 탐색하면서 등장인물들의 감정에, 상황에 함께 이입합니다. 그리고 자신의 목소리로 그 흐름과 맥락에 맞게 소리내어 읽어봅니다. 사실 이 정도면 충분합니다.

아이 목소리, 할머니 목소리가 정해져 있는 것이 아닙니다. 호랑이 목소리를 누가 알고 있나요? 토끼 목소리는요. 호랑이'처럼' 내는 목소리를 들을 뿐입니다. 토끼'처럼' 말한다고 느끼는 겁니다. 한 사람의 성대의 여닫이, 울림, 톤, 속도 등을 사용해서 목소리를 내고 여기에 감정을 담는 겁니다.

지문은 내 목소리에 이야기나 분위기만 담아 읽습니다. 가장 편하게 낼 수 있는 소리입니다. 내용에 따라 달리 읽습니다. 예를 들어, '토끼는 산으로 재빨리 올라갔어요.'는 조금 빠르고 높은 톤으로, '거북이는 바다로 느릿느릿 기어갔지요.'는 더 느리고, 조금 잦아든 낮은 톤으로 대비해 읽습니다.

아이의 목소리를 낼 때는, 성별과 연령대를 상상합니다. 그리고 목소리에 감정을 넣어 읽습니다. 할머니 목소리 낼 때도 마찬가지입니다. 이것이 재능이나 목소리의 좋고 나쁨에 의존하지 않고 그림책 실감있게 읽는 방법입니다. <u>기능이 아닌 상상력을 사용하고 감정을 넣어 내 목소리를 다양하게 내 볼 수 있습니다.</u>

연기자와 같은 재능이 있다면 도움이 될 것입니다. 다양한 목소리를 낼 줄 안다면 그것도 도움이 될 것입니다. 정확한 발음과 발성을 배우면 그림책 읽기에 도움이 될 것입니다. 하지만 이 모든 것이 핵심은 아닙니다. 그림책을 함께 보는 대상은 우리에게 쇼를 기대하지 않습니다.

사람들은 느낍니다. '이 사람이 지금 나에게 최선을 다하고 있구나, 실감있게 읽어주려고 노력하고 있구나.', 대상은 이렇게 느낄 때 또 그림책을 함께 보고 싶어 합니다. 그림책에서 진정으로 만나는 경험이 시작됩니다. 그림책 수업에서 그림책 읽어주기를 꼭 하는 이유이기도 합니다.

대상이나 목적, 공간의 크기 등에 따라서 조절은 필요합니다. 이를 가늠할 때는 어떻게 읽어주는 것이 함께 보는 목적에 적합할 것이지 생각하면서 조절합니다. 때로는 이야기에 따라 과장된 표현이 한 두 번 있는 편이 그림책에 몰입하는데 도움이 될 수 있습니다. 침묵이 때로는 몰입을 이끌기도 합니다.

'보이스'라는 드라마에서는 목소리로 범인을 잡습니다. 지문처럼 사람의 목소리도 유일하기 때문에 가능한 일입니다. 내 목소리는 세상에 단 하나뿐입니다. 그림책을 누군가에게 읽어주는 일은 세상에 하나뿐인 목소리를 사용하는 귀한 일입니다.

부끄러워서, 잘 읽어주지 못해서, 아이가 이제 글을 읽을 줄 아니까 여러 가지 이유로 그림책 읽어주기를 하지 않게 됩니다. 그러나 시간을 내고 목소리를 사용해 정성을 다해 읽어주는 모습은 아름답습니다. 눈에 보이지 않지만 대상의 마음 문이 여는 열쇠가 작동되고 있는 것입니다.

그림책놀이상담사의 소양과 자질

그림책놀이상담이란, 그림책과 놀이와 상담의 연계성을 기초로 그림책으로 대화하고 놀이하는 과정입니다. 그림책과 놀이의 자발성과 몰입, 그림책과 상담의 인격적 만남, 놀이과 상담의 관계적 의미는 '삶'에서 모두 만납니다. 그림책놀이상담은 두 사람 이상의 관계에서 나타나며 그 대상은 영유아에서 노인에 이르기까지 전 연령이 됩니다.

그림책놀이상담은 그림책 감상, 그림책과 대화, 그림책과 놀이, 그림책과 대화와 놀이가 연결될 수도 있습니다. 모든 그림책에서 반드시 놀이를 해야 하거나, 대화를 해야한다는 고정관념과 불안을 버리고 그림책에 따라, 연령, 대상의 특성에 따라 유연하게 조절할 수 있는 역량을 기르는 것이 필요합니다.

그림책놀이상담사가 그림책과 놀이에 대해 갖는 신념이나 철학, 대상의 배움에 대한 생각은 매우 중요합니다. 그림책을 바라보는 관점에 따라, 대상을 이해하고 대하는 수준에 따라 그림책놀이상담은 질적인 차이를 나타냅니다. 이에 그림책과 사람에 대한 애정과 이해가 필수적입니다.

분별력(discernment)은 예리한 인식을 얻거나 잘 판단하는 능력입니다. 분별력은 좋은 그림책을 선정할 때, 그림책놀이상담의 방향성을 결정할 때, 그림책과 대상과의 만남에서 가장 최선의 효과를 내고자 할 때 필요한 자질입니다. 분별력이 있을 때 교육적 판단력을 발휘할 수 있고 안정감있는 자세로 그림책놀이상담을 진행할 수 있습니다.

민감성(sensitive)은 자극에 빠르게 반응을 보이거나 영향을 받는 감수성으로 그림책과 자신의 상호작용, 대상과의 상호작용에 필요한 자질입니다. 민감성이 있을 때 반응성의 질을 높일 수 있습니다. 이 분별력은 그림책 혹은 반응성 감도에 대한 세밀한 차이를 경험하는 훈련 과정을 통해 계발됩니다.

유연성(flexibility)은 수용과 반응 범위에 대한 탄력성의 크기로 그림책에 대해, 대상에 대해 다양한 관점을 획득하는 데 필요한 자질입니다. 유연성이 있을 때 수용의 폭과 반응의 정도 등을 탄력적으로 조절할 수 있으며 보다 자신감 있고 안정적으로 대상과 그림책을 볼 수 있습니다. 이 유연성은 보다 다양한 그림책 연령·집단·상황들을 경험하면서 가능됩니다.

그림책놀이상담 역량은 책상에서 길러지지 않습니다. 또한 단기간에 교육 효과를 보려고 하지 않습니다. 평생 그림책을 좋아하고, 책을 친구삼을 수 있는 소양을 갖도록 합니다. 그림책놀이상담의 의미와 효과는 대상과 함께 그림책을 보는 과정이나 이후에 나타납니다. 그림책놀이상담을 진행하면서 그림책놀이상담사도 성장해 갑니다.

좋은 그림책놀이상담은 대상이 유능감을 느끼도록 합니다. 이는 그림책놀이상담사가 대상에게 신뢰감을 가질 때 실현됩니다. 인격적 만남 안에서 모든 정서는 대상에게 고스란히 전해집니다. 그림책을 함께 나누는 대상이 스스로 유능감을 느끼고 있는 것을 경험할 때 그림책놀이상담사도 힘을 얻습니다.

그림책에는 힘이 있습니다. 그림책이 힘을 갖는 이유는 그 안에 우리 삶이 들어있기 때문입니다. 이 힘이 좋게 쓰일 수 있도록 하는 또 다른 힘은 사람에게서 나옵니다. 이는 문화가 되고 문화는 사람을 만듭니다. 그림책이 사람과 세상에 기여해야 한다면 그 일은 연결이고 사람들은 그림책과 그 연결을 통해 더 좋은, 더 나은 방향으로 나아갈 수 있습니다. 더 넓고 깊은 그림책문화활동을 펼칠 수 있습니다

망고편지

앗 망고편지가 사라졌다!!!

에필로그 : 그림책 철학마녀

에필로그에 등장하는 소재는
그 간 운영했던 그림책 커뮤니티들입니다.

지속적으로 강의하고 운영해 온 코너들이
그림책씨의 행복한 여행길이 되었습니다.

그림책씨의 끝나지 않은 여행 이야기로 모두 함께 출발!

갑자기 사라진 망고편지...
　그 행방을 찾아떠난 그림책씨에게
어떤 만남이 기다리고 있을까?

마음으로
Let's Go!

망고 편지를 찾아서

그럴싸 그림책

망고편지는 어디로 사라졌을까?

더 행복한 여행을 떠난 그림책씨는
재밌는 편지들을 발견했어요.
망고편지였어요.
마음으로 가는 편지라나요?

그림책씨도
망고편지와 함께 울고 웃으면서
어느덧 마음에 잘 도착해 있었어요.
그림책씨는 늘 다음 편지를 기대했어요.

망고지기. 누구인지 잘 모르지만
이 편지들이 끝나지 않길 바랐지요.

그러던 어느 날,
놀랄만한 일이 일어났어요.
망고편지가 사라진 거예요!

분명히 있어야 할 자린데
눈을 씻고 봐도 없었어요.

그림책씨는 더 여행을 해야 할지
다시 원래 있던 곳으로 돌아가야 할지 고민이 되었어요.
그동안 걸어왔던 시간들을 생각하니
이대로 돌아가기엔 아쉬운 마음이 컸어요.
그리고 무엇보다 사라진 망고편지가 매우 궁금했답니다.
그림책씨는 망고편지를 찾아야겠다고 결심했어요.

그림책씨는 작은 호텔에서 잠을 청했어요.
호텔이름은 '**그림책놀이상담** HOTEL' 이었습니다.

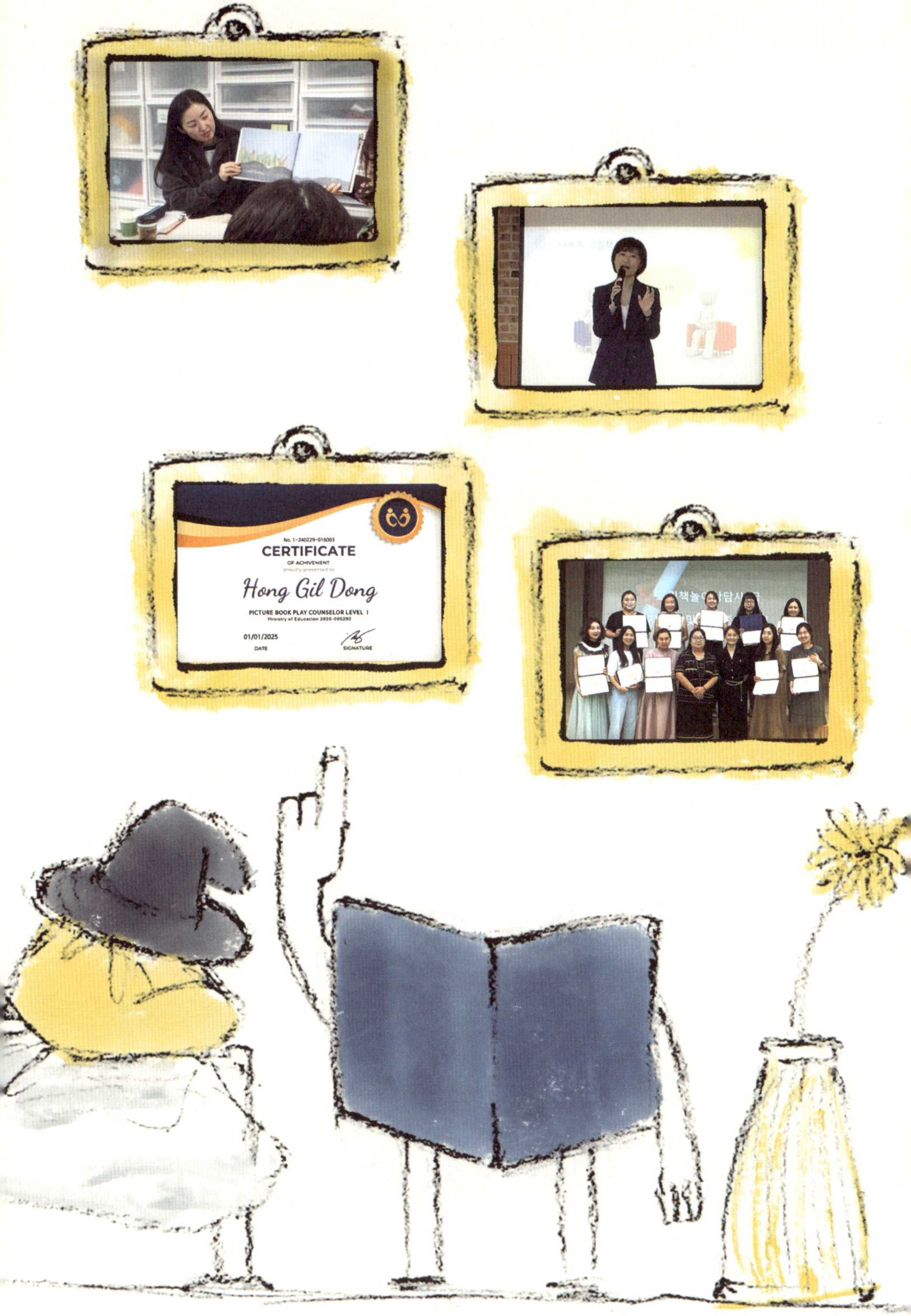
No. 1-240229-016003
CERTIFICATE
OF ACHIVEMENT
proudly presented to
Hong Gil Dong
PICTURE BOOK PLAY COUNSELOR LEVEL Ⅰ
Ministry of Education 2020-005292
01/01/2025
DATE
SIGNATURE

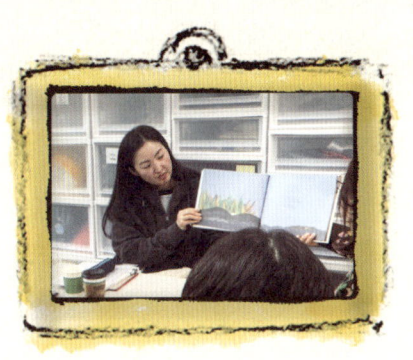

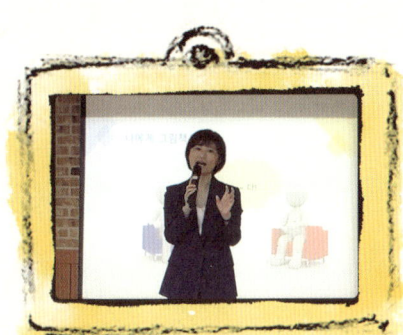

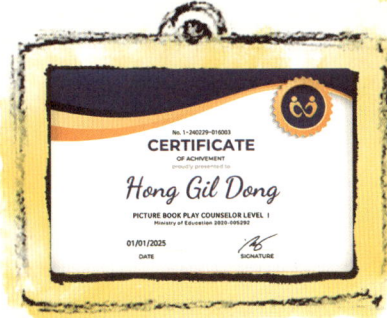

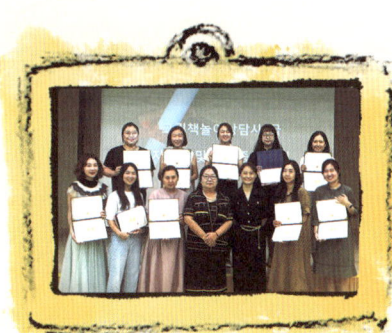

방 창문으로
　햇살이 비쳤어요.

　　　맑은 날이라 건널만한 예쁜 다리가 보였고
　　　그 다리 아래로는 시냇물이 흐르고 있었어요.

왠지 이 시냇물을 따라가면
망고편지를 찾을 수 있을 것 같았지요.
그림책씨는 힘을 냈어요.
다리를 지나 시냇물을 따라갔어요.

시냇물은 조용하게
때로는 활기차게 흘렀어요.
왠지 망고편지를 닮아 있었어요.

한참 걷던 그림책씨는
거울처럼 투명하고 눈부시도록
반짝이는 호수를 만났어요.
그 호수에는 '믿.그림'이라는 팻말이 있었어요.
그리고 팻말 기둥에는
'믿음안에서 믿음의 사람들과 보는 그림책'이라고 쓰여 있었어요.

그림책씨는 신기했어요!
그림책으로 신앙을 나눌 수 있다니.

하나님의 밑그림

냉장고 설명서를 보더라도
하나님을 발견할 모임 ^^

밑그림과 이거바바요 방문

팻말을 둘러보던 그림책씨는 한 번 더 놀랐어요.
팻말 뒤에 삐뚤빼뚤한 글씨로 이렇게 써 있었어요.

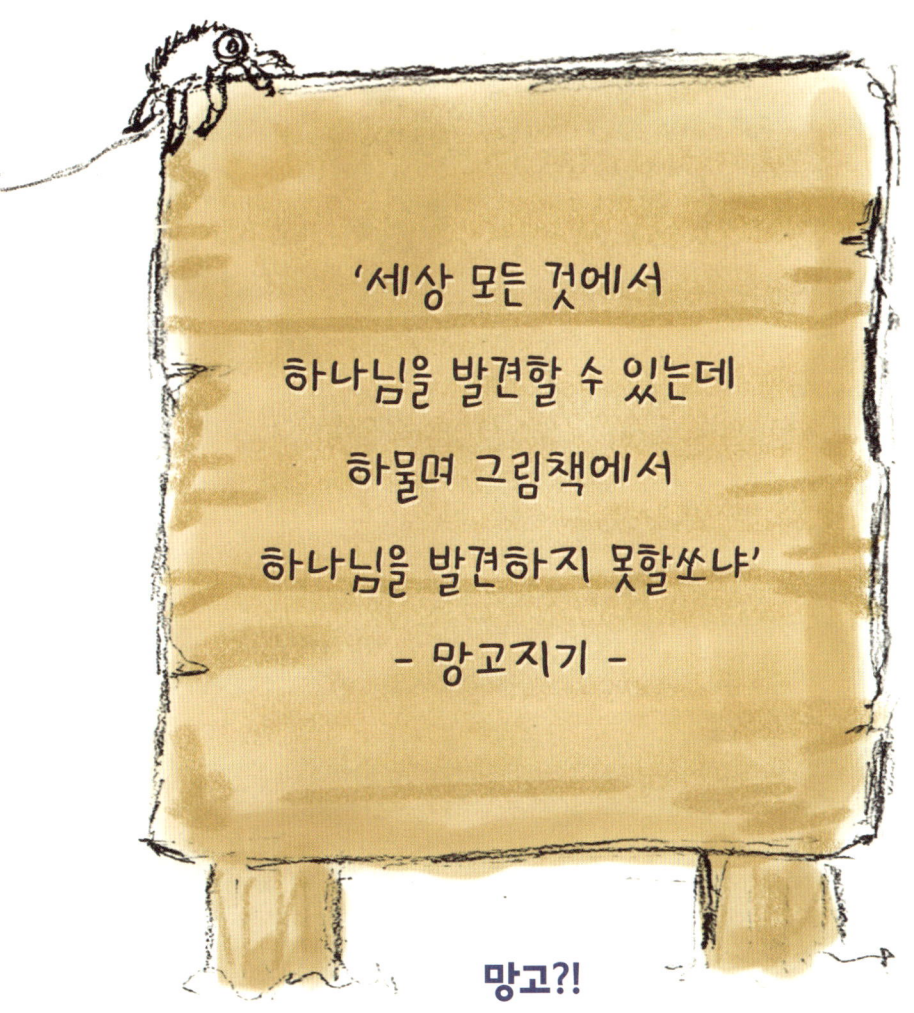

'세상 모든 것에서
하나님을 발견할 수 있는데
하물며 그림책에서
하나님을 발견하지 못할쏘냐'
- 망고지기 -

망고?!

그림책씨는 사라진 망고편지에
가까워지고 있다고 생각했어요.

지쳐있었던 그림책씨는
맑은 호수에 얼굴을 쏙 넣었어요.
깨끗한 물에 세수하면
더 힘이 날 것 같았어요.

세상에!
물고기가 말을 하는 거예요.
그것도 또박또박.
그림책씨는 너무 놀라 물에 빠질뻔 했어요.

"마녀들이 그림책을 좋아한데"

"마녀들이? 그럴리가"

"마녀들이 그림책 읽고
글도 쓰고 그런다는데?"

그림책씨는 더 숨을 참을 수 없어 얼굴을 들어 올렸어요.
하마터면 다 젖어서 얼굴을 들지도 못할 뻔 했어요.

'뭐라고? 마녀들!
망고지기도 혹시 마녀?!'
글을 썼다는 게 혹시 망고편지?!

생각이 여기에 이르자
그림책씨 마음은 바빠졌어요.

그림책씨는 물 밖에 있는
누군가에게도 물어보고 싶었어요.
마녀들이 도대체 누구인지,
그리고 지금 어디에 있는지 말이예요.

그 때 칙칙폭폭 기차가 지나갔어요.
그림책씨는 기차를 타야겠다고 생각 했어요.
그림책씨는 얼른 기차에 몸을 실었어요.

기차에는 **교사성장 그.립.소** 라는 이름이 붙어있었죠.
선생님들 전용 기차 였어요.
조금 있으니 기차에서 방송이 흘러나왔어요.

"승객 여러분.
이 열차는 그림책 입장에서 소크라테스 익스프레스입니다.
성장을 그리워하는 선생님들을 위한 그림책 철학열차입니다.
정차할 때까지 편안하게 모시겠습니다."

그림책씨는
빈자리를 찾아 앉았어요.
모두들 그림책씨에게
반갑게 인사해 주었어요.

선생님들은 그림책씨에게
이것저것 물어봤어요.
'이 모자는 어디서 샀냐.'
'혹시 요술 부릴 줄 아냐.'
'우리 반에 한번 와 주면 안 되냐.' 등등.

그림책씨는 최대한 상냥하게 답해주었어요.

그리고 드디어 질문할 수 있는 타이밍을 얻었답니다.

"아! 그런데 선생님.
혹시 그림책 좋아하는 마녀들은
어떤 마녀들이예요?
무서운가요?"

"네?!"
선생님들은 조금 놀라더니
자기들끼리 속닥 거리기 시작 했어요.

"그게 사실인가봐. 속닥"

"그러니까 좀 수상하다했어 속닥"

궁금해진 그림책씨는 다시 물었어요.

"마녀들을 아세요?"

타이트한 갈색 조끼가 잘 어울리는
한 선생님이 어렵게 입을 열었어요.

"그게... 그러니까...
낮에는 아이들과 선생님들과 지내는 원장님들이
둘째 주 목요일 밤만되면
마녀들로 변한다는 소문이 있어요."

저쪽에서 이 이야기를 가만히 듣던
통통한 선생님이 안경을 바로 쓰며 말했어요.

"아! 우리 원장님. 생각해 보니
둘째주 목요일 저녁마다 약속이 있다고 했는데
다음날은 어김없이 그림책을 갖고 와서 읽어주기도 하고
감동 받았다고 다른 원장님이랑 통화하는 소리.
분명히 들었어요. 맞아요!"

그림책씨는
선생님들의 이야기를 듣고
더 설레는 마음이 생겼어요.

그 때 교사성장 그립소 열차가
다음역에 정차했어요.

그림책씨는
커피를 한잔 해야겠다고 생각했죠.

코코아를 좋아하고
카페인에 약한 그림책씨여서
오후 두 시 이후에는
커피를 마시지 않지만
오늘만은 예외였어요.

그 가게 이름은 "**차한잔과 그림책**"이었어요.
부모와 아이들이 바글바글한 브런치 카페였어요.
그림책씨는 그동안 모은 단서들을 생각하면서
커피를 주문했어요.

여기저기 옹기종기 모여 앉아서
그림책을 보고 있었어요.

그림책씨는 괜히 뿌듯했어요.
누가 자기를 알아보나 싶어
괜한 헛기침도 몇 번 했답니다.

그림책씨는
키가 커다랗고 냉정한 표정의 카페주인에게 물었어요.

**"혹시 그림책
좋아하는 마녀들이
어디 있는지 아세요?"**

카페주인은
"마녀? 그런 건 몰라"
하고 퉁명스럽게 말했어요.

그러고는
가다말고 휙 돌아와서
이렇게 말했어요.

"마녀들일지는 모르겠는데 저기 저 성에서
한 달에 한 번 음료를 주문해.

아 오늘이 그 날이네!
열 잔이면 매상이 꽤 되는데,
이런 날 하필 배달 알바가
그만둘 게 뭐람!"

그림책씨는 카페주인을
기분좋게 할 방법이
생각났어요.

"그 배달, 오늘 제가 할게요."

카페주인은 언제 퉁명스러웠냐는 듯
아주 상냥하게 변했어요.

" 삘릴리~~~ "

전화벨이 울렸어요.
카페주인은 그림책씨에게 눈짓하며
의미심장한 미소를 지었어요.

성은 아주 커다랬어요.
그림책씨는 침을 꼴깍 삼켰어요.

거기에는 "**그림책 철학마녀**"라는
팻말이 붙어있었어요.

주차장에 숨어있던 그림책씨는 놀라운 광경을 보았어요.
빗자루가 하나 둘 주차되기 시작했어요.
마녀들은 익숙하게 빗자루에서 내렸어요.

표지판에는 빗자루 주차를 금한다고 되어있지만
마녀들은 빗자루를 타고 왔어요.

몇몇 마녀들은 이 빗자루는 청소용이라며 우기며
주차장 한 켠에 세워두었어요.

하지만 마녀에게 빗자루가
절대 청소도구가 아니라는 것 쯤은
동네 꼬마들도 아는 이야기입니다.

마녀들은 뭐가 그리 재밌는지
깔깔 웃으며 성으로 들어갔어요.

빗자루에 있는 이름표를 보니
낮에 만난 선생님들 말이 맞았어요!

아무도 오늘 밤에 마녀들이 이러고 있는 걸 모를테지요.

그림책씨는 음료를 문 밖에 두고
복도를 따라 걸어갔어요.
마녀들에게 들키지 말아야겠다고 생각했죠.

복도 끝에 큰 문이 있었는데 거기에는 이렇게 쓰여 있었어요.

'그림책으로 철학하는 마음 여행자들의 '글토'가 영원토록 머무는 방'

온통 알 수 없는 말들 뿐이었어요.

마녀는 마음 여행자였어요!

그림책 철학 마음 여행자.
그림책 철학 마녀

그림책씨는 그제서야
스르르 긴장이 플렸어요.

글토?!
그건 뭐지?

혹시 망고편지?
마음으로 가는 편지가
여기 이 서재에
있을지도 몰라!

그림책씨는 서재에 들어가 놀란 입을 다물지 못 했어요.
그곳에는 마녀들이 쓴 그림책 편지가 가득했거든요.

"이 모든 게 망고편지라구?!"

감격에 찬 그림책씨는 서재 한 쪽에 앉아
마녀들이 쓴 글토를 읽기 시작했어요.

글을 토한 편지.
마녀들이 뱉어놓은 따끈따끈한 글토에서 왠지
그 마녀들의 향기(?)가 나는 것 같았어요.

사랑하는 나의 미니미에게

– 랄랄라 마녀

도서관에서 블랙독이라는 그림책을 읽는데
너에게 들려주고 싶다는 생각이 들었단다.

어느 날, 작은 집에 커다란 검둥개가 나타났어.
가족들은 모두 두려워하며 숨어버렸지만,
단 한 사람. 가장 작고 어린 아이만이 그 검둥개와 마주했지.
조심스럽게 한 걸음, 또 한 걸음 내디디며,
마침내 검둥개가 그리 무섭지 않다는 걸 알게 되었어.
두려움을 이겨내고 한 걸음, 또 한 걸음 나아가자,
무섭게만 보였던 검둥개는 점점 작아지고,
결국 함께 걸을 수 있는 친구가 되었어.

네가 준비하는 길도 어쩌면 커다란 검둥개처럼 보일지 몰라.
미래를 향한 도전, 반복되는 노력, 때로는 두려운 순간들.
하지만 네가 한 걸음씩 내디딜 때마다,
그 검둥개는 점점 작아지고, 너는 더욱 단단해질 거야.

이번 결과가 원하는 대로 나오지 않아 속상했겠지만,
엄마는 네가 보여 준 용기와 끈기가 너무나 자랑스러워.
진짜 중요한 건 넘어졌을 때 다시 일어나 앞으로 나아가는 거야.
그리고 엄마는 알아.
너는 반드시 너만의 길을 찾아 걸어갈 거라는 걸.

딸아, 네 앞에 어떤 검둥개가 나타나더라도,
엄마는 언제나 네 곁에서 함께할게.
너의 꿈을 응원하며, 네가 빛나는 순간을 기다리며.
사랑을 담아, 엄마가

프롤로그

엄마는 알아.
너는 반드시 너만의 길을 찾아
걸어갈 거라는 걸.

블랙독, 레비 핀폴드,
천미나 역, 북스토리아이, 2013

마녀의 본명 : 김경하
현 랄랄라빅스맘어린이집 원장

바쁜 일상 속
내 마음의 작은 쉼을 찾아
– 은초마녀

나는 일과 속에서 가슴 벅차는 감동 희열 보람 성장을 느낀다.
오늘도 목까지 차 체할 것 같은 바쁜 하루를 보내고,
많은 사람들과 다양한 감정의 희노애락을 느끼고 맛 보았기 때문인 걸까??
거미줄과 같이 엉키고 설킨 시간을 마치고
저녁 퇴근길 문뜩 찾은 고요한 도서관에서 만난
"가끔 나는..." 그림책 속 우두커니 앉아 있는 곰이
내 마음에 훅 들어왔다.

하루 일과를 마치고 휴식을 하고 있는 나의 모습과
고민하고 고뇌하는 듯한 나의 얼굴과
아무 생각 없이 멍 때리는 내 모습 등
나를 보는 듯한 곰 그림책 이야기에 훅 빠져 들었다.

이 그림책은 나의 몸과 마음, 생활을 읽어 주고 있었다.

종달새처럼 조잘대는 아이들 속에서 느끼는 행복함과 즐거움.
매일 꿀벌처럼 이리 저리 날고 뛰는 모습 속에서 맛보는
달콤하고 때론 쓰고 짠 감정들.
쏟아지는 업무와 뜻하지 않게 찾아오는 소화하기 힘든 일들과
저녁이면 찾아오는 허기에 말처럼 포식가가 되어 먹기도 하고
때론 나의 능력 한계와 다가오는 깜깜한 미래가 엄습할 때
깜깜한 동굴 속 박쥐 같은 삶.

하지만 가끔 나에겐 생쥐처럼 작은 체구에서 오는
엄청 커다란 힘 용기와 깡이 있다!
말이 없는 침묵 속에 가끔은 귀여움도 폭발하고^^
이렇게 커다란 용기와 두둑한 배짱도 가지고 있는 나는
용기 있고 힘이 넘치는 그림 속 얌전한 곰일지도 모른다.

나는 가끔,
햇살이 좋은 날이면 창가에 앉아 생각에 잠기곤 한다.
때론 행복하고 따뜻하고, 때로는 슬프고 차가웠던 지난 시간들을
더듬어 본다.

나는 가끔,
둘레길을 마냥 걷고 싶어진다.
자연 속에서 나를 찾고 뒤 돌아본다.
햇살, 바람, 자연을 친구 삼아 내 발걸음을 세어 가며 걷는 산책길
지치고 힘든 내 몸과 마음을 정리해 보고 에너지를 충전해 본다.

나는 가끔,
주일이 되면 하루 한 주 모든 순간들을 소중히 여기며
감사함을 느껴본다.
내 주위 사람들과 만남,
나의 일 직업을 사랑하고 최선을 다하고 있는 나를
응원하고 감사하는 시간을 갖는다.

나는 가끔.
일과 업무를 벗어난 일상 탈출 여행을 한다.
새로운 세상으로 짜릿함을 맛보고 경험하고 탐험해 보는 시간.
나의 영원한 베스트 프랜드 함께 보랏빛 향기 가득한 라벤다 자연
속으로 떠나는 소박하지만 위대한 이번 버스 여행이 기대된다.

가끔 나는, 새라 메이콕,
서남희 역,
해와나무 2022

가끔 나는
나는 가끔
반전이 있는
삶을 산다

마녀의 본명 : 김명희
현 은초롱숲어린이집 원장

폭신 폭신 계란말이 버스

— 되리라마녀

철학마녀에서 소개할 책을 고를 때 제목을 보고 계란말이? 음... 저희엄마는 꼭 파를 아주 많이 넣어서 계란말이를 해주셨어요... 어렸을 때는 다른 엄마들처럼 치즈도 넣고 야채도 넣은 아주 모양도 좋고 맛도 좋은 계란말이를 해주는 집이 부러웠는데 이제 저도 어느새 파가 듬뿍 들어간 계란말이가 진짜 맛있는 나이가 되어보니 제일 좋아하는 걸 해 주고 싶은 엄마의 마음이 생각나 이 그림책을 선정하게 되었어요.

설레이는 아침을 맞이하여 계란을 가득실어온 트럭이 계란공장으로 가면 푹신한 계란버스가 여러과정을 거쳐 완성되어 그 고소한 향기 가득 거리를 돌아다니며 아주 귀여운 친구들을 하나둘씩 태워서 우유구름 학교로 가는 그림책입니다.

엄마표 계란말이를 떠올렸듯이...누군가에게는 매일 먹는 단순한 계란말이 일수도 있지만 추억의 음식 추억의 향기 추억의 먹거리가 모두에게 있을 것이라 생각하며 글을 읽으니 내마음 속이 어느새 폭신폭신 포근포근 사뿐사뿐 해졌습니다.

어린 시절이 생각나는 음식이 어떤 것이 있을까요? 나의 마음을 폭신하게 하는것들은 또 어떤 것들이 있을까요?

요즈음 세상을 들썩이게 하는 가장 안전해야 할 학교에서 벌어진 사건으로 인해서 일주일동안 참 마음이 무거웠습니다. 사건과 사고는 매 순간 일어나지만 한 어린이집을 운영하는 저로서는 다시한번 주변을 둘러보고 포근포근한 우리 소중한 아이들을 더욱 안전하게 지키고 가르치고 웃게 하고 싶다는 생각이 들었어요.

이번 주에는 우리 졸업생 아이들을 태우고 졸업여행을 다녀왔어요. 3~4년의 시간을 함께해 온 친구들과의 소중한 시간을 생각하며 운전하는 내내 마음 속에 추억이 방울방울 떠오르더라구요.

계란말이 버스 기사님도 그러시겠지요?^^
아이들로 매일이 설레이는 하루~

하루 하루가 선물같은 폭신한 계란말이버스.

폭신폭신
포근포근
사뿐사뿐
계란말이처럼

계란말이 버스, 김규정, 보리, 2019

마녀의 본명 : 김상희
현 리라어린이집 원장

글토 하나. 그림책 철학마녀들의 첫 날

– 현실마녀

새해가 되면 누구나가 한 번쯤은 새로운 꿈과 목표를 하나 둘 씩 세우곤 한다. 하지만 언제부터인가 반복되는 일상도 소화하기 바쁜 나는 꿈을 꾸지 않은 것 같다. 코로나를 보내면서 올해 작은 목표 하나가 생겼다. 그것은 다름 아닌 글쓰기이다. 항상 막연하게 생각만 하고 어디서부터 어떻게~?? 라고 고민만 하고 있었는데 그림책으로 하는 이 "철학적 탐구 공동체 토론" 모임을 통해 함께 공부하는 원장님들과 나누고 느끼고 생각한 것들을 글로 써보기로 했다. 숨박꼭질처럼 뭔가 재미있을 것 같은 설레임이 느껴진다. 글을 쓴다기 보다는 우리들만의 수다를 엮어 나가려고 한다.

우리는 이 철학적 토론 모임의 이름을 '철학마녀'라고 지었다. 뜻은 철학하는 마녀들~이다. 재미있고 멋지면서도 호기심을 불러오는 이름인 것 같아 개인적으로 너무 맘에 들었다. 찰학 마녀의 진행은 맴버들이 돌아가면서 새로운 그림책을 소개하고 각자의 생각과 느낌을 나누면서 작가가 전달하고자 하는 이야기와 모임에 참석한 이들이 서로 토론하며 책을 감상하고 공통적 질문의 해답을 저마다 찾아가게 된다.

첫날 '나'를 주제로 하는 그림책 소개를 하기로 했다. 어떤 책을 할까 ~? 고민 했지만 평소 좋아하기도 하고 내용을 여러번 봐서 잘 알고 있었던 조수경작가의 [마음샘] 책을 소개했다. 물을 마시러 간 늑대가 샘에 비친 자신의 모습이 늑대가 아닌 토끼인 걸 알게 되면서 무척 당황하고 놀라 혼란을 겪는다. 늑대 자신이 생각하는 모습과는 다른 토끼와 직면하면서 힘든 시간을 보낸다. 그러다가 늑대는 그대로의 자신을 받아들이고 다른 동물들에게도 자신의 마음샘을 보여주고 이를 본 동물들도 저마다 자신들의 저마다 보여 준다.

나는 사실 작고 여리다. 내 마음 샘을 보여 준다면 토끼가 보일 것이다. 하지만, 주변 사람들은 에너지 넘치고, 똑똑하고, 야무져서 뭐든지 하면 잘하는 슈퍼우먼이라고 한다. 동물로 치면 여우나 호랑이 정도까지 보는 사람도 있을 것이다. 나는 그러한 시선이이 가끔 부담스럽다. 너라면 할 수 있어~?, 너는 충분히 능력이 있어~! 하는 말들이 들을 땐 인정받는 것 같아 좋으면서도 사실 마음으로는 부담이 되었다. 많은 사람들이 말해주는 가짜 내 모습이 되보려고 노력하고 실제로 ~척 하다 보니 내 능력 밖의 일도 때로는 해냈던 것도 같다. 하지만 실제 내 모습 안에는 강한 면도 있고 약한 면도 많다.

철학 마녀들은 저마다 내면의 나는 어떤 모습인지를 털어놓았다. 누구나 사회적 페르소나가 있다. 어떤 마녀는 내면에 약한 나를 감추기 위해 남들 앞에 나설 때면 눈화장을 일부로 진하게 강조하여 강한 이미지를 연출하면서 실제 내면의 나를 화장으로 가리기도 하였다고 한다. 철학 마녀들은 정해진 시간보다 한참을 지나도록 마음샘에 비친 저마다의 나를 드러내면서 눈물도 흘리고, 소리내어 웃기도 하였다. 무엇보다 나 스스로를 위로하고 토닥여 주는 솔직하고 용감한 시간이어서 밤을 새워서 이야기한다 해도 모두가 지치지 않고 꼬리에 꼬리를 물고 이야기는 계속될 것만 같았다. 우리 모두는 마음샘의 자아를 안아주며 오랜 시간 각자 내면의 자아를 발견하고 어루만지며 평안한 자신만의 시간을 가졌다.

나만이 들여다보는 마음샘의 진정한 내 모습을 오랫동안 사실 감추고 위장하며 때로는 부정하며 살아오다가 문득 마음샘을 읽고 나서 나 스스로 솔직한 나를 인정하려는 용기를 갖게 되었다. 모든 것을 받아들이고 인정하는 것이 진정한 용기이고 이러한 솔직한 용기야말로 내가 행복하고 아름다운 사람이 되어가는 과정이 아닐까 생각한다.

마음샘, 조수경, 만춤수북, 2017

글토 두울. 슈퍼 거북

– 현실마녀

누군가에게 자신이 힘겹고 어렵게 살아온 과거, 또는 매일 반복되는 현재의 어려움을 털어놓기란 쉽지 않다. 내가 그동안 만난 어린이집의 부모들도 마찬가지였다. 오랜 시간 유아교육현장을 지키며 원장으로서 잘했구나 싶은 것이 있다면 부모가 처음이기에 당황하고 시행착오로 힘들어하는 부모들의 이야기를 그때그때 들어주고, 때론 함께 눈물 흘리고 가슴 토닥여주면서 상담을 지속해온 것이 아닐까? 라는 생각을 한다.

대학에서 그림책놀이상담 전문강사로 활발하게 활동을 할 무렵 '커피와 그림책'이라는 부모교육 활동을 시작하면서 성장이 멈춘 나, 부족한 나, 욱하는 나, 불쌍한 나, 등등 다양한 나를 직면하고 그러한 나를 사랑하고 위로하며 함께 보듬어주고자 시간을 마련했었다. 부모들과 함께했던 그림책 중에서도 많은 위로와 눈물을 선사했던 슈퍼 거북을 소개하고자 한다.

[슈퍼거북] 그림책은 우리가 흔하게 알고 있는 [토끼와 거북이] 그 뒷이야기를 상상해 본 이야기다. 경주에서 이긴 거북이 꾸물이는 "슈퍼 거북"으로 불리며 소위 요즘 말하는 아이돌처럼 어느새 대중의 스타가 되어 있었다. 꾸물이는 대중들이 자신의 본래 느린 모습을 알고 실망할까봐 실제 "슈퍼거북"이 되기로 마음먹는다. 철저하고 혹독한 훈련과 연습 끝에 꾸물이는 진짜 누구보다 빠른 슈퍼거북으로 거듭나게 된다. 그러나 꾸물이는 그러한 삶이 하나도 행복하지 않고 오히려 예전의 느림보 꾸물이로서의 삶을 그리워한다.

이 그림책의 표지를 보면 꾸물이는 '빠르게 살자'라는 머리띠를 묶으며 다짐하는 듯한 비장한 모습으로 자신을 소개한다. 어찌보면 타고나길 느린 거북이가 빠르게 살자고 마음먹은 순간이 행복과는 멀어지는 시작이 아닐까 라는 생각이 든다. 거북이가 노력한다고 정말 토끼보다 빨라질 수 있을까?, 더 나아가 토끼와 거북의 경주가 과연 공평한가~?, 라는 의문도 든다. 삶을 살아갈 때 열심히 노력한다는 것은 숭고하지만 사회적인 기준의 경주를 위해 죽도록 노력하고 결과만을 통해 비교와 놀림을 당하는 것이 과연 옳은지 생각해 보아야 할 것이다.

자녀가 태어나면 우리는 아이는 어떠한 기질과 성격인지, 무엇을 궁금해하는지, 무엇을 좋아하고 무엇을 싫어하는지 알아가기도 전에 사회적 기준에 의해 비교하고 불안해하며 영재원, 영어유치원, 문화센터, 조기유학, 선행학습 등등 아이에 대해 알기도 전에 무턱대고 학습적으로 인지적으로 앞서가는 아이가 될 수 있도록 경제적 지원을 아끼지 않는다.

그림책 활동 중 지영이(가명) 엄마는 남편이 자기에게 꾸물이처럼 타고난 것을 바꾸는 노력(?)을 요구한다고 고민을 털어놓았다. CC커플로 대학에서 만나 결혼을 했고 IT계열의 회사를 다니는 엘리트 남편을 자랑스러워하며 자랑을 종종 했었는데, 코로나 시기 재택근무를 하면서 부부 갈등은 점점 커져만 갔다. 느긋하고 여유로운 엄마의 성향대로 퇴근할 시간까지 아이들과 자유롭게 시간을 보내고 아빠가 퇴근 시간쯤 집안 정리 및 식사를 준비했었는데 집에서 함께 하는 시간이 온종일로 연장되면서 육아에 도움과 지지를 받기보다는 '왜 식사 이후에 설거지를 바로 하지 않냐', '아이들이 양치도 식후 바로 해야지 않냐~', '장난감을 정리정돈 할 줄 모른다' '사용하는 수건이 축축한데 왜 바꿔놓지 않느냐', '집에서도 마스크를 씌워야하는거 아니냐~', '평소에도 이렇게 아이들과 시간을 보냈던거냐~', 등등 하나하나 잔소리에 체크하는 남편의 태도에 정말 화가나 못 살것 같다는 심정을 토로했다. 좀 느리면 어

떻고 지저분하면 어떻길래 쫓아다니며 잔소리를 하는데 꾸물이가 어느날 거울을 보았을 때, 마치 천년을 늙어버린 모습이 거울에 비친 것처럼 지영이 엄마는 자기야 말로 남편과의 하루하루가 백 년처럼 느껴진다며 눈물을 보였다. 지영이 엄마는 슈퍼거북을 알게되어 감사하고 행복하다고 했다. 자기의 속도와 자기만의 방식을 소중하게 기쁘게 생각하고 남편의 기준과 질책에 슬퍼하지 않겠다고 다짐하며 돌아갔다.

예전처럼 느리게 걷고 싶다는 생각을 하던 꾸물이에게 어느 날, 토끼가 찾아와 다시 경주를 제안한다. 꾸물이는 노력한 만큼 정말 '슈퍼 거북'이 되어서 토끼가 안 보일 만큼 앞서가지만, 바위 그늘에서 잠깐 잠을 잔다. 여러 날 잠을 설쳐서 너무 피곤했기 때문이다. 눈을 떴을 땐 이미 사람들은 토끼의 승리를 축하하느라 꾸물이를 거들떠보지도 않았고 경주에서 진 꾸물이는 집으로 돌아갔다.

이 그림책이 큰 감동을 주었던 부분은 꾸물이가 아주 오랜만에 단잠을 자고 일어나서 그렇게 원하던 것들을 할 수 있었다는 점, 다시 느릿하게 밥을 먹고, 화단에 물 주며, 본연의 모습대로 느리게 살면서 행복한 거북의 표정을 보여주는 장면이다. 꾸물이는 스스로가 무엇을 해야 행복한지 알고, 자기만의 속도대로 자기만의 방법대로 살아가는 것이 진정한 슈퍼 거북이 되어가는 길이라는 것을 일깨워준다.

슈퍼 거북은 우리에게 행복의 기준이 뭘까라는 질문을 던지고 편향된 사고로 인한 과잉의 일반화를 생각하게 한다. 슈퍼 거북을 통해 행복에 대해 많은 고민과 스스로에게 질문을 던지게 되었다. 어떻게 사는 것이 잘사는 것인지?, 무엇이 진정 나를 행복하게 하는지? 무엇보다 나답게 산다는 것이 무엇인지 생각해보는 성장의 시간이었다.

나만의 속도대로
나만의 방법대로
살아가는 것

슈퍼 거북, 유설화, 책읽는곰, 2014

마녀의 본명 : 김현실
현 경민대 교수

아이의 울음소리가 교실을 채울 때

— (책)보라마녀

나는

닭이 되어
"무슨 일이야, 울지 마, 금방 나아질 거야.
원장님이 다 알아서 해줄게."

곰이 되어,
"왜 울지? 정말 화났겠구나.
원장님이 해결해 줄게!"

코끼리, 하이에나, 타조, 캥거루가 되어
문제를 대신 해결해 주고 싶었다.

때론
나를 안심시키려는
이기적인 생각일까 고민도 한다.

이 그림책에서 '가만히'의 힘을 보며
이제 토끼가 되려 한다.
말없이 기다려주고,
아이의 이야기가 나올 때까지
그 자리에 머무르고
아이들의 감정에 귀를 기울이고
기다리는 원장이 되리라.

아이들에게 필요한 건,
단순한 해결책이나 울음을 멈추는 것이 아니다.
그들이 느끼는 감정을 이해하고,
그 감정을 자연스럽게 표현할 수 있도록

안전한 공간을 제공하며,
다시 일어설 수 있는 힘을 주는 것이다.

나는 가만히 들어주는 원장이 될 것이다.
아이들의 마음을 존중하며
함께 성장하는 따뜻한 원장이 되리라.

아이들이 내게 속삭이는 모든 이야기를
들어줄 준비가 되어 있는,
진정으로 공감하고 배려하는
따뜻한 원장이 되리라.

나는
가만히 들어주는
원장이 되리라

가만히 들어주었어, 코리 도어펠드,
신혜은 역, 북뱅크, 2019

마녀의 본명 : 박지애
현 공립민락유보라어린이집 원장

글토 하나. 처음에 하나가 있었다

— 꿈쟁이마녀

2024년 12월 3일 밤 11시 계엄령이 선포됐다.
그리고 계엄령이 해제된 지 5일째...
2024년인데 이런 일이!!! 너무 놀라웠다.
지도자의 역량이 얼마나 큰 영향을 미치는지 깨닫는 시간이기도 했다.

다르다라는 것을 인정하고 맞춰간다는 것은 결코 쉬운 일이 아니다. 그런데 그 다름을 틀린 것으로 주장하는 일이 일상생활에서도 이루어지고 있다. 어디까지 다르고, 어디까지가 틀린 것일까? 원에서의 리더로서 때때로 모호해 질 때가 있다. 교직원의 의견을 다름으로 공감하고 이해하고 어디까지 수용 할 것인가? 바람을 타고 날아오고, 파도에 실려 오고, 흙먼지에 쓸려 듯...

이 그림책에서 모두가 다양한 모습으로 각자의 색깔로 만나서 같이 행복했지만 다름을 알게 되어 비슷한 친구들끼리 지내지만 행복하지 않았다. 그때 누군가가 옛 친구를 찾아 나서기 시작했다.

나를 되돌아본다. 먼저 손을 내밀고 공감하고 수용하고 이해해 주는 역할은 리더인 나의 몫이고 삶이었다. 올해는 교사와 어려운 시간들이 있었다. 어느 만큼 공감해야 하는지...하는 시간들도 있었다. 이제는 두려워 하지 않고 먼저 다가서고 공감하는 멋진 일들을 만들어 낼 수 있기를 기대해 본다.

우리! 같이! 함께!!!

필.독.

이제는 두려워 하지 않고
먼저 다가서고 공감하는
멋진 일들을 만들어 낼 수 있기를

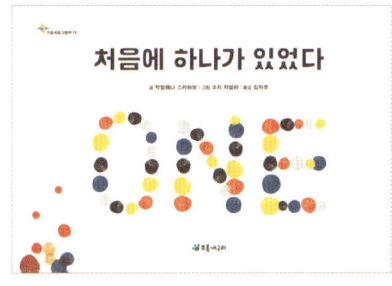

처음에 하나가 있었다, 박일페나 스카이보,
수지 지벨리, 김지우 역, 초록개구리

글토 둘. 너는 어떤 씨앗이니?

— 꿈쟁이마녀

'하늘에서 보물이 떨어졌어요'
그림책을 진행하시면서 교수님이 보물1호에 대한 질문을 하셨는데 나는 서슴없이 "어린이집이요"라고 대답했다. 그렇지 않아도 원장님들이 어린이집 얘기 그만하라고들 하지만^^;
나에게는 지금 어린이집이 하나님께서 주신 선물이기에 당연하게 이 대답이 툭 나왔다.

그런데 저출산과 유보통합으로 인하여 어린이집 원아모집이 난항을 겪고 있다. 나름대로 교육 철학을 갖고 어린이집을 성실하게 열심히 운영해 왔는데...현실 앞에서 때로는 좌절되는 마음이 스멀스멀 올라오기도 한다.

그럼에도 불구하고
아이들 생각이 나는 것은 직업 때문일까?
아이들은 저마다 각자의 씨앗을 갖고 있다.

바람에 흩날리는 씨앗, 쪼글쪼글 못생긴 씨앗,
꽁꽁 웅크린 씨앗, 툭 건드리면 울 듯한 씨앗,
가슬가슬 가시 돋친 씨앗, 수줍어 숨는 씨앗,
느긋이 꿈꾸는 씨앗~~~

이렇듯 다양한 씨앗을 갖고 있는 우리 아이들에게 각자의 꽃을 피울 수 있도록 어떻게 도와주어야 할까?
거친 들에 민들레로 피어나고, 수수꽃다리로 피어나고,
당당하게 모란꽃으로 피어나고, 봉숭아꽃으로 피어나고,
섬꽃마리로 피어나고, 방긋 웃는 접시꽃으로 피어나고,
긴 잠에서 깨어나 눈부신 연꽃으로 피어나고

이렇게 멋진 아이들의 꿈을 위해
나는 무엇을 해야 하는지 지금도 고민하고 있다.

고민에서 그치지 않고, 연구하고 성장하는 원장이 되기 위해
이 그림책으로 마음을 다잡아 본다.

은미야 너는 어떤 꽃을 피울래?

피어나고,
피어나고,
피어나고,

너는 어떤 씨앗이니?, 최숙희 글/그림, 책읽는곰, 2013

마녀의 본명 : 안은미
현 해맑음어린이집 원장

글토 하나. 나

- 지키마녀

'마음샘' 그림책에서 나를 발견하였습니다.

마음샘에 나의 모습이 토끼, 잠자리, 사자 등
어떤 동물이 비추어도 상관하지 않고
나의 목표만을 향해 지냈던 내가

마음샘의 비쳐진 나의 토끼를 보며
사자인 척 으르렁 거리는 늑대 무리와
전갈인줄로 착각하는 가재가
나의 토끼에게 다가올 때
나의 토끼가 깜짝 놀랐습니다.

그때 내 마음샘에 있는 여러 동물들 중
하나인 토끼만이 나인 줄 알았습니다.
사자인척 으르렁 거리는 늑대 무리와
전갈로 착각한 가재에게
너무 많이 놀라고 무서웠습니다.
세상에 태어나 처음 느낀 감정이었습니다.

그러나 내 안에 토끼 혼자만 있는게 아니라는 것을
깨닫게 되었습니다.
내 안에는 사자, 곰, 늑대, 전갈, 잠자리 등
다양한 동물이 있다는 것을 깨닫게 된 것입니다.

그리고 사자인척 으르렁 거리는 늑대와
전갈로 착각한 가재에게서
토끼, 잠자리, 지렁이가 보이기 시작한 것입니다.

지금 나는 마음샘에서 보이는
나의 다양한 동물이 귀엽습니다.

피.드.백

마음샘에서 보이는
다른 사람들의 다양한 동물들도 귀엽습니다.

'마음샘' 그림책을 보며
나 자신을 정의할 수 있어서 마음이 뭉클했습니다.

그림책을 통해 나를 정의할 수 있어서
참으로 감사합니다.

추신.
시간이 지나 나의 글토를 보니
일기장을 보는 듯 합니다.
그림책을 통해 성장해 가는 나를 바라보며,
철학마녀의 소중함을 다시 느껴봅니다.

마음샘. 조수경 글/그림.만들숲그림책. 2017

마음샘에 사는
다양한 동물이
귀엽습니다.

마녀의 본명 : 이재경
현 공립훈민어린이집 원장

글토 두울. 인생은 핑퐁

— 지키마녀

핑퐁의 탁구가 얼마나 신나는지 아는 한 사람으로
'핑' 그림책을 보며
건강한 '핑'과 건강하지 않은 '핑'
건강한 '퐁'과 건강하지 않은 '퐁'을
생각하게 되었습니다.

내가 보내는 핑을
내가 받는 퐁을
세심하게 살펴야 함을 깨닫게 되었습니다.

핑퐁핑퐁 재미있는 탁구처럼
인생도 재미있고 건강한 핑퐁이 되도록
나의 자세도, 상대방의 움직임도 잘 살피며
즐거운 핑퐁이 이루어지도록 노력하려 합니다.

인생도
재미있고 건강한
핑퐁이 되도록

핑!, 조수경 글/그림, 만츌수북, 2017

결.론

방긋 아기씨의 방-긋

— 한다마녀

영아 부모님을 대상으로 부모교육 의뢰를 받고 고민하다 고른 그림책이 '방긋 아기씨'이다.

처음에 이 그림책을 봤을 때는 여느 그림책과 같은 부모교육이 진행되려니 하는 생각이었다. 이 그림책으로 어떻게 대화를 시작할까 고민하다가 한 번, 두 번, 세 번, 네 번... 읽는데. 문득 작가는 어떤 마음으로 이 그림책을 만들었을지 궁금해졌다.

인터넷에 윤지회 작가라고 치니 아주 예쁜 여자분의 사진이 나오고 인터뷰 내용이 올라왔다. 읽다가 멈칫! 다시 읽고! 사진 보고! 인터뷰 당시는 2019년 이미 위암으로 아픈 상태였는데 그림을 여전히 그리고 있으면서 우리 아이가 20세까지만 살았으면 좋겠다고 이야기하고 있었다. 인터뷰할 때 아이 나이 4세... 작가가 돌아가신 해는 2020년 아이 나이 5세... 사랑하는 남편과 헤어지는 것도 너무 슬픈데 어린 아이를 두고 가야한다고 생각한 작가의 가슴은 천갈래 만갈래로 찢어질 듯 아팠을거 같아 ... 인터뷰 내용을 읽는 내내 마음이 먹먹했다.

'방긋 아기씨' 그림책이 작가의 사연으로 인하여 너무 특별하고 애틋하게 다가왔다.

한 나라의 왕비이지만 외롭고 우울하던 중에 귀한 아기를 만나게 된다. 그런데 아기가 잘 웃지 않음을 알고 걱정하는 엄마. 아기를 위하여 귀한 천으로 옷을 만들어 주고 이 세상에 가장 맛있는 음식을 해주고 재미있는 공연을 보여주는 마음은 우리 엄마들의 마음과 똑 같으리라. 우리 아이가 잘 자라길 원하지 않는 부모가 어디 있을까? 건강하고 행복하게 자라주길 바라지 않는 부모가 있을까? 우리 아이가 행복하게 살기를 바라는 부모의 마음은 다 똑같으리라 생각한다. 왕비는 비로소 본인이 웃으니 아이가 웃게 됨을 알면서 지금까지 요람에만 눕혀놓고 웃기를 바라던 모습에서 맨 마지막 장면에서는 아이를 안고 자신의 가슴으로 깊숙이 안아주면

서 끝이 난다.

그래! 맞아! 부모가 불행한데 아이가 행복할 리 없고 부모가 행복하면 아이도 행복하고 즐겁다는 것을 다시 깨닫는 시간이었다. 물론 아이를 생각하지 않고 본인의 행복만이 최고라고 생각하는 부모가 있을 수 있으나 대부분의 부모들은 그러지 않을 거라 생각한다.

부모들에게 "내가 윤지회 작가라면 어떤 후회를 했을까 생각해 보고 후회를 줄이기 위해 실천할 수 있는 방법을 나누니…더 많이 사랑하기, 더 많이 안아주기, 표현하지 않았는데 사랑한다고 말해주어야겠다고 하면서 당장 실천해야겠다고 한다.

나도 참 열심히 살아왔고 살고 있고 살아 갈 것이다. 왜 그렇게 열심히 하냐고 하면 나도 왜인지 알 수는 없다. 다만 열심히 살아 온 동안에 잘 챙기지 못한 아이들에게 미안해서…지금도 열심히 사는 건 아닐까 생각이 든다.

오늘 점심에는 나를 낳은 친정엄마를 만나 일주일 동안 있었던 엄마의 이야기를 들으면서 함께 웃었고 저녁에는 새로운 도전을 하는 아들의 출발을 축하하기 위해 저녁을 함께 했다. 직장맘이라 잘 챙겨주지 못 했지만 잘 자란 아들과 딸의 앞날에 축복이 있기를 기원해 본다.

더 많이 사랑하기
더 많이 안아주기
더 많이 표현하기

마녀의 본명 : 홍미라
현 동두천어린이집 원장

글토 하나.
다시 하고 싶은. 친절한 행동

— 푸지마녀

누구나 한번쯤 경험했을 만한 일들과 수채화 그림의 사실적 표현에 상상력과 표정 하나 하나까지 너무 섬세하고 리얼하게 그려져서 신기했다.

"친절이란 이런거란다. 작은 친절이 물결처럼 온 세상으로 퍼져 나가지"

새로 이사온 마야에게 친절하지 못한 아이들.
친구들이 하나하나 돌을 던지며 자신이 했던 친절을 이야기 하는데 아무 말 못하고 다른 사람에게 넘긴 클로이....
마야에게 친절한 행동을 할 수 있는 기회는 영영 사라져 버린 클로이의 쓸쓸하고 외로워 보이는 표정에서 나도 옛 기억 속 한 아이가 떠올랐다

중학교 2학년때 일이다.
이름도 아련한 한 친구가 다른 친구들이 한 행동을 내가 한 것으로 오해하여 갑자기 소리 지르고 욕을 하며 책상을 걷어차며 난리를 쳤던 기억이 난다.

책상을 밀치는 행동에 난 처음으로 말한마디 못하고 어이없이 당했다. 그 시절만해도 난 너무 순진했고 부반장이라는 직책이 있어 함께 소리 지르며 따질 수가 없었다.

반장과 달리 부반장은 임원인데 별로 할 일이 없는 부반장이 가만 있으면 건방지다 하고, 웃고 떠들면 부반장이 떠든다고 말을 듣던 시기였다. 난 그 후로 부반장은 하기 싫어서 줄 곳 반장을 하려고 노력했고 반장이 안 되었을 때는 그냥 일반학생을 하려 했다.

그 마음은 어른이 되어서도 계속되었다. 혼자 하면하지 동업도 싫고 2등이 싫었다. 암튼 난 혼자 크게 상처 입고 그 친구와는 대화도 눈도 마주치지 않고 지냈다.

어느 날 체육시간에 공이 내게 굴러와 "내가 집어 줄게"하고 뒤돌아보니, 그 친구가 서 있어서 난 그냥 무표정하게 공을 다시 바닥에 툭 덜어 뜨리고 지나왔다 (ㅋㅋㅋ소심한 복수)

그 후로 친정가는 길목에 그 친구가 살던 집을 보면서 처음에는 너 그런 심보로 '잘 사나보자 흥' 하다가 시간이 지나면서 그 아이는 어떻게 변해있을까? 잘 살고 있겠지 생각하며 지냈다.

시간이 조금 흐른 또 다른 어느 날 차에서 무심코 그 친구집을 보는데 그 친구집이 없어져 버렸다. 나는 "쿵 "하면서 그동안의 감정이 무너져 버렸다.

친구에게 서운해 하던 감정과 옹졸하고 좁았던 나 자신이 실망스러웠고 고깟 자존심이 뭐라고 칼날같았던 그 마음이 쿵 하고 떨어져 나갔다.

다음에 우연히라도 그 친구를 보면 내가 먼저 손잡고 안아 주어야 겠다. 그 친구는 까마득히 몰랐어도 그냥 '미안해' 라고 말해야지…….

내가 먼저
손잡고
안아주어야지

마녀의 본명 : 박경란
현 푸르지오어린이집 원장

글토 두울.
사랑하는 철학마녀들과
함께 먹는 '삶의 빵' 이야기

- 푸지마녀

조용한 빵가게.
첫 장을 펴보는 순간 요즘 내 생활과 겹쳤다.
바쁘고 어지럽고 방향 못 잡고 어둡기도 하고 남 이야기도 안 들리고
내 소리도 높아지고 비도 오고 회색인 어제까지의 상황.

한 장 더 넘기면서 나타난 빵집의 호사와 지티씨의 미소와
달콤하고 고소한 빵 냄새에
빵순이인 나는 의정부 빵 맛집 검색까지하는 행복함을 가지다가
그만 조용함에 잠시 멈춤.
숨도 멈추고 시간도 멈추고 생각도 멈추고 조용함에 조용해지고.
다시 책장을 넘기며 지티씨 빵을 먹고 변화되는 사람들과
지티씨의 생활과 마음을 들여다본다.

힘든 시기인데 다른 원에서 경험쌓고 대학원 졸업 후
엄마 원으로 온 작은딸 때문에 간만에 설레고 기대되었다.
와줘서 고맙고 여러모로 불편함에도 잘 견디고 있는 작은 딸래미에게
힘을 받는다.
저녁마다 하루 일과를 조잘조잘 이야기하고 나도 조언하고
딸도 내게 조언해 주고 푸르지오어린이집이라는 한 곳을 바라보고
많은 대화를 할 수 있음에 감사하고 행복하다.

오늘은 원장님 한분 한분의 이야기를 듣고 있는데
그 속에 우리들의 애환이 담겨서 슬펐다.
늘 담담하며 수줍어하던 김명희 원장님의
슬그머니 훔치는 눈물의 의미가 보이고
에라 모르겠다.
길게 누워 버리는 안은미 원장님의 체력 소모가 안쓰럽고

딸의 한마디에 왈칵 눈물 흘리는
내 사랑하는 후배 홍미라 원장님 때문에 가슴이 먹먹했다.
당분간 아무도 자기를 건드리지 말았으면 했던
이재경 원장님의 귀여움도 마음 쓰이고
이 그림책 모임을 사랑하는 김경하 원장님의
아무 감정이 안 생겼다는 말에 미안함이 가득생겼고
누가 보아도 소방관 남편 이야기인데 아니라고 우기며
한 사람을 위로해 보겠다는
박지애 원장님의 귀여움과
가장 위로 받는건 기도라고 아멘을 외치는
김상희 원장님의 큰 신앙심에 나도 다시 한번 아~멘!
늘 하시는 강의일텐데 매번 함께 웃고 함께 울고
우리들의 힘든 마음을 같이 해 주시는
정경미 교수님의 열정과 맑은 마음에 감동을 받았다.

이 소중한 모임과 소중한 한분 한분들이 고맙고
이 모임이 위로고 이 사람들이 위안이다.
사람들에게 상처도 받지만
역시 치료와 위로 또한 사람들에게 받는 것 같다.

위로해 줄 수 있는 지티씨가 되어 보자.
코끼리만큼 커다람은 이미 충분히 가지고 있고 ㅋㅋㅋ
조용함과 배려심과
지티씨처럼 맛있는 빵을 만들 수 있는 실력도 갖추어서
많은 사람들에게 편안함과 즐거움, 조용함,
휴식을 줄 수 있도록 노력해보려 한다.
언제나 찾아와서 그냥 편하게 쉴 수 있는 버팀목이 되어보자.
아자 아자 파이팅!!

어느새 그림책씨의 눈가가
촉촉해 졌어요.

그림책으로 많은 사람들이
위로받고 편안해지고
자유로워지는 모습에
뭉클했답니다.

하지만 마녀들의 서재에
망고지기의 편지는 없었어요.

푸지마녀의 편지를 읽고
그 옆을 보니 작은 문이 있었어요.
그림책씨는 조심스레 문을 열었지요.
그 문은 밖으로 곧바로 통했어요.

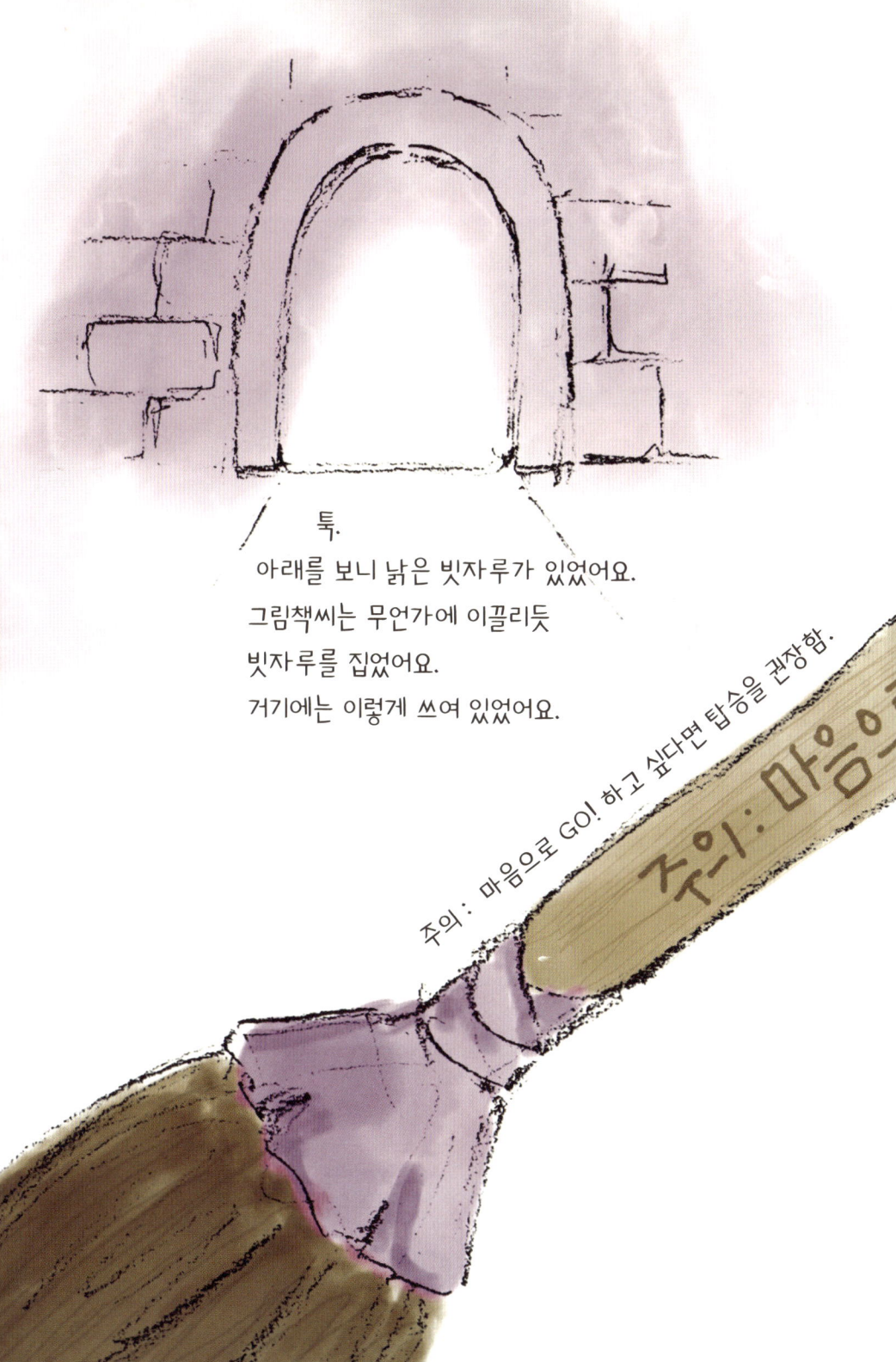

툭.
아래를 보니 낡은 빗자루가 있었어요.
그림책씨는 무언가에 이끌리듯
빗자루를 집었어요.
거기에는 이렇게 쓰여 있었어요.

주의 : 마음으로 GO! 하고 싶다면 탑승을 권장함.

빗자루는 처음 타보는 거였지만
오토바이보다 편하고 안전했답니다.

그림책씨는 아래를 보다가
깜짝 놀랐어요.
누군가가 손짓을 하고 있었거든요!

'내가 망고지기야.'

짧은 인사 후
망고지기는 양팔을 벌려
그림책씨를 안아
땅에 내려주었어요.

그리고 빗자루는
자기 가방에 쏙 넣었어요.

망고지기와 그림책씨는
'**커피와 그림책**' 카페로 들어갔어요.
거기엔 엄마아빠들이 많았어요.

망고지기는
그림책씨에게 사라진 편지를 건네주었어요.
물론 그림책씨가 좋아하는 코코아도
한잔 시켰죠.

드디어 그림책씨는
사라졌던 망고편지를 읽게 되었어요.

모든 것은 '점' 으로부터 시작되었습니다.

이 그림책은 제 나름의 TOP 10에 들어있는 그림책입니다. 소리내어 '점' 하고 읽을 때, 외자라 그런지 뭔가 중요한 이야기가 있을 것 같은 느낌도 듭니다. 그림책 표지에서 한 아이가 커다란 주황색 점을 그리고 있습니다. 주황색 점은 이 그림책에 또 나올까? 궁금한 마음으로 그림책을 펼칩니다.

미술 시간이 끝난 오후입니다. 아이들은 모두 집으로 돌아가고 아이 한 명만 교실에 있습니다. 도화지는 백지이고, 뒤돌아 앉아 있습니다. 아이의 기분처럼 교실도 검푸른색입니다.

하기 싫으면 그냥 집에 가면 되는데, 여기 남아있는 걸 보니 하고는 싶은데 잘 안되는 걸까요? 책상에 엎드리지 않고 완전히 뒤로 돌아 앉은 자세를 보니 속상함을 넘어 화가 난 것 같습니다.

미술 선생님은 하얀 도화지를 보면서 '눈보라 속 북극곰을 그렸네' 합니다. 베티는 선생님의 말에 발끈합니다. '놀리지 말라'고 하며 '아무것도 못 그리겠다' 합니다.

뭔가 잘하고 싶은데 잘 안될 때가 많습니다. 특히 아이들은 '하라'고 해도 안 하고, '그럼 하지 마라' 그러면 웁니다. 베티가 꼭 그래 보입니다. 집에 가지도 않고, 그리지도 않고. '아직 그림을 못 그렸니? 내일마저 그릴까?', '왜 아직 못 그렸어? 선생님이 좀 도와줄까?' 그랬다면, '놀리지 마세요' 폭격은 피할 수 있었을까요?

'말만 걸어 봐...' 하는 듯 화가 잔뜩 난 베티. 하려고 하는데 잘 안되는 베티에게는 그 어떤 말도 자극이었을 것 같습니다. 선생님은 나름대로 아이의 백지에 의미를 부여했지만 베티 입장에서는 선생님의 말이 정말 놀리는 것처럼 들렸을지 몰라요. 눈물 날 만큼 속상한 말이었을지도 모릅니다.

선생님은 베티의 말에 빙그레 웃으셨어요.

파격적입니다. 이 선생님은 원래 웃음이 많은 선생님일까요. 이럴 땐 미소로 화답하라고 '배운' 선생님일까요? 이 상황에 어떤 사람이 웃을 수 있을까요? 베티를. '그 아이 자체'를 '아는' 사람이 웃을 수 있습니다. 어떤 아이인지 알기 때문에 웃음이 나오는 겁니다.

베티의 반응에서 선생님은 '베티답다' 싶었던 것 같습니다. 베티를 잘 알기 때문에 베티의 반응이 어이없지 않습니다. 베티를 평가하지 않는 마음에서 저 '빙그레'가 나온 듯합니다. 상상하건데 교실 창문으로 베티를 보면서 '왜 아직 안 갔지?'가 아니라 '오늘도 뭐가 잘 안되었나 보네?' 생각한 건 아닐까요?

선생님은 '어떤 것이라도 좋으니' 한번 시작해 보라고 합니다. '하고 싶은 대로' 해 보라 합니다. 베티는 연필을 도화지에 내리꽂아 점을 만들어 냈습니다. 베티가 점을 그렸다고 볼 수는 없을 것 같아요. '여기요!' 이 말은 '저 했어요. 선생님'이 아니라 아닌 말로 '옛다!' 같은 느낌입니다. 베티의 행동은 놀랍습니다. 이렇게나 친절하게 안내한 선생님께 예의가 아니죠. 그런데 선생님의 다음 반응은 더 놀랍습니다. 일, 도화지를 든다. 이, 한참을 살펴본다. 삼, 음……

어떤 것이라도 좋으니…라고 했으면서 하고 싶은 대로 하라고 했으면서 정작 하면, 아니 그래도 이건 아니지. 라고 눈빛으로, 표정으로 이야기할 때가 있습니다. '어떤 것이라도 좋으니', '하고 싶은 대로 해봐' 이 말은 대상이 어떤 것을 해도 정말 수용할 마음이 있을 때, 하고 싶은 대로 해도 정말 괜찮을 때 할 말인가 봅니다.

선생님도 이쯤 되면 훈계하거나 화낼 수 있지 않나요? '베티. 선생님이 좋게 이야기했더니, 버릇이 없구나. 정말 네 맘대로구나' 그런데 종이를 받아 든 선생님의 표정과 태도를 상상해 봅니다. 점이 이렇게 진지하게, 자세하게 볼 일인가요? 무례하게 툭 찍어 건넨 '점'에 불과한데 선생님은 지금 무얼 하는 걸까요?

점. 피터 H. 레이놀즈 , 김지효 역, 문학동네, 2003

선생님은 자신이 한 말에 책임지고 있습니다. '내가 어떤 것이라도 좋다고 했잖아. 베티는 그걸 한 거야.', '내가 하고 싶은 대로 해보라고 했잖아. 베티는 그걸 한 거야.' 흔들리지 않는 태도. 베티의 어떠함에 요동치않는 태도. 이 교실에는 부드럽지만 단단한 '권위'가 흐르고 있습니다.

베티의 그림을 진지하게 바라보는 선생님. 그럴듯한 작품을 바라보는 듯한 선생님의 진지하고 따뜻한 태도 때문에 베티가 그린 '점'이 정말 괜찮은 작품일지도 모른다는 생각이 듭니다. 선생님은 그런 사람들입니다. 한 사람의 존재와 성장에 깊이 관여하는 사람들입니다.

선생님은 도화지를 베티 앞에 내려놓고 조용히 말했습니다. '이름'을 쓰라고요. 베티는 잠시 생각하고 점 아래 이름을 씁니다.

백지를 눈보라와 북극곰으로 치켜세운(?) 선생님에게 놀리지 말라고 했고, 하고 싶은 대로 해 보라는 말에는 콕 찍은 점을 내밀었습니다. 이름을 써 보라는 선생님에게 곧바로 '네' 하지는 않았지만 지금 베티는 이름을 쓰고 있습니다. 아무것도 못 그리겠다며 점만 톡 찍어낸 아이가 무수한 점들로 연결된 이름을 쓰고 있습니다.

점. 우연히 홧김에 만들어진, 톡 찍어낸 이 점에게 소속이 생기는 순간입니다. 베티 주위가 온통 주황색입니다. 생각해 보니 그림책에서 중요할 수 밖에 없는 표지에 이 주황색이 있었습니다. 자기에게서 툭 나온 점. 작품에 자신의 '이름'을 쓰는 감격스런 모습입니다.

놀라운 일이 벌어집니다. 무려 선생님 책상 위. 무려 금테 액자 안에. 무려 베티의 '작품'만이 걸려 있습니다! 베티의 반응은 더 놀랍습니다. 감사합니다! 선생님이 아니라 '흥'. 흥이라뇨. ... 그런데 베티가 '점'들을 그리기 시작합니다.

그렸다고는 하기 어려운 그 점이 귀한 대접을 받고 있습니다. 그런데 베티는 또 화가 난 걸까요? 베티는 한 번도 써본 적 없는 물감들을 꺼내 '점'들을 그리기 시작했습니다. 언어는 거칠었지만 속마음은 그렇지 않았던 겁니다. 베티는 지금 뛸 듯이 기뻐하고 있습니다.

망고편지 "모든 것은 점' 으로부터 시작되었습니다."

베티는 자발적으로 점들을 그리고 있습니다. 베티는 쿡 찍어냈던 점을 이제는 그리고 있습니다. '점'만 그려내고 있습니다. 아무도 시키지 않았고 목표를 정해주지 않았는데 자기 안에 '할 수 있음'이 솟아납니다. 한 번도 해보지 않은 것들을 시도해 볼 만큼의 뭔가가 베티를 움직이고 있습니다.

사실. 액자 속 자기 작품을 보며 '감사합니다. 선생님!' 하는 건 베티가 아닙니다. 짐짓 고마워하는 사회적 표현을 할 줄 아는 베티는 현재 베티답지 않은 모습일 수 있습니다. '베티 그 자체'는 하루 아침에 변하지 않습니다. 다만 베티는 자기 활동과 하나가 되었습니다. 점을 '통해' 많은 걸 배우며, 자기 작품에 이름을 남기는 사람이 되었습니다.

점을 '통해' 여러 가지 색이 섞여 다른 색이 된다는 것도 배웠습니다. 점점 더 큰 점을 그리고 과감한 도구와 기법으로 점을 표현할 수 있습니다. 급기야 학교에서 베티의 '점' 전시회가 열렸고, 거기엔 입체로 된 점 작품도 있습니다.

두려울 것 없이 이렇게 해 볼까? 저렇게 해 볼까? 하며 즐겁게 만들어 점을 그린 베티의 시간들이 상상됩니다. 모든 작품에 자기 이름을 꼭꼭 눌러 적을 때마다 한 뼘씩 자라는 베티가 그려집니다. 점을 그리고 나면 그렇게 하는 걸 선생님께 배웠습니다. 아니, 보았습니다.

문득, 베티의 전시회는 어떻게 열리게 되었을까. 생각해 봅니다. 이 그림책 첫 장면처럼 미술 선생님이 교실에서 혼자 즐겁게 점을 그리고 있는 베티를 본 건 아닐까요? '베티야, 이 점들 선생님과 베티만 보기에는 너무 아까운 걸. 선생님이 도와줄 테니 전시회 해보는 거 어떨까?' 하지 않았을까요?

베티를 부러워하는 아이에게 '너도 할 수 있다'고 말하는 베티. 빙그레 웃으며 한번 그려보라고 말합니다. 삐뚤빼뚤한 결과물을 한참 바라본 베티는 예상 가능한 말을 합니다.

'자, 네 이름을 쓰렴'

어디서 많이 본 장면입니다. 아이가 베티의 말에 조심스레 선을 그려봅니다. 선은 무수히 많은 점들의 집합이니 선을 그리는 게 더 어렵다고 볼 수 있습니다. 자를 대고도 선을 똑바로 못 그린다는 베티는 이 아이의 말을 '믿지' 않아요. 왜냐하면 이제 베티는 다른 걸 믿거든요. 잠재력과 가능성이요.

문득 백지에서 눈보라 속 북극곰을 발견한 미술 선생님이 떠오릅니다. 선생님은 백지와 같은 베티에게서 눈보라 속 북극곰과 같은 베티의 잠재력과 가능성, 잘 해내고 싶은 마음을 본 것 아닐까요? 오로지 점만 그렸던 아이가 선 그리는 아이를 이끌어 줍니다. 영향력. 기술이나 어려움이 초점이 아니라는 점을 생각하게 됩니다.

미술 선생님은 이 그림책 처음 세 페이지 이후에는 등장하지 않아요. 하지만 선생님의 영향력은 이 그림책 끝까지 베티를 지나 다른 아이에게도 흐르고 있습니다. 애초에 이 선생님에게 점인지 선인지는 중요하지 않았을지 모릅니다. 누구인가. '이름'. 그 사람 자체가 더 중요한 것이었을 수 있습니다.

'교육방법'만으로 아이를 대했다면, 만약 그랬다면 베티의 변화를 이끌긴 어려웠을 겁니다. '눈보라 속 북극곰을 그렸네' 이 말이 선생님의 진심이라면 이 선생님은 '눈에 보이는 것을 전부라고 생각하지 않는' 분일지 모릅니다. 선생님의 중심과 태도가 베티에게 삶이 되었고 또 다른 아이의 성장 씨앗이 되었습니다.

이 그림책은 늘 초심을 떠올리게 합니다. '점'은 세상을 구성하는 작은 요소입니다. 점에서 시작되는 이야기도 흥미롭지만 모든 한 사람도 꼭 이 작은 점 같습니다. 점은 사실 면이기도 합니다. 아무리 작은 점이라도 자세히 들여다보면 면을 갖고 있습니다. 점에 숨겨진 비밀이랄까요?

이 그림책은 영향을 받는 누군가를 대한다는 게 과연 뭔지에 대해 깊이 생각해 보게 합니다. 요즘 교육이 지식이 있는 자가 없는 자에게 전수한다는 전통적인 방식을 벗어났다고 말하지만 우리 속은 여전히 그렇지 않은 듯하고 이 방식에 익숙합니다.

외부에 있는 지식을 끊임없이 가르치고, 이걸 모르거나 습득이 저조하면 잠재력을 의심하고 가능성을 무시합니다. 누군가는 안내하

망고편지 "모든 것은 점'으로부터 시작되었습니다."

고 도움을 주어야 합니다. 무능하거나 뭘 몰라서는 아닙니다. 특히 그 대상이 아이들이라면 아직 미숙하니 도움닫기 할 발판 정도가 필요한 것 뿐입니다.

가르친다는 건 뭘까? 뭘 가르치는 걸까? 가르친다는 건. 대상을 아는 것에서 출발합니다. 대상을 알면 가르침의 내용도, 방법도 나올지 모릅니다. 세상의 모든 지식은 모든 방법으로 가르치고 배울 수 있다는 코메니우스의 이 말을 잘 생각해 보면 지식습득은 때가 되면 가능하지 않을까 생각이 듭니다.

어린 아이들을 생각하면 오히려 초등기에 배우는 편이 더 효과적이고 수월한 교육내용이 얼마나 많습니까? 발달이라는 이름으로 영유아기 아이들에게 더 중요한 관계와 시간의 쌓임 같은 것들은 간과되고 있지 않은지. 모든 관계에서 서로 알아가는 시간은 필수이고 가르침과 배움이 오가는 관계에서는 말할 것도 없습니다. 더구나 영유아기 아이들입니다.

이 세상에서 100년 넘게 살아야 하는데 삶의 10%도 살지 않은 아이들이 아직 알지 않아도 될 것들을 미리 배우고 있진 않은지. 모든 유아교육기관이 3월에 안 바빴으면 좋겠습니다. 선생님에게 일이 너무 많으면 선생님은 교실을 관리하는 사람이 되어야 합니다. 여유가 있어야 볼 수 있고 보입니다. 서로 알아갈 수 있습니다.

관계 안에 흐르는 가르침과 배움이 있는 교실. 눈에 보이지 않는 가치들이 역동하여 눈에 보이도록 드러나는 교실. 아. 이걸 다시 관계교육, 태도교육 등등의 이름으로 부르면 안 되겠습니다. 명명되는 순간! 우리 사회는 또 이를 구조화하고 분류하고 어떤 틀을 만들어 아이들을 평균내고 잣대로 측정하는 일들을 반복합니다.

우리 주변에는 너무 많은 '교육들'이 있습니다. 교육의 홍수 속에서 이 그림책은 아 맞다. 그랬지. 이거지. 정신을 차리도록 도와줍니다. 또 초심을 잃을 즈음에 다시 이 그림책을 펴보려고 합니다. 우리 모두는 연결되어 있습니다. 이 연결 속에서 눈에 보이게 혹은 보이지 않게 서로 영향받고 있음을 알고 함께 성장하고 꿈꾸는 망고님들 되시길 소망합니다.

오늘도 마음에 잘 도착했습니다.
망고지기 정경미 드림.

망고지기는 커피만 마시는 것 같았지만
그림책씨에게서 눈을 떼지 않았어요.

그림책씨는 망고지기를 보고 웃었어요.
코코아에 대한 고마움도 표현했지요.

망고지기는 자리에서 일어나
카페에서 나갔어요.
그리고는 힐끔힐끔 뒤를 돌아보며 웃었어요.

그림책씨는 망고지기가
야무지게 챙겨넣은
그 빗자루를 한번 더 타고 싶었어요.
망고지기와 같이 있으면
그럴 기회가 올까요?

그림책씨는 망고지기를
따라가보기로 했어요.
뭔가 재미있는 일들이
기다리고 있을 것 같았거든요.

그림책씨의 예상이 맞았어요.

공연보고 배우님들과 사진 찍었다!!!

미녀들과 회식 제이스팟 X 제이스팟

백년만의 데이또 ♡

저도 발표시켜주세요

아우~~~셔어어

하나만 고를수 있단 말이지...

끝나면 친구들이랑 놀아야지♪♫

수료를 축하합니다!!! ᐟ◡ᐠ

강의 끝날때까지 가만히 있기로 해서...

망고지기와
그림책씨의 시간들은
…
정말 재밌고,
　새롭고,
　　특별하고,
　　　놀라웠답니다.
　　　　…end

그림책 아닌 책은 처음이라... ㅅㄱ

맛이 그럴싸 ~♡

그림책 목록

ㄱ

가끔 나는, 새라 메이콕, 서남희 역, 해와나무 2022 / 327
가만히 들어주었어, 코리 도어펠드, 신혜은 역, 북뱅크, 2019 / 157, 337, 219
감기 걸린 날, 김동수, 보림, 2002 / 151
감기걸린 물고기, 박정섭, 사계절, 2016 / 144
거짓말 같은 이야기, 강경수, 시공주니어, 2011 / 158
거짓말, 가사이마리, 손정원 역, 한솔수북, 2005 / 236
계란말이 버스, 김규정, 보리, 2019 / 329
고구마 구마, 반달, 사이다, 2017 / 224
고래수프, 야나, 한솔수북, 2019 / 217
고양이와 책을, 안토니오 벤투라, 알레한드라 에스트라다, 김정하 역, 딸기책방, 2019 / 134
고함쟁이 엄마, 유타바우어, 이현정 역, 비룡소, 2005 / 122
곰이 강을 따라갔을 때, 리처드 T. 모리스, 르웬 팜, 이상희, 소원나무, 2020 / 109
공원에서, 앤서니 브라운, 공경희 역, 웅진주니어, 2021 / 155
공원에서, 앤서니 브라운, 공경희 역, 웅진주니어, 2021 / 172
그림자 놀이, 이수지, 비룡소, 2010 / 116
근데 그 얘기 들었어?, 밤코, 바둑이 하우스, 2018 / 228
기묘한 왕복여행, 앤 조나스, 이지현 역, 아이세움, 2003 / 149
까마귀 소년, 야시마 타로, 비룡소, 1996 / 103
꽃이 핀다, 백지혜, 보림, 2007 / 221

ㄴ

나는 기다립니다, 다비드 칼리, 세르주 블로크, 문학동네, 2007 / 103
나랑 같이 놀자, 마리 홀 에츠, 양은영, 시공주니어, 2000 / 143
낱말공장나라, 아네스드 레스트라드, 발레리아 도캄포, 세용, 2009 / 153
내 동생 싸게 팔아요, 임정자, 김영수, 아이세움, 2006 / 130
너는 어떤 씨앗이니?, 최숙희 글/그림, 책읽는곰, 2013 / 341
너와 함께 있단다, 정경미, 정유정, 더푸릇교육연구, 2019 / 108
네 심장이 콩콩콩, 김근희, 한솔수북, 2017 / 151

ㄷ
도서관, 데이비드 스몰, 사라 스튜어트, 지혜연 역, 시공주니어, 1998 / 106
도시비행, 박현민, 창비, 2023 / 150
떼루떼루, 박연철, 시공주니어, 2013 / 133

ㄹ
로지의 산책, 펫 허친즈, 김세실 역, 봄볕, 2020 / 177

ㅁ
마음먹기, 엄지짱꽁냥소, 달그림, 2020 / 99
마음샘, 조수경 글/그림, 한솔수북, 2017 / 343
마음샘, 조수경, 한솔수북, 2017 / 331
막스 뒤코스, 국민서관, 2023 / 141
무지개 물고기, 마르쿠스 피스터, 공경희 역, 시공주니어, 1994 / 151
미야자와 겐지, 야마무라 코지, 엄혜숙 역, 그림책공작소, 2015 / 161
미어캣의 스카프, 임경섭, 고래뱃속, 2024 / 81

ㅂ
바람이 불었어, 팻 허친즈, 박현철 역, 시공주니어, 1997 / 127
방긋 아기씨, 윤지회, 사계절, 2014 / 347
블랙독, 레비 핀폴드, 천미나 역, 북스토리아이, 2013 / 325
빨간 벽, 브리타 테켄트럽, 봄봄, 2018 / 55

ㅅ
선을 넘지마!, 피야 린덴바움, 베틀북, 2022 / 62
수박수영장, 안녕달, 창비, 2015 / 156
숲의 길, 이형진, 느림보, 2010 / 148
슈퍼 거북, 유설화, 책읽는곰, 2014 / 335
슈퍼 토끼, 유설화, 책읽는곰, 2020 / 31

- 아기 오리들한테 길을 비켜 주세요, 로버트 맥클로스키, 이수연 역, 시공주니어, 2017 / 149
- 아빠 머리 묶어 주세요, 유진희, 한울림어린이, 2013 / 171
- 아씨방 일곱 동무, 이영경, 비룡소, 1998 / 108
- 악어오리 구지구지, 천즈위엔, 박지민 역, 예림당, 2003 / 132
- 안돼!, 마르타 알테스, 이순영 역, 북극곰, 2012 / 178
- 알도, 존 버닝햄, 이주령 역, 시공주니어, 2017 / 176
- 알사탕, 백희나, 책읽는곰, 2017 / 168
- 애너벨과 신기한 털실, 존 클라센, 맥 바넷, 홍연미 역, 길벗어린이, 2013 / 123
- 앵무새 열 마리, 퀸틴 블레이크, 장혜린 역, 시공주니어, 2017 / 178
- 엄마 마중, 이태준, 김동성, 보림, 2013 / 173, 182
- 엄마, 잠깐만!, 앙트아네트 포티스, 노경실 역, 한솔수북, 2015 / 105
- 엄마가 화났다, 최숙희, 책읽는곰, 2011 / 122
- 에드와르도 세상에서 가장 못된 아이, 존 버닝햄, 조세현, 비룡소, 1995 / 111
- 여섯 사람, 데이비드 매키, 비룡소, 1997 / 145
- 오늘상회, 한라경, 김유진, 노란상상, 2021 / 119
- 와작와작꿀꺽 책먹는 아이, 올리버 제퍼스, 유경희 역, 주니어 김영사, 2007 / 252
- 우리 가족입니다, 이혜란, 보림, 2009 / 131
- 우체부 코스타스 아저씨의 이상한 편지, 안토니스 파파테오도울로우, 이리스 사마르치, 성초림 역, 길벗어린이, 2020 / 165
- 울타리 너머, 마리아 굴레메토바, 이순영, 북극곰, 2019 / 112
- 이건 상자가 아니야, 앙트아네트 포티스, 김정희 역, 베틀북, 2007 / 152
- 일곱 마리 눈먼 생쥐, 에드 영, 최순희 역, 시공주니어, 1999 / 107

- 점, 피터 H. 레이놀즈, 김지효 역, 문학동네, 2003 / 359
- 조용한 빵가게, 로사 티치아나 브루노, 파올로 프로이에티, 이정자 역, 이야기공간, 2022 / 351
- 좁쌀 한 알로 정승 사위가 된 총각, 박영만, 전갑배, 사파리, 2021 / 129

- 책 청소부 소소, 노인경, 문학동네, 2010 / 134
- 책을 찾아간 아이, 이상희, 서현, 그림책 도시, 2017 / 43
- 처음에 하나가 있었다, 막달레나 스키아보, 수지 자넬라, 김지우 역, 초록개구리, 2022 / 339
- 춤을 출 거예요, 강경수, 그림책공작소, 2015 / 112
- 춤추고 싶어요, 김대규, 비룡소, 2012 / 116
- 친절한 행동, 재클린 우드슨 글, E. B. 루이스 그림, 김선희 역, 북극곰, 2022 / 349

ㅋ　커다란 방귀, 강경수, 시공주니어, 2014 / 227
　　콧물눈물, 채인선, 박서현, 한림출판사, 2023 / 265
　　크릭터, 토미 웅거러, 장미란 역, 시공주니어, 2017 / 144

ㅍ　팥죽 할머니와 호랑이, 조대인, 최숙희, 보림, 1997 / 164
　　프랭크, 다리가 일곱 개인 거미, 마카엘라지, 나린글, 2017 / 167
　　피터의 의자, 에즈라 잭 키츠, 1963, 시공주니어 / 213
　　핑!, 조수경 글/그림, 한솔수북, 2017 / 344

ㅎ　하늘에서 보물이 떨어졌어요, 테리 펜, 에릭 펜, 이순영 역, 북극곰, 2021 / 150
　　한 마리 여우, 케이트 리드, 이루리 역, 북극곰, 2021 / 123
　　할머니의 지청구, 공광규, 연수, 바우솔, 2020 / 220
　　해님달님, 송재찬, 이종미, 국민서관, 2004 / 166
　　행복한 네모 이야기, 마이클 홀, 상상박스, 2012 / 189
　　행복한 여우, 고혜진, 노란돼지, 2019 / 109
　　형제의 숲, 유키코 노리다케, 이경혜 역, 봄볕, 2022 / 103

그림책, 그냥 그런건 줄 알 뻔했다

초판 1쇄 인쇄 2025년 8월 20일

초판 1쇄 발행 2025년 9월 20일

지은이 정경미

펴낸곳 제이스팟

출판등록 2023년 8월 3일 제 399-2023-000068호

주소 경기도 남양주시 다산지금로 163번길 6 한강프리미어갤러리 S216호

전화 031 556 5609 **팩스** 031 556 5601

홈페이지 https://www.j-spot.co.kr

전자우편 jj.spot2023@hanmail.net

편집 김순종 **디자인** 나루

ISBN 979-11-991613-1-3

책값 23,000원